跟我学炒股从入门到精通

（精编版）

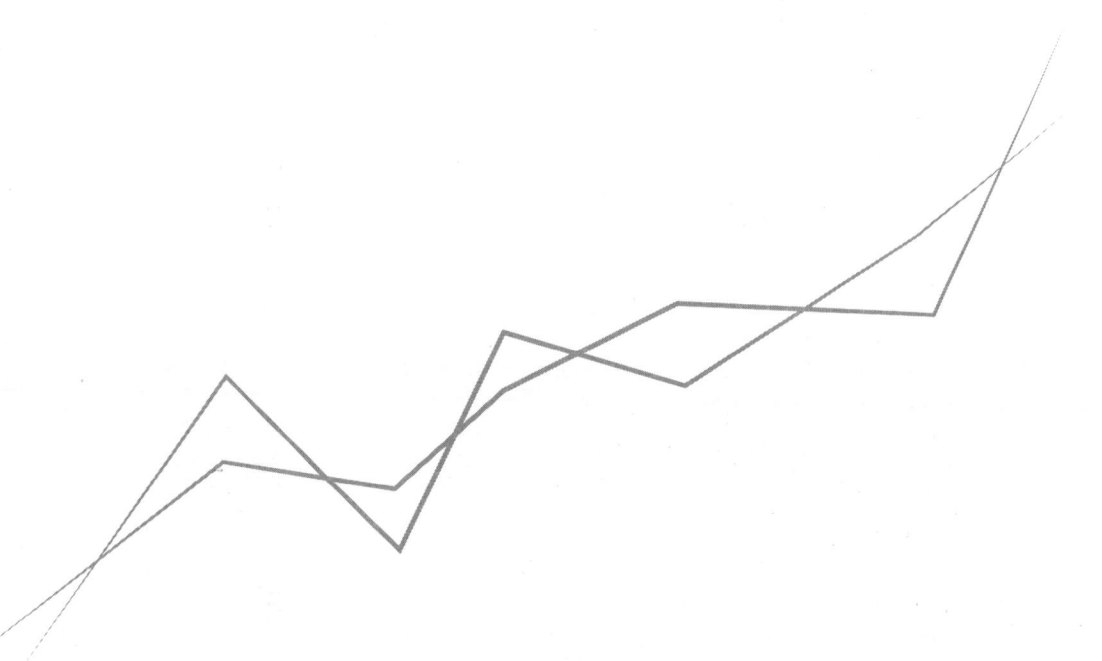

成通宝（中国博士）◎著

电子工业出版社
Publishing House of Electronics Industry
北京·BEIJING

内 容 简 介

本书讲解的所有股票案例，均为笔者提前推演并得到实际验证的。通过讲解让读者明白笔者当初是如何提前推演出股票大涨或大跌的。本书重点讲解了提前推演股票涨跌的顶和底的核心思想及技术指标的应用，系统地提出了推演股票涨跌的方法论。本书包括38个指标，创造性地提出了包括股市相似定律、多元因素共同对股价走势起作用等多个创新观点，通过多个案例阐述了笔者的推演逻辑和方法论。

未经许可，不得以任何方式复制或抄袭本书之部分或全部内容。
版权所有，侵权必究。

图书在版编目（CIP）数据

跟我学炒股从入门到精通：精编版 / 成通宝著. —北京：电子工业出版社，2022.4
ISBN 978-7-121-43083-1

Ⅰ.①跟… Ⅱ.①成… Ⅲ.①股票投资－基本知识 Ⅳ.①F830.91

中国版本图书馆 CIP 数据核字（2022）第 041135 号

责任编辑：杨 雯　　　　　特约编辑：田学清
印　　刷：中国电影出版社印刷厂
装　　订：中国电影出版社印刷厂
出版发行：电子工业出版社
　　　　　北京市海淀区万寿路 173 信箱　　邮编：100036
开　　本：720×1000　1/16　印张：13.75　字数：253 千字
版　　次：2022 年 4 月第 1 版
印　　次：2022 年 4 月第 1 次印刷
定　　价：58.00 元

凡所购买电子工业出版社图书有缺损问题，请向购买书店调换。若书店售缺，请与本社发行部联系，联系及邮购电话：(010) 88254888，88258888。

质量投诉请发邮件至 zlts@phei.com.cn，盗版侵权举报请发邮件至 dbqq@phei.com.cn。

本书咨询联系方式：(010) 57565805，meidipub@phei.com.cn。

前　言

市场上常见的股票类书籍的写作模式，基本上是在分析走势结构已经完成的股票因为什么涨跌。因此，这些书籍可以很方便地列出一种或多种表象原因，比如根据 MACD（Moving Average Convergence/Divergence，异同移动平均线）背离结果分析涨跌，或根据成交量分析涨跌。

这些股票类书籍是根据结果反推原因，对读者真正的帮助并不大。

例如，黄河旋风（600172）的股票从 2021 年 2 月 3 日的 2.61 元，涨到了 2021 年 9 月 3 日的 9.58 元，上涨幅度达到 267%。那么 9 月 3 日再去分析为什么 2 月 3 日应买入黄河旋风的股票，意义就不大了。我们必须在 2 月 3 日前推演出 2.60 元左右就是股价的底。基于这个判断，2 月 3 日便做出绝不卖出，而是应及时买入的决定，这才是炒股的盈利之道。

例如，贵州茅台（600519）的股票从 2021 年 2 月 18 日的 2600 元，跌到了 2021 年 9 月 8 日的 1600 元，下跌幅度约 38%。那么 9 月 8 日再去分析为什么 2 月 18 日应卖出贵州茅台的股票，意义也就不大了。我们必须在 2 月 18 日前推演出 2600 元左右就是股价的顶，此时应果断卖出。

读者更需要的股票类书籍应当是讲解如何在 2021 年 2 月 3 日推演出黄河旋风股票要大涨，在 2 月 18 日推演出贵州茅台股票要大跌。

这也正是笔者写作此书的动机，即把推演的过程和方法教给读者，给读者以启发。

股民进入股市，在没有学会推演股票大跌或大涨的技巧之前，切不可盲目买卖股票，否则很容易使买入的股票被套，或错失即将大涨的股票。

在股市中要把目标放长远，股票的走势基本都是不同的排列组合，将一切价格形态、趋势、波浪理论等拆解后，得到的永远是顶和底的不同组合，再对均线、趋势线、技术指标等进行解析，会得出不同周期、不同级别的方向。

我们需要做的就是找出符合我们期望的目标股票，找到适合自己的算法去滚动投资股票的雪球，重复让自己盈利的基本动作，并专注于动作本身，去实现自己的财富增长之路，而这也是本书要教会读者的核心观点和理论。

在写作过程中，笔者根据这一思路提炼总结了13个核心思想，详细讲解了逻辑思路。通过提前推演股票涨跌的方法来判断股票的上涨或下跌，股票下跌或上涨的因素绝不是一个或少数几个，而是多个因素共同在起作用。

本书选择了几十个案例，通过不同方法或因素对如何提前推演和判断股票大跌或大涨进行了分析讲解。

书中所有案例均选自笔者的相关博文，时间跨度从2013年1月到2021年9月，涵盖了几乎所有板块。

本书的三大特色如下：

（1）书中所有股票案例的顶和底均是笔者提前推演出的，读者可通过扫描书中二维码查验原始记录和过程小结。

（2）笔者详细讲解了书中所有股票案例的顶和底的推演过程，使读者身临其境。

（3）书中所有案例的顶和底的推演过程使用了不同的方法，这样可以使读者有更多体会，并将这些方法运用于未来操作中。

本书的核心观点如下：

全书案例通过各种方法证明，操作一只股票，不论是推演股票的顶还是底，均不是由一个因素决定的。笔者为本书总结了常用的38个指标，大体架构如下：

（1）基础篇。第1~5章，重点讲解了提前推演股票涨跌的顶和底的核心思想及技术指标的应用，系统地提出了推演股票涨跌的方法论。

（2）进阶篇。第6~10章，重点讲解了如何买卖股票，如何推演不同操作周期下的上升浪和下跌浪，详细讲解了如何提前推演股票的大跌和大涨，如何买到抄底的股票，如何在顶部及时卖出股票等。

（3）高级篇。第11~19章，重点讲解了峰顶与谷底、诱多与诱空、洗盘与出货、轨道线支撑与压力、斐波纳契数列应用，创造性地提出了股市相似定律，并结合基本面、技术面等分析股票的顶和底。同时，以上证指数为例，对如何判断股票涨跌的顶和底的大趋势进行了详细的讲解。

书中所有案例的相关分析图均为笔者原创，书稿案例中提到的下跌值及盈利值都是以笔者推荐购买或抛出日期（阶段底部或顶部）的股价计算为准，同时提供了绝对顶部作为参考。在最后一章，针对 2020 年 2 月到 2021 年 9 月笔者实盘推演股票大跌或大涨的案例，笔者为读者提供了相关思考题和提示，供读者实践学习成果。

为了方便读者核实，笔者将所有案例的原始记录截图汇总在了"金融博士 2020"的新浪微博头条文章中。

股市绝对没有股神，不可轻信任何人推荐的策略和方法。笔者真诚提醒每位读者：通过学习各种方法，形成自己的操作风格，以规避股票风险，取得投资胜利。

最后，希望各位读者早日实现财务自由！

成通宝（中国博士）
2021 年 11 月 6 日于北京

目 录

基础篇

第1章 可以提前推演股票的顶和底 2

    1.1 为什么要提前推演股票的顶和底 2

    1.2 提前推演案例1——股票顶 3

    1.3 提前推演案例2——股票顶 5

    1.4 提前推演案例3——股票顶 5

    1.5 提前推演案例4——股票底 7

    1.6 本章总结 8

第2章 推演正确涨跌方向决定赚赔 9

    2.1 推演上涨方向 9

    2.2 推演下跌方向 10

    2.3 股票的时空关联 10

    2.4 时空变化互相对应 13

    2.5 本章总结 14

第3章 推演股票涨跌的核心思想和逻辑 15

    3.1 股票有其自身规律 15

    3.2 股票涨跌互为基因 16

    3.3 股票操作的四个阶段 18

    3.4 阳极阴生，否极泰来 19

3.5	授人以鱼不如授人以渔	20
3.6	分时线波动是常态	23
3.7	卖出涨到顶的股票	24
3.8	赚大钱必须会逃顶	25
3.9	多数股民在赔钱	26
3.10	抄底逃顶必须掌握	27
3.11	主力常用兵法——诡道	28
3.12	知行合一执行操作	31
3.13	阴阳虚实构成股票涨跌	33
3.14	本章总结	35

第4章 提前推演股票涨跌的方法论 36

4.1	趋势型指标	37
4.2	超买超卖型指标	48
4.3	能量型指标	54
4.4	量价型指标	57
4.5	压力支撑型指标	58
4.6	最大涨幅	61
4.7	筹码分布	61
4.8	波浪理论	62
4.9	斐波纳契数列	63
4.10	浪形数据	64
4.11	K线形状	64
4.12	分时线	65
4.13	关注函及股吧言论	67
4.14	媒体分析	67
4.15	财务指标	68
4.16	轨道线技术	70
4.17	顶部相似定律	72

4.18	MA 年线走平	73
4.19	全貌分析	73
4.20	股价远离 5 年线	74
4.21	本章总结	75

第 5 章　股票操作周期

5.1	实盘买入及思考	76
5.2	实际走势图	77
5.3	30 分钟操作周期下的底部和顶部判断	79
5.4	60 分钟操作周期下的底部和顶部判断	80
5.5	日线操作周期下的底部和顶部判断	81
5.6	本章总结	82

进阶篇

第 6 章　如何买卖股票

6.1	股票上涨和下跌判断	85
6.2	股票上涨的判断方法	86
6.3	股票下跌的判断方法	90
6.4	本章总结	94

第 7 章　下跌浪与上升浪

7.1	下跌浪和上升浪互为动力	96
7.2	上涨的判断方法	96
7.3	下跌的判断方法	99
7.4	本章总结	102

第 8 章　大跌前不能买

8.1	提前推演案例 1——大跌判断	103
8.2	提前推演案例 1——大跌判断方法	104

- 8.3 提前推演案例2——大跌判断 ... 106
- 8.4 提前推演案例2——大跌判断方法 ... 106
- 8.5 提前推演案例2——第2次大跌判断 ... 108
- 8.6 提前推演案例2——第2次大跌判断方法 ... 108
- 8.7 提前推演案例3——大跌判断 ... 110
- 8.8 提前推演案例3——大跌判断方法 ... 111
- 8.9 本章总结 ... 112

第9章 大涨前必须买 ... 113

- 9.1 提前推演案例1——大涨判断 ... 113
- 9.2 提前推演案例1——大涨判断方法 ... 114
- 9.3 提前推演案例2——上涨判断 ... 116
- 9.4 提前推演案例2——上涨判断方法 ... 116
- 9.5 本章总结 ... 119

第10章 抄底和逃顶 ... 120

- 10.1 抄底判断 ... 120
- 10.2 抄底判断方法 ... 121
- 10.3 顶部分析 ... 124
- 10.4 本章总结 ... 125

高级篇

第11章 峰顶与谷底 ... 127

- 11.1 大跌判断 ... 127
- 11.2 峰顶 ... 128
- 11.3 谷底 ... 131
- 11.4 本章总结 ... 139

第12章 诱多与诱空

- 12.1 大跌判断 ... 140

12.2	大跌判断方法	141
12.3	大涨前的诱空	143
12.4	本章总结	148

第 13 章　洗盘与出货　150

13.1	大跌判断	150
13.2	大跌判断方法	151
13.3	大涨过程的洗盘	154
13.4	本章总结	160

第 14 章　轨道线支撑与压力　161

14.1	中船科技上涨判断	161
14.2	中船科技上涨判断方法	162
14.3	福建水泥大跌判断	164
14.4	福建水泥大跌判断方法	165
14.5	上涨支撑线	168
14.6	福建水泥支撑线与压力线综合图	169
14.7	本章总结	169

第 15 章　斐波纳契数列应用　170

15.1	大跌判断	170
15.2	大跌判断方法	171
15.3	本章总结	176

第 16 章　相似定律　177

16.1	大跌判断	177
16.2	大跌判断方法	178
16.3	大跌诱多之前的洗盘相似	180
16.4	本章总结	186

第 17 章　基本面与技术面......187

17.1　大跌判断......187

17.2　大跌判断方法......188

17.3　本章总结......194

第 18 章　判断大势......195

18.1　上证指数 2443 点做多的判断......195

18.2　2443 点做多上证指数的判断方法......196

18.3　本章总结......200

第 19 章　结语......202

19.1　推演大跌思考题及提示......203

19.2　推演大涨思考题及提示......207

基础篇

第 1 章
可以提前推演股票的顶和底

对于任何操作周期来说，股票的下跌都是从顶开始的，股票的上涨都是从底开始的。不同操作周期的顶和底的位置不同，任何股票，任一价格对应于不同周期可以是顶，也可以是底。掌握一定的方法，可以提前推演股票的顶和底。

本章通过 4 个案例阐述笔者观点，这 4 个案例是：天融信（002212）（原名南洋股份）、仁东控股（002647）、ST 瑞德（600666）（原名奥瑞德）、黄河旋风（600172）。

1.1 为什么要提前推演股票的顶和底

股民进入股市面临的第一个问题就是买哪只股票。

如果想要盈利，一定不能盲目买入股票。我们必须首先判断即将买入的股票是否存在处于阶段顶部的风险。而一旦判断股票处于阶段底部，即将迎来一波行情，我们需要做的就是择优在合适的价格买入，因此必须掌握一定的方法，提前推演出哪些股票处于阶段底部，买入后则等待上涨，在推演出的阶段顶部及时卖出，赚取利润。

1.2 提前推演案例 1——股票顶

1.2.1 第 1 次涨跌推演

如图 1-1 所示，2015 年 12 月 31 日为笔者博文推演的天融信当时的阶段顶部（时价 13.73 元），截至 2016 年 3 月 1 日盘中跌到 6.99 元，下跌幅度约 49%。

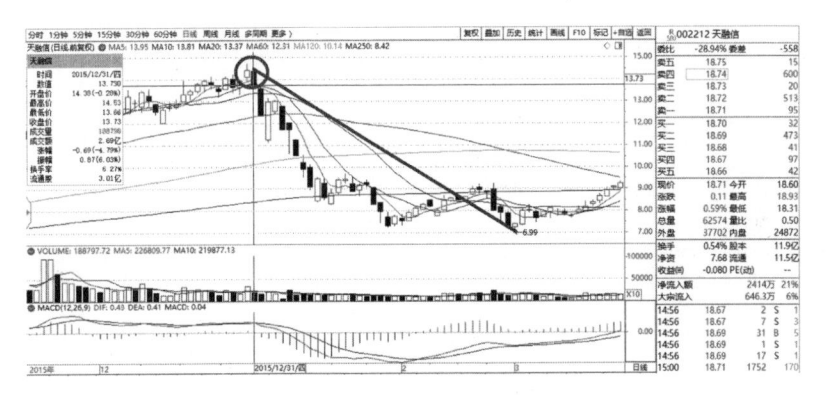

图 1-1　天融信第 1 次逃顶走势

1.2.2 第 2 次涨跌推演

如图 1-2 所示，2017 年 12 月 4 日为笔者博文推演的天融信当时的阶段顶部，截至 2018 年 10 月 18 日收盘 9.56 元，下跌幅度约 59%。

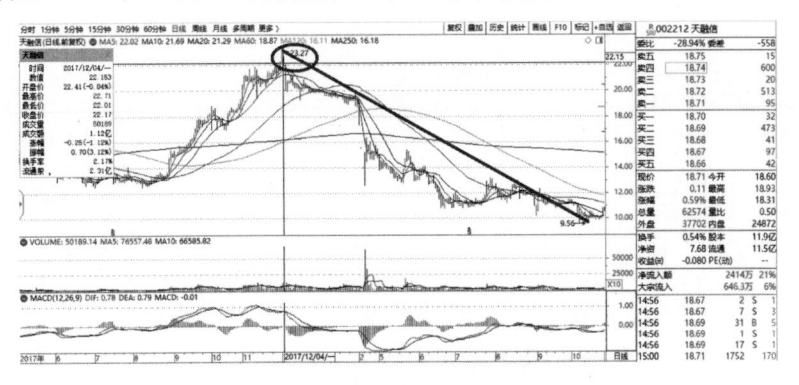

图 1-2　天融信第 2 次逃顶走势

1.2.3 第 3 次涨跌推演

如图 1-3 所示,2020 年 2 月 27 日为笔者博文推演的天融信当时的阶段顶部,截至 2020 年 12 月 4 日收盘,下跌幅度约 31%。

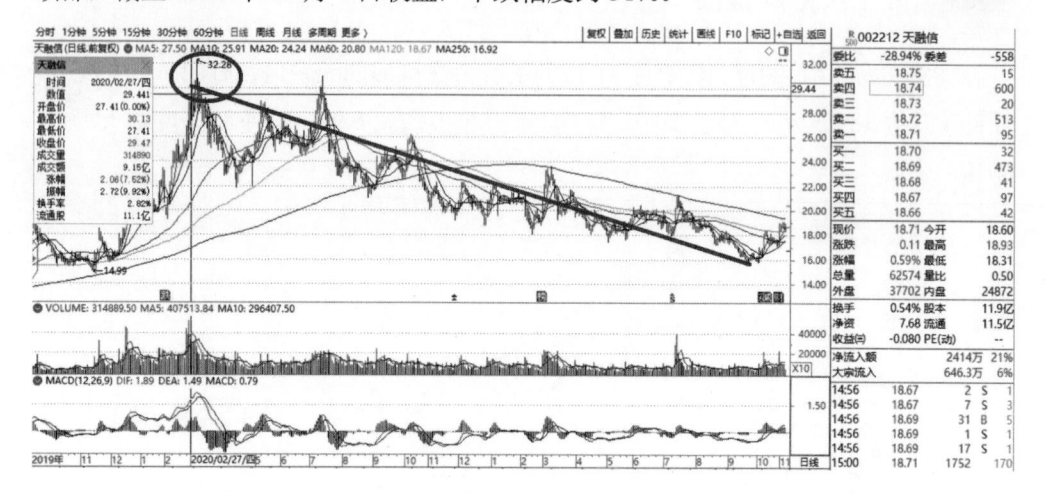

图 1-3 天融信第 3 次逃顶走势

如图 1-4 所示,笔者博文推演的天融信的 3 次阶段顶部,时间跨度达 5 年,但是其股道不变,说明有规律可循。可以应用技术指标推演,加轨道线验证,本书后续有详细讲解。

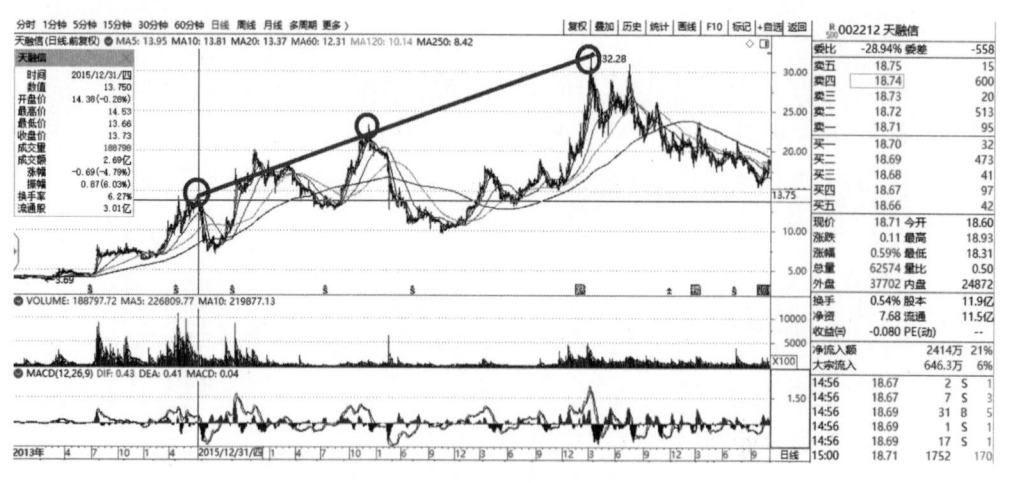

图 1-4 天融信 3 次逃顶走势

1.3 提前推演案例 2——股票顶

2020年11月21日（星期六）笔者博文推演仁东控股强力调整随时开始，时价63.40元。2020年11月23日和24日两天时间买入的股民在11月25日跌停板无法卖出，之后就是连续跌停板，截至2021年11月1日收盘，股价已跌到7.49元，下跌约88%，如图1-5所示。

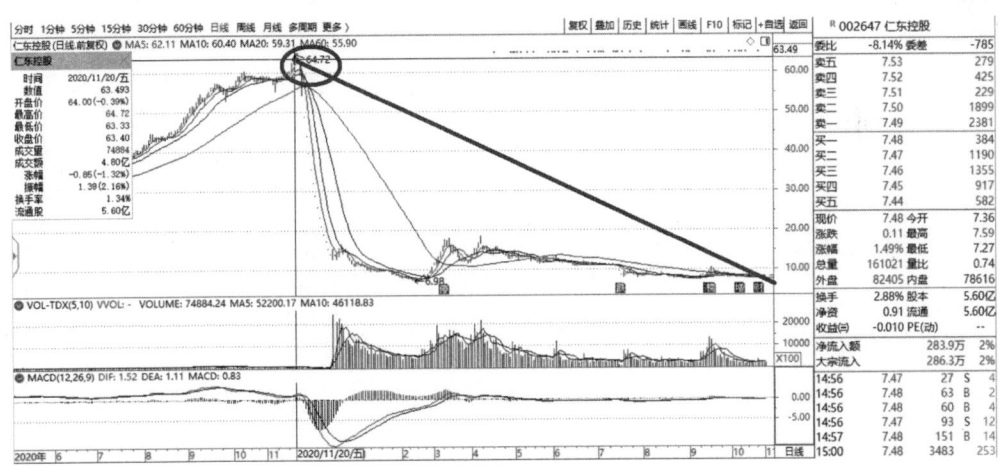

图1-5　仁东控股大跌走势

1.4 提前推演案例 3——股票顶

如图1-6所示，2016年1月3日（注：2015年12月31日收盘后，是元旦假期）笔者博文推演奥瑞德（现名ST瑞德）为当时的阶段顶部，时价29.53元，截至2021年11月4日收盘1.57元，下跌幅度达到95%。

如图1-7和图1-8所示，对比2020年12月31日与2021年9月30日股东人数，可以发现一年时间内股民又有约4000个账户被绞杀。

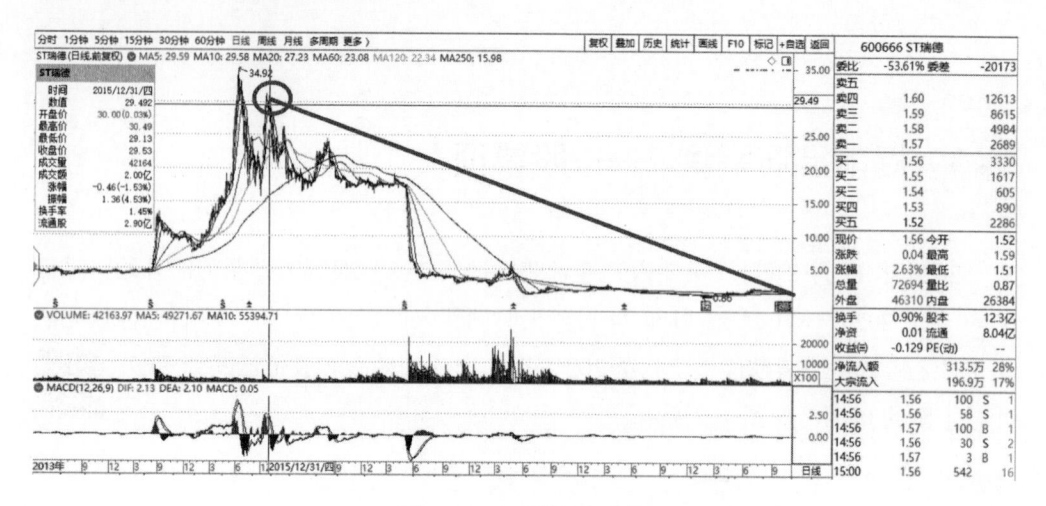

图 1-6　ST 瑞德逃顶走势

图 1-7　2020 年 12 月 31 日十大流通股东

图 1-8　2021 年 9 月 30 日十大流通股东

因此我们必须学会一种方法，使我们能在如图 1-9 所示的 2015 年 12 月 31 日收盘时推演出 ST 瑞德的股票要大跌。学完本书讲的所有内容，读者也应能像笔者一样，以 2015 年 12 月 31 日收盘价为参考，推演出这只股票要大跌。

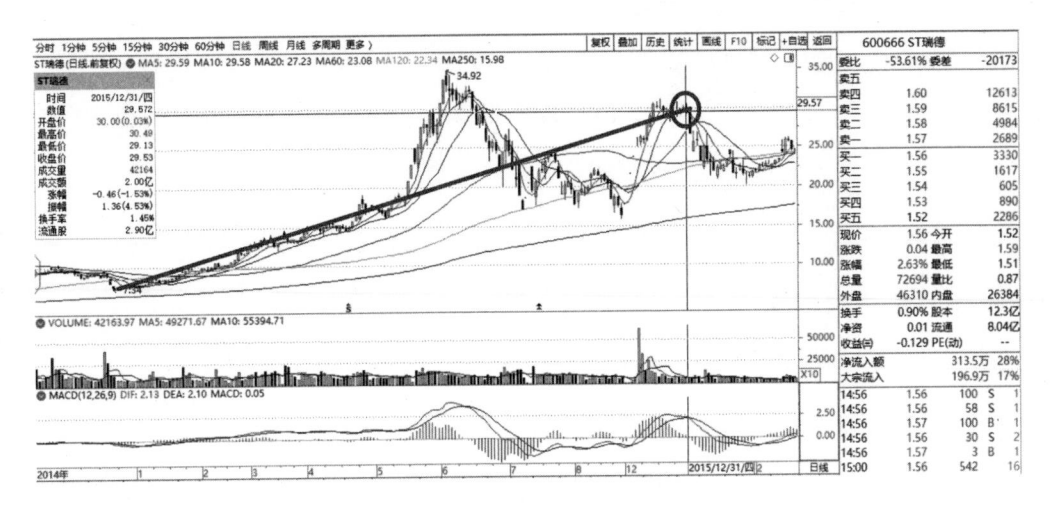

图 1-9　ST 瑞德 2015 年 12 月 31 日顶部图

1.5　提前推演案例 4——股票底

如图 1-10 所示，2021 年 2 月 3 日笔者绘制黄河旋风阶段底部（否极区），2 月 4 日指出要坚定持股看涨。2021 年 2 月 3 日时价 2.61 元，截至 2021 年 11 月 4 日见 10.24 元，上涨约 292%。

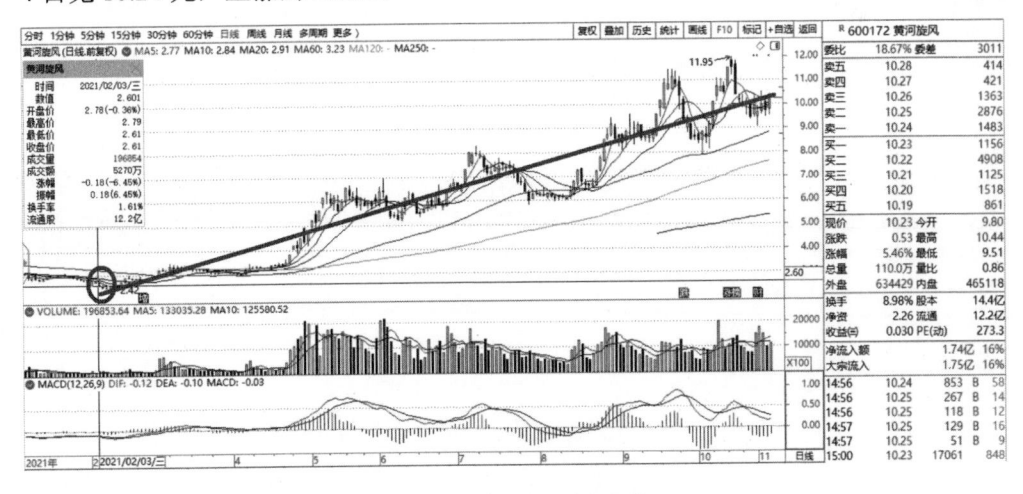

图 1-10　黄河旋风底部走势

黄河旋风的股票从 2021 年 2 月 3 日的 2.60 元左右涨到了 2021 年 9 月 3 日的 9.50

元左右，上涨幅度约 265%，如果到了 9 月 3 日再去分析为什么 2 月 3 日应买入，就没有任何意义了。我们必须在 2 月 3 日左右推演出 2.60 元就是股票的阶段底部，在这种情况下有股票绝不卖出，有钱及时买入，才是炒股的盈利之道。

1.6 本章总结

　　本章通过对天融信、仁东控股、ST 瑞德阶段顶部的提前推演，揭示了股票的顶部趋势确实有规律可循。可以看到它们大跌前的顶部价格并不相同，说明股票价格的时间与空间存在对应关系，往往在下跌之前走势很好，我们只要掌握一定的方法，就可以做到提前推演阶段顶部之后即将开始大跌。任何股票投资的价格和策略都在一定时间范围内与之对应（对此第 2 章有详细讲解）。

　　本章通过对黄河旋风的阶段底部的判断，说明股票底部是可以提前推演的，由此可以知道大涨的机会即将来临。

　　授人以鱼不如授人以渔，炒股必须形成自己的方法，靠着去请教别人如何操作买卖股票终究不是长久之计，因为没有人会是股神。

第 2 章

推演正确涨跌方向决定赚赔

股票的走势只有两个方向：涨或跌。不论账户是有股票还是有资金，操作买卖股票之前必须先判断涨或跌的方向，方向决定成败，方向推演正确后，还需要有正确的操作。

2.1 推演上涨方向

如图 2-1 所示，2014 年 5 月 19 日笔者博文推演指出桐昆股份（601233）大涨在即，时价 2.92 元（除权后），截至 2015 年 6 月 15 日盘中见 18.93 元，盈利约 548%。

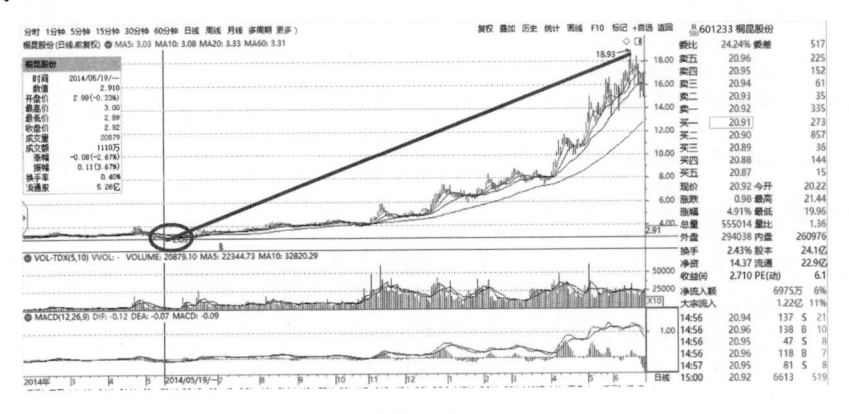

图 2-1 桐昆股份上涨方向

2.2 推演下跌方向

如图 2-2 所示，2018 年 1 月 29 日笔者博文推演桐昆股份股票为阶段顶部，指出强力调整随时开始，建议 2 月 9 日前卖完。2018 年 1 月 30 日盘中见 20.45 元，截至 2019 年 1 月 4 日盘中见 8.86 元，下跌约 57%。

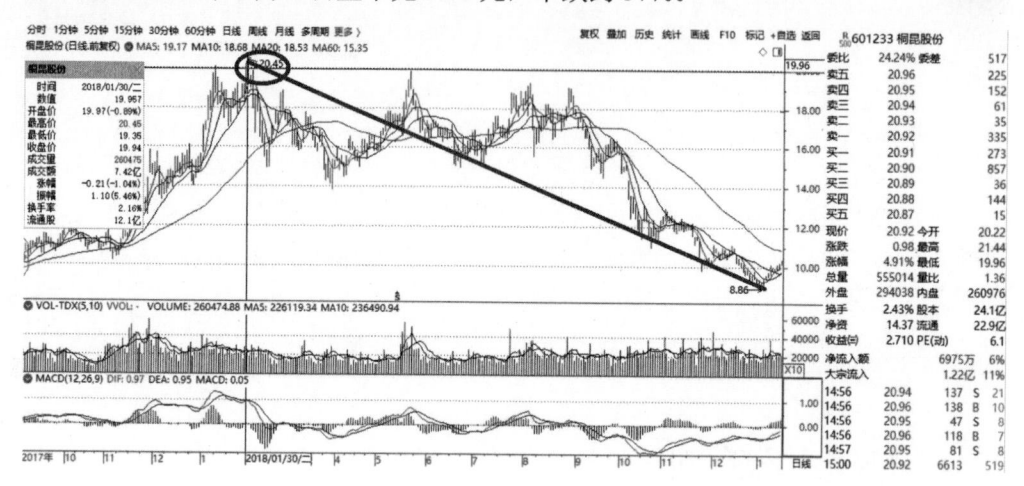

图 2-2 桐昆股份下跌方向

2.3 股票的时空关联

山峰有准确的最高海拔高度，但是人们常说的爬到山顶通常并不是指爬到了最高点，而是指爬到了山的相对高点。山谷有最低海拔高度，但是人们常说的下到山底并不是指下到了最低点，而是指下到了山麓。

股票的顶虽然有最大值，但是笔者所说的阶段顶部也不是指卖出股票的最高点，而是指卖出股票的一个顶部区域。

股票的底虽然有最小值，但是笔者所说的阶段底部也不是指买入股票的最低点，而是指买入股票的一个底部区域。

正是因为股票的顶和底不是一个点，而是指一个区域，因此卖出股票和买入股票的时间也不是指某个时间点，而是指某个时间段。时间长短的不同，对应的股票的顶和底的数值区域也不同。这就是股票的时空关联。

2.3.1 股票顶的时空关联

如图 2-3 所示，对应于 2019 年 1 月的 8.86 元，2018 年 1 月 8 日到 2018 年 1 月 29 日是桐昆股份股票的阶段顶部。

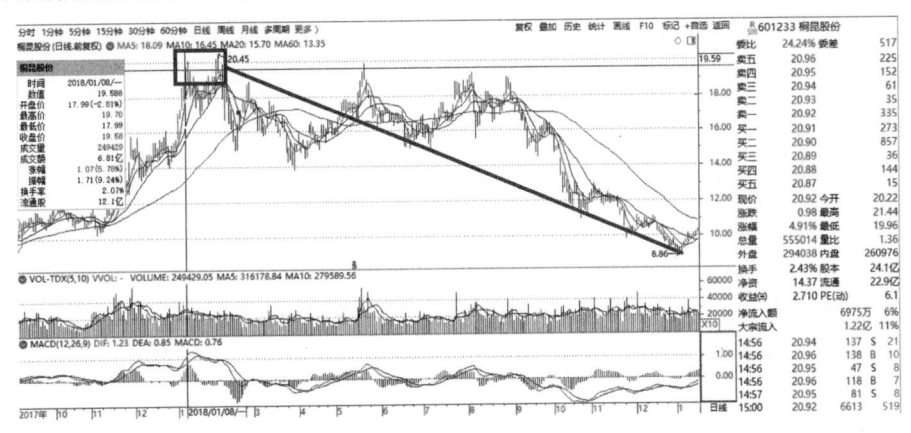

图 2-3 桐昆股份顶部图 1

如图 2-4 所示，对应于 2019 年 1 月的 8.86 元，2018 年 1 月 8 日到 2018 年 8 月 28 日也是桐昆股份股票的阶段顶部。

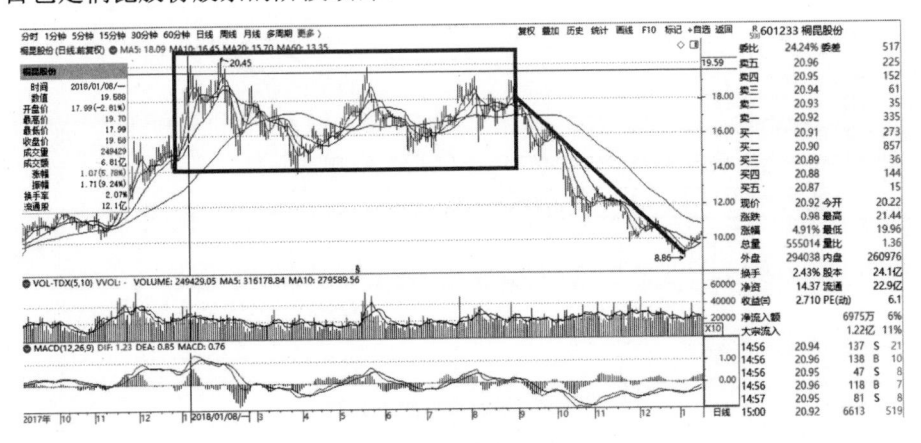

图 2-4 桐昆股份顶部图 2

仔细比较分析，我们可以看出，图 2-3 和图 2-4 所示的桐昆股份两个阶段顶部的区域所对应的时间间隔不同，因而阶段顶部的价格区域也不同。

通过此例，读者要建立股票顶的时空关联概念。

2.3.2 股票底的时空关联

如图 2-5 所示，对应于 2015 年 6 月 15 日的 18.93 元，2014 年 5 月 19 日到 2014 年 6 月 12 日是桐昆股份股票的阶段底部。

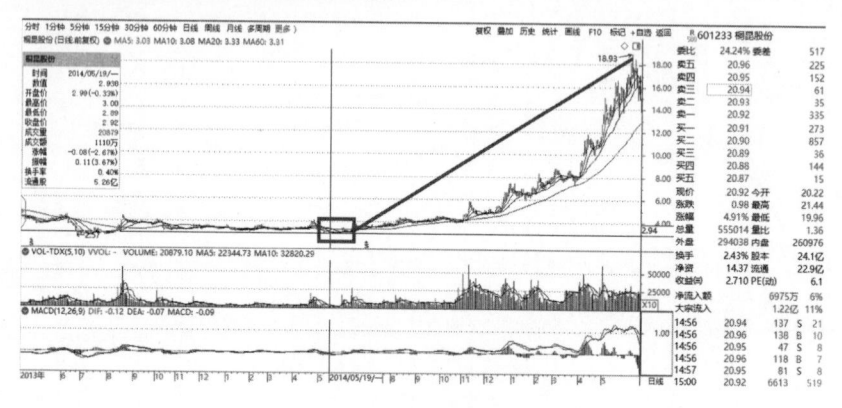

图 2-5 桐昆股份底部图 1

如图 2-6 所示，对应于 2015 年 6 月 15 日的 18.93 元，2013 年 6 月 25 日到 2014 年 6 月 12 日也是桐昆股份股票的阶段底部。

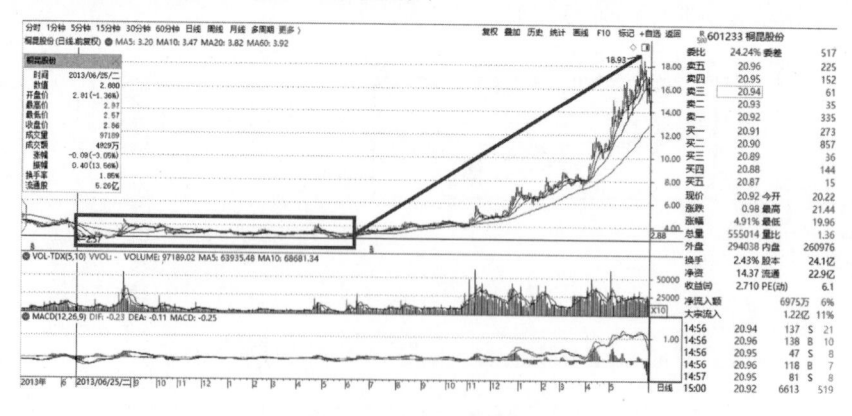

图 2-6 桐昆股份底部图 2

仔细比较分析，我们可以看出，图 2-5 和图 2-6 所示的两个阶段底部的区域所对应的时间间隔不同，因而阶段底部的价格区域也不同。

通过此例，读者要建立股票底的时空关联概念。

2.4 时空变化互相对应

股票的时间和价格存在对应关系，在制定策略时，离开时间说价格，与离开价格说时间均可不取。不同的操作周期，对应的顶和底的价格空间也不同。

股票价格变化K线以时间周期划分，可分为如下几类：日K线、周K线、月K线、季K线、年K线、小时K线和分钟K线。分钟K线包括1分钟K线、5分钟K线、15分钟K线、30分钟K线、60分钟K线等。

经常会有股民谈到某只股票压力是多少，支撑是多少。谈到压力和支撑，必须先找出相关的操作周期，比如对于30分钟K线周期而言，某个价位是压力，而对于周K线周期而言，该价位可能就会变成支撑。

以鲁北化工（600727）为例。

如图2-7所示，2015年4月23日笔者博文推演指出鲁北化工股票为阶段顶部，指出大跌刚刚开始，绝不可买入。2015年4月23日时价11.83元，之后下跌到2015年5月7日的9.60元，下跌幅度约19%。

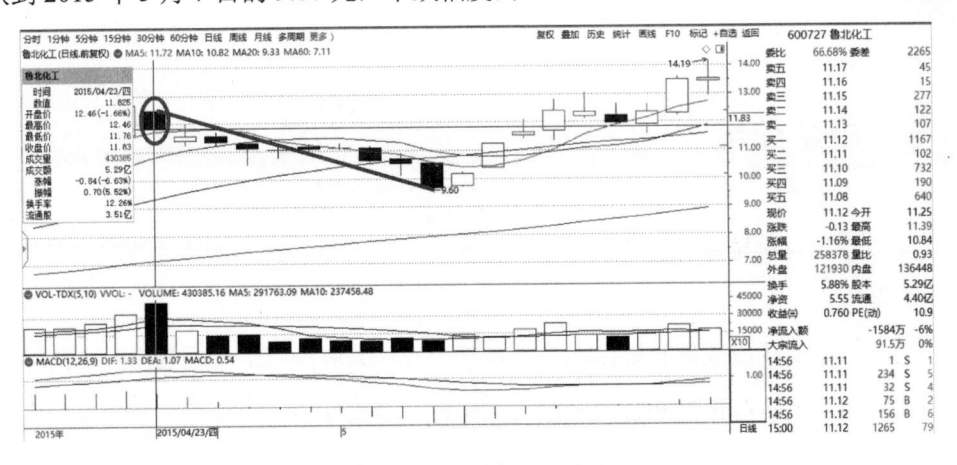

图2-7 鲁北化工下跌走势

如图 2-8 所示，鲁北化工的股票从 2015 年 4 月 23 日的 11.83 元下跌到 2015 年 5 月 7 日 9.60 元，之后上涨到 2015 年 6 月 15 日的 17.70 元，再之后下跌到 2015 年 7 月 8 日的 5.64 元。

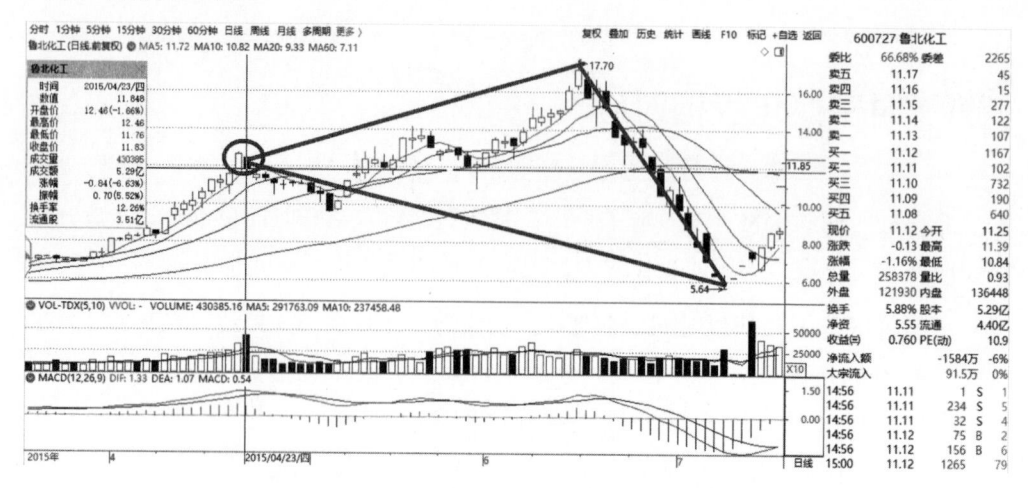

图 2-8　鲁北化工下跌上涨再下跌走势

我们需要思考的问题是，2015 年 4 月 23 日笔者指出的鲁北化工的股票绝不可买入，到底是正确的还是错误的？在走势出来之后，比如以 2015 年 6 月 15 日的 17.7 元股价看，4 月 23 日买入确实是正确的，但是如果以 2015 年 7 月 8 日的 5.64 元股价看，4 月 23 日绝不可买入。

通过此例，各位读者要认真体会股价的时空变化与对应关系。

2.5　本章总结

本章通过对桐昆股份和鲁北化工两个案例的分析讲解，主要阐述了笔者的股票时空关联观点：

（1）股票的阶段顶部和阶段底部不是一个具体数值，而是一个数值区域；

（2）股票的阶段顶部和阶段底部与时间跨度的选择相关；

（3）股票的股价变化及操作策略与时间周期有关。

第 3 章 推演股票涨跌的核心思想和逻辑

股票的涨跌有其自身规律，不以任何人的意志为转移。虽然不能改变其规律，但是我们可以也必须能够通过各种方法，提前推演出股票的阶段顶部和阶段底部，在阶段顶部及时卖出股票，在阶段底部及时买入股票，从而实现盈利。这才是炒股之道。

本章通过实盘案例讲解笔者推演股票涨跌的核心思想和逻辑。

3.1 股票有其自身规律

笔者推演股票涨跌的逻辑思维是阴阳理论，即阳极阴生，否极泰来。

笔者推演股票涨跌的方法论是综合辩证法，即股票涨或跌的影响因素是多个，而不是一个或少数几个。笔者在本书总结了 38 个相关指标。

笔者推演股票涨跌使用的"秘籍"是《孙子兵法》，即《始计篇》"未战而庙算胜者，得算多也；未战而庙算不胜者，得算少也"，《兵势篇》"以利动之，以卒待之"和《虚实篇》"能使敌人自至者，利之也"。

笔者推演股票涨跌使用的心理学是阳明心学，即知行合一。

以 ST 节能（000820）为例。

如图 3-1 所示，2017 年 4 月 24 日笔者博文推演指出 ST 节能（原名神雾节能）强力调整即将开始，建议 4 月 24 日卖完。2017 年 4 月 24 日其股价为 40.94 元，2021 年 11 月 1 日股价为 3.46 元，下跌约 92%。

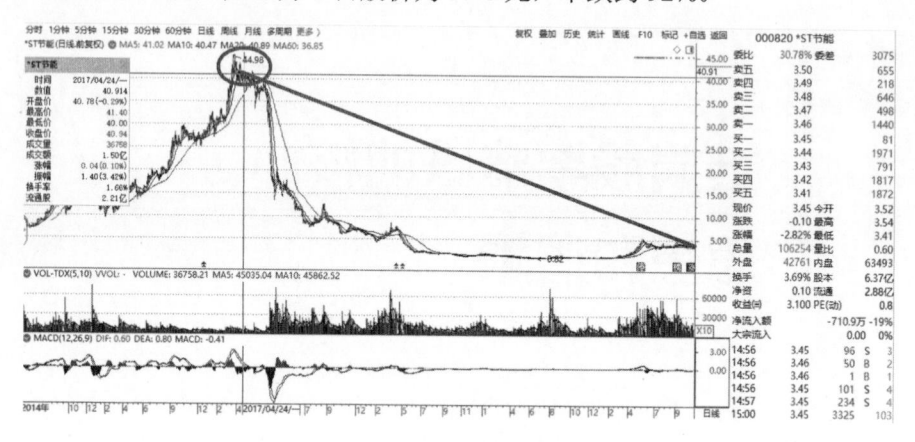

图 3-1 ST 节能下跌走势

ST 节能的股价在 2017 年 4 月 24 日之后为什么会下跌？其根本原因是股价涨到了阶段顶部，其运行规律导致其必然下跌。

笔者在本书后续章节详细讲解了如何推演出它的阶段顶部和如何抓住它的股票涨跌运行规律的过程。

3.2 股票涨跌互为基因

不论是什么周期，只有跌到阶段底部时买入股票，风险才最小，只有涨到阶段顶部时卖出股票，利润才最高。

下面的传统观点和思路是在股票涨了或跌了之后进行的复盘分析，对实际操作没有太多参考价值。

（1）股票为什么会涨？有的媒体或书籍认为是成交量放大了、国家政策扶持了、买的人多了、主力控盘了，等等。

（2）股票为什么会跌？有的媒体或书籍认为是国家政策不扶持了、产能过剩了、属于传统行业、主力卖出筹码了、全球股市下跌了，等等。

第 3 章 推演股票涨跌的核心思想和逻辑

以成交量放大这一因素为例,有的观点只强调一个方面,即买的多了。但是成交量是买卖过程的两个方面,不可以只强调一个方面。成交量放大,说明交易活跃,买的和卖的都可能很多。

以桐昆股份(601233)为例。

如图 3-2 所示,2014 年 5 月 19 日笔者博文推演指出桐昆股份大涨在即,时价 2.92 元(除权后),截至 2015 年 6 月 15 日盘中见 18.93 元,盈利约 548%。

图 3-2　桐昆股份上涨走势

笔者在本书后续章节详细讲解了如何推演出它的阶段底部,以及如何抓住它的股票涨跌运行规律的过程。

如图 3-3 所示,2018 年 1 月 29 日笔者博文推演桐昆股份股票为阶段顶部,指出强力调整随时会开始,建议 2 月 9 日前卖完。2018 年 1 月 30 日盘中见 20.45 元,截至 2019 年 1 月 4 日盘中见 8.86 元,下跌约 57%。

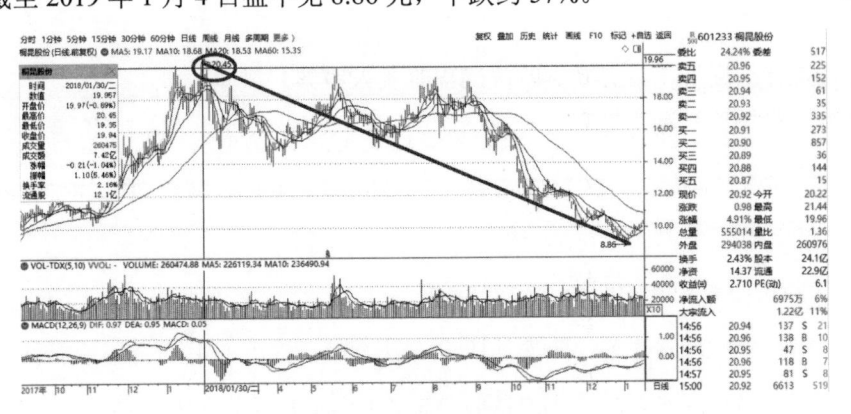

图 3-3　桐昆股份下跌走势

17

笔者在本书后续章节详细讲解了如何推演出它的阶段顶部，以及如何抓住它的股票涨跌运行规律的过程。

3.3 股票操作的四个阶段

股票操作会经历四个阶段：下跌阶段、止跌底部横盘阶段、震荡上涨阶段和滞涨顶部阶段。

以泰达股份（000652）为例。

如图3-4所示，2014年7月30日笔者博文指出宜以4.03元（除权前）买入泰达股份。2015年6月15日盘中见14.70元，盈利约265%。

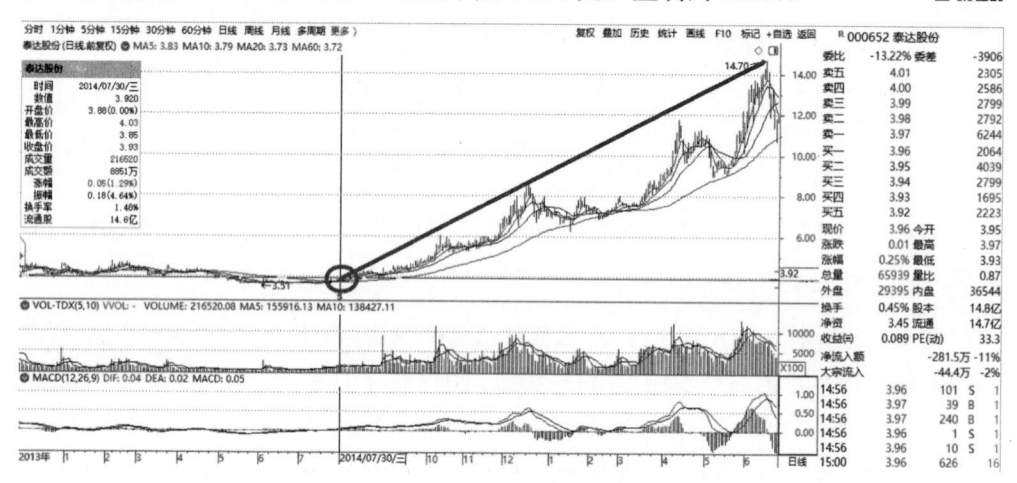

图 3-4　泰达股份上涨走势

如图3-5所示，2015年6月12日笔者博文推演泰达股份股票为阶段顶部，指出宜于6月15日之前卖完。2015年6月15日时价14.70元，截至2018年10月19日盘中见2.28元，下跌约84%。

泰达股份股票操作的四个阶段分析如下：

2014年7月30日之前，为泰达股份下跌阶段，持币不买。

2014年7月30日前后，为泰达股份下跌后的止跌底部横盘阶段，买入股票。

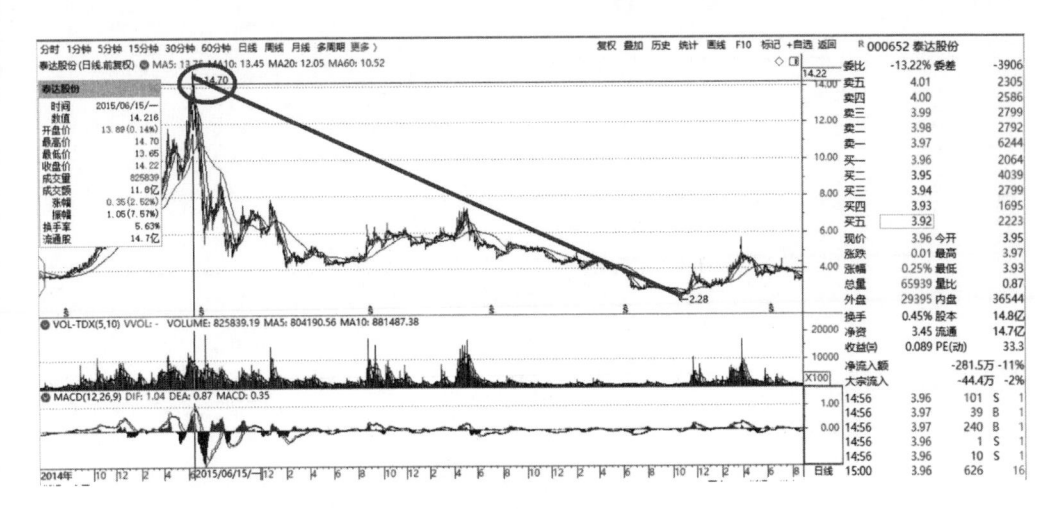

图 3-5 泰达股份下跌走势

2014 年 7 月 30 日到 2015 年 6 月 15 日，为泰达股份震荡上涨阶段，持股不卖。

2015 年 6 月 12 日前后，为泰达股份滞涨顶部阶段，卖出股票。

笔者在本书后续章节详细讲解了如何推演出它的阶段顶部和阶段底部，以及如何抓住它的股票运行规律的过程。

3.4 阳极阴生，否极泰来

股民进入股市必须学会推演自己的股票是在阶段顶部，还是在阶段底部。凡是在阶段顶部的股票均不能买，凡是在阶段底部的股票均不能卖。因为阳极一定会阴生，否极一定会泰来。

以永安林业（000663）为例。

如图 3-6 所示，2018 年 1 月 23 日笔者博文推演指出永安林业强力调整随时开始，建议 2 月 3 日前卖完，时价 21.73 元。截至 2020 年 2 月 4 日盘中见 3.36 元，下跌约 85%。

如图 3-6 和图 3-7 所示，永安林业股价从 2017 年 5 月 16 日的 11.41 元涨到了 2018 年 1 月 23 日收盘的 21.73 元，几乎翻了一倍。这就具备了下跌潜质，通过各种方法即可推演出其股票为阶段顶部。

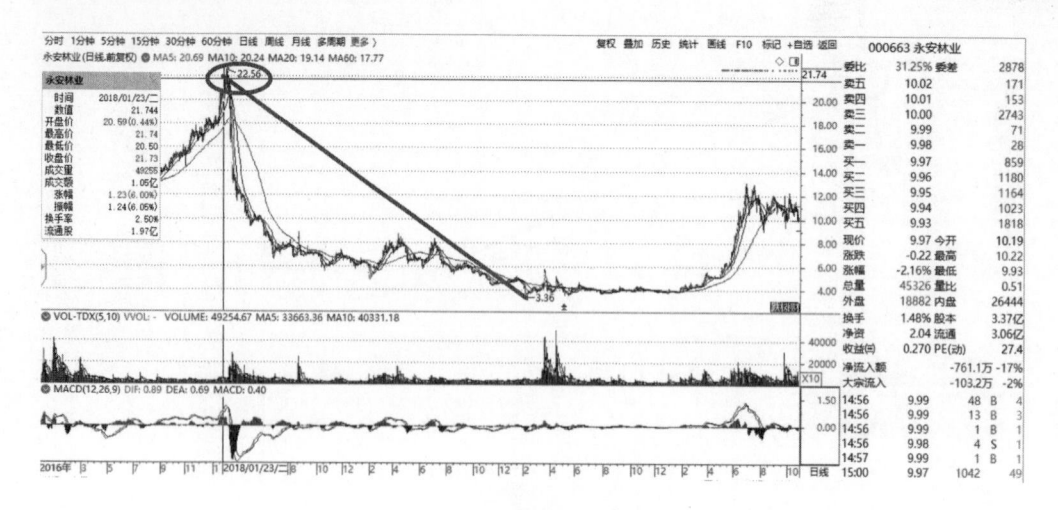

图 3-6　永安林业下跌走势

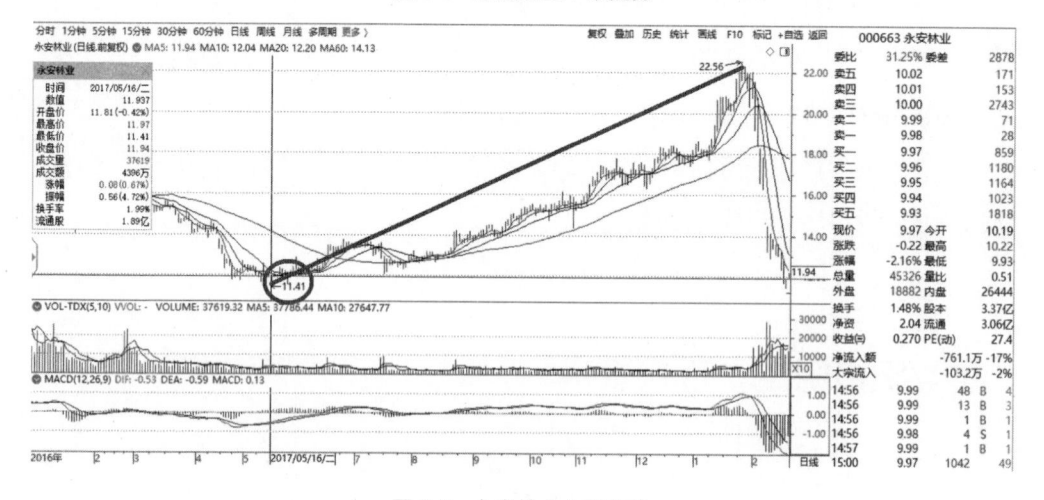

图 3-7　永安林业上涨走势

3.5 授人以鱼不如授人以渔

股市绝对没有股神，不可轻信他人推荐的股票和策略。股民要通过系统学习形成自己的操作风格。

以大连电瓷（002606）为例。

如图 3-8 所示，2017 年 1 月 21 日笔者博文推演大连电瓷股票为阶段顶部，指出强力调整随时开始，时价 24.99 元。截至 2018 年 10 月 19 日见 3.28 元，累计下跌幅度约 87%。

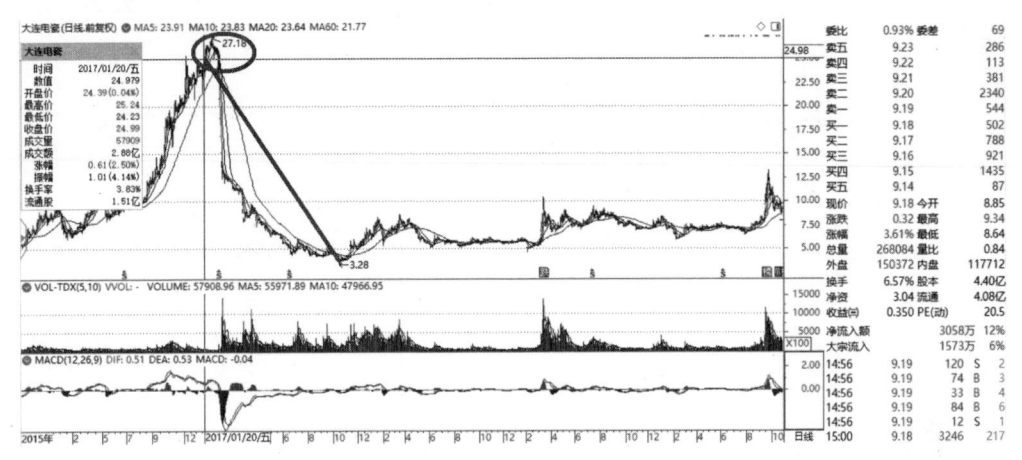

图 3-8　大连电瓷下跌走势

各位读者可以查阅 2017 年 1 月 26 日前后的相关证券资讯，会发现某些机构推荐买入此股票。如果不分析就轻信某些机构的推荐而买入此股票，就会被深套。

授人以鱼不如授人以渔。对于股价还没有上涨到顶的股票，不论是什么价位都可以买入。就风险而言，买入下跌之后的股票的风险小于买入上涨之后的股票的风险。

新入市的股民，笔者建议应买下跌之后的股票。

笔者在本书案例中也有讲解买入上涨之后的股票，但更多的案例是讲解买入下跌之后的股票。两种方法都教给了读者。

买入股票的过程，不可以一次把资金全部投进去，可以按照如下操作买入股票：在股票下跌到一定程度后，第 1 次建仓 20%，继续下跌时再加仓 20%，如果主力继续打压时再加仓 20%，第 4 次再加仓 20% 到 30%，建仓完毕。上述方案只是其中一种操作方法，读者要根据自己的习惯和特点及对所选股票主力操作风格的分析，熟悉其操作特点，调整建仓比例。

以包钢股份（600010）为例。

如图 3-9 所示，2015 年 3 月 14 日笔者博文指出包钢股份大跌开始。2015 年 3 月 13 日时价 4.15 元，截至 2020 年 4 月 29 日盘中见 1.04 元，累计下跌幅度约 75%。

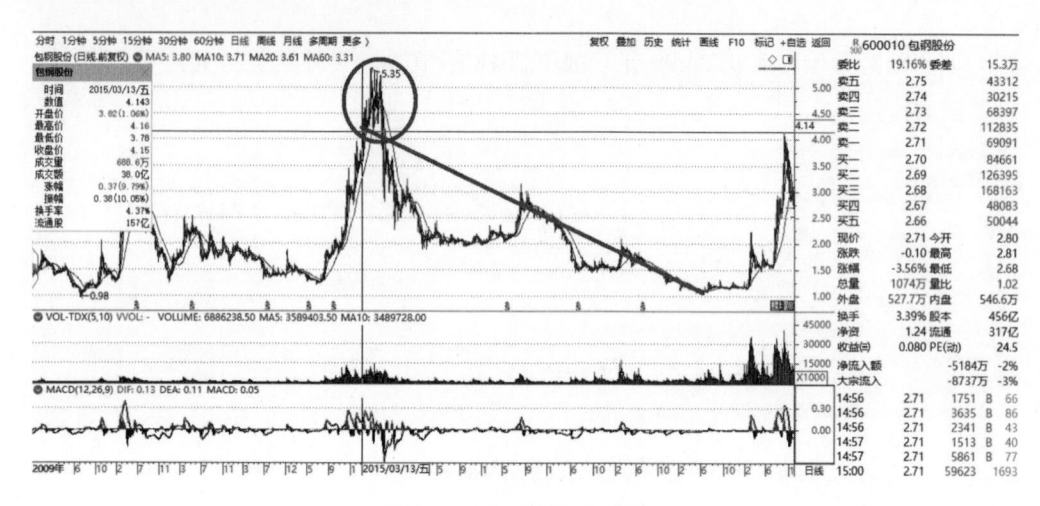

图 3-9　包钢股份下跌走势 1

在股票走势已经出来后再分析，可以看出 2015 年 3 月 16 日以 4.30 元买入该股票好像没有问题，因为接下来该股票涨到了 5.35 元。如果养成了这种上涨之后买入的操作习惯，也同样会在股价 5.35 元时买入，这样就真正地买在了顶部。

如图 3-10 所示，如果从 2020 年 4 月 29 日的股价 1.04 元来复盘，读者就会知道 2015 年 3 月 16 日是该股票的阶段顶部。

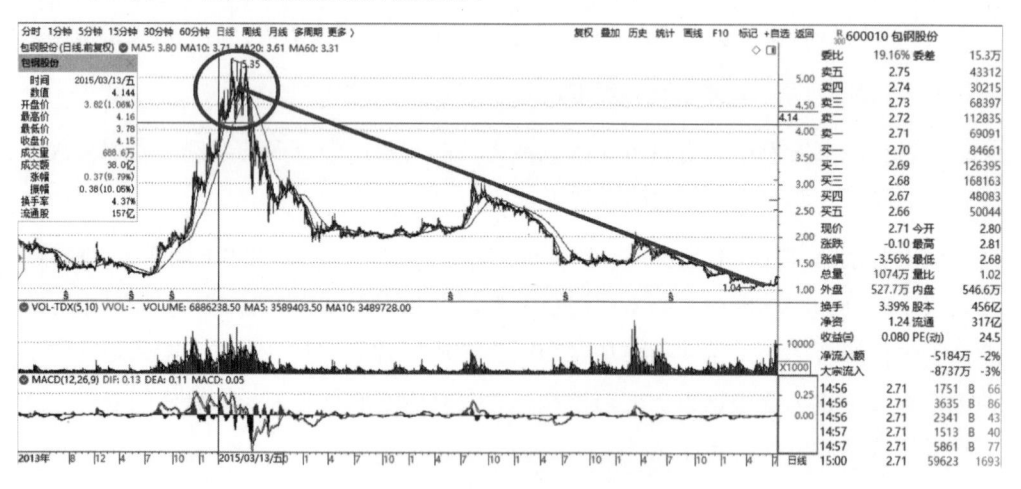

图 3-10　包钢股份下跌走势 2

如图 3-11 所示，2021 年 1 月 12 日笔者博文指出 1 月 13 日开盘可以买入包钢股份，时价 1.16 元。截至 2021 年 9 月 1 日见 4.14 元，最高涨幅约 257%。

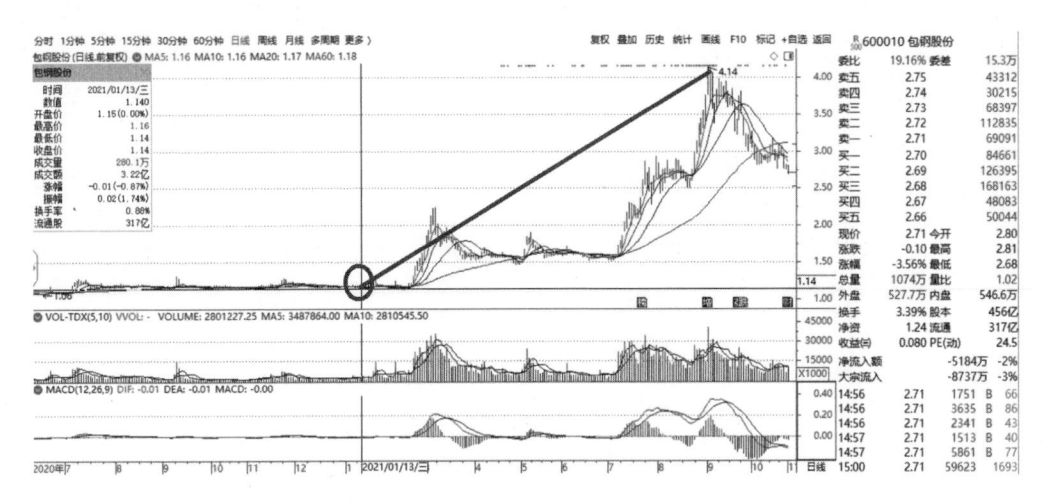

图 3-11 包钢股份上涨走势

3.6 分时线波动是常态

  股票的上涨和下跌都是波浪式前进，股票分时线上下波动是常态，很多股民看到盘中股票向下走就会害怕，就禁不住"割肉"（止损）了，结果第 2 天股票涨得却很快。

  主力最怕的就是股民不看盘。如果你不看盘，主力的上下震荡就吓唬不了你了，所以炒股不要太紧张，除非每天都想高抛低吸，否则尽量少看盘，放松自己。

  笔者十多年前开始炒股时，紧张得连卫生间都不敢去。涨了不卖，希望还要涨；跌了也不卖，感觉要反弹——涨也不卖，跌也不卖，就是天天盯着盘，紧张得不得了，不知道读者朋友们是否有此同感。

  以外高桥（600648）为例。

  如图 3-12 所示，2013 年 9 月 26 日笔者博文推演外高桥股票为阶段顶部，建议立即卖完，时价 56.19 元。截至 2021 年 11 月 1 日收盘 12.84 元，累计下跌幅度约 77%。

  如图 3-13 所示，2013 年 9 月 26 日 9:45 到 10:45 的反弹，均是主力诱多出货，笔者 9:45 在实盘中看到此股时，推演出股票为阶段顶部，大跌随时开始。

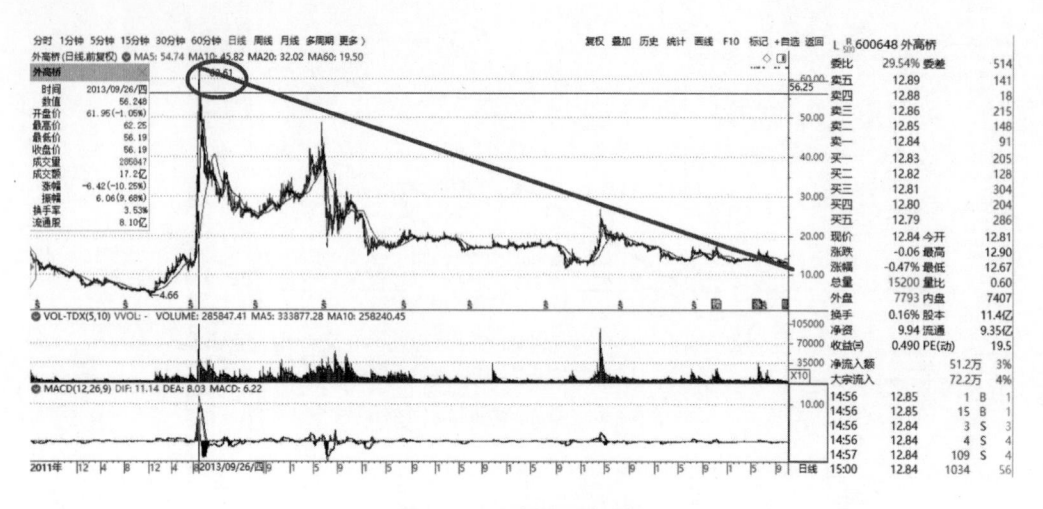

图 3-12 外高桥下跌走势

图 3-13 外高桥分时线

3.7 卖出涨到顶的股票

很多股民买了一只好股，由于不会推演阶段顶部，结果过早卖出错失利润；有些股民在下跌后的止跌底部横盘阶段本应买入，却选择了卖出。

原则上，在股票还没有涨到顶，即还没有进入下跌阶段之前，均不可卖出。而股票一旦到达了顶部区域，不论分时线是涨还是跌，均应第一时间及时卖出。不可被主力的盘中拉升甚至涨停所诱惑。

卖出股票的过程，不能一次把股票全卖出去，可以按照如下操作卖出股票：在股票上涨到一定程度后，第 1 次减仓 20%，继续上涨时再减仓 20%，如果主力继续上涨时再减仓 20%，第 4 次上涨再减仓 20% 到 30%，可以保留 10% 做永久纪念。上述方案只是一个操作方法，读者要根据自己的习惯和特点及对所选股票主力操作风格的分析，熟悉其操作特点，调整建仓比例。

以 ST 银河（000806）（原名银河生物）为例。

如图 3-14 所示，2015 年 11 月 21 日笔者博文推演银河生物（现名 ST 银河）股票为阶段顶部，建议 11 月 23 日卖完。2015 年 11 月 20 日时价 29.29 元，截至 2021 年 11 月 1 日收盘 2.43 元，累计下跌幅度约 92%。

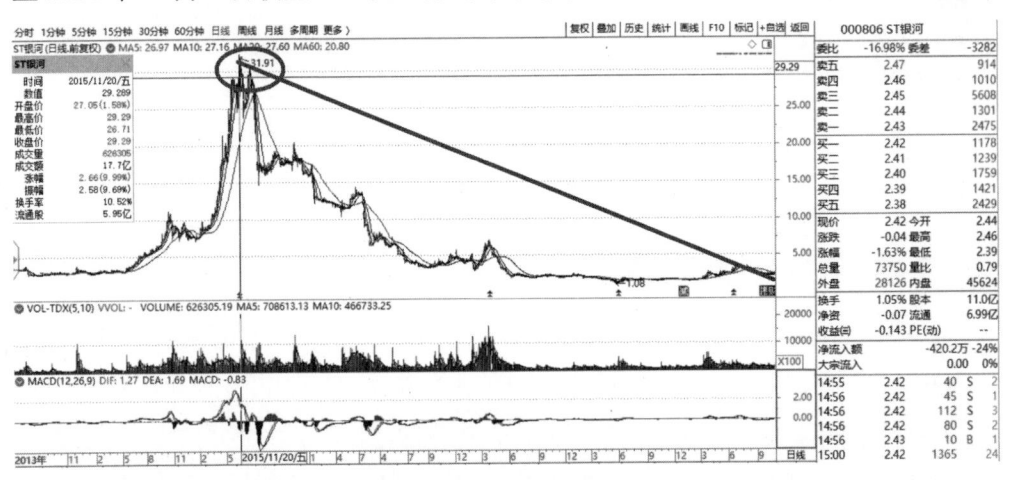

图 3-14　ST 银河下跌走势

3.8　赚大钱必须会逃顶

在股市中，不可能做到将每天的分时线上下波动的差价全部赚到手，要想在股市中赚大钱，就必须将股票持有到自己操作周期的阶段顶部，并且还要会逃顶。

以超频三（300647）为例。

如图 3-15 所示，2018 年 6 月 20 日笔者博文推演超频三强力调整随时开始，建议 6 月 30 日前卖完。2018 年 6 月 28 日最高见 21.40 元，截至 2021 年 11 月 1 日收盘 8.23 元，下跌约 62%。及时逃顶卖出的股民赚了钱，没有买入的股民规避了约 62%的下跌亏损。

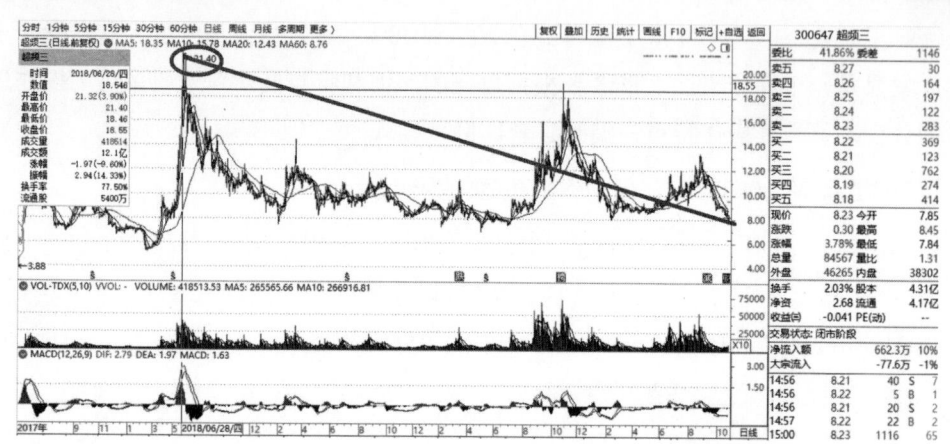

图 3-15　超频三下跌走势

3.9　多数股民在赔钱

股市是零和游戏。股市中的多数股民实际上在赔钱，这也成就了股市中的少数人。

主力诱多出货时，经常是震荡上涨，甚至收涨停板，第二天开始突然下跌，一直到跌停，然后就是连续跌停板，股票根本无法卖出，亏损惨重。因此要想规避风险，必须学会推演股票的阶段顶部。

以仁东控股（002647）为例。

如图 3-16 所示，2020 年 11 月 21 日（星期六）笔者博文推演仁东控股强力调整随时开始，2020 年 11 月 20 日时价 63.40 元。2020 年 11 月 23 日和 24 日两天时间买入的股民在 11 月 25 日跌停板后无法卖出，之后就是连续跌停板，截至 2021 年 11 月 1 日收盘，股价已跌到 7.49 元，下跌约 88%。

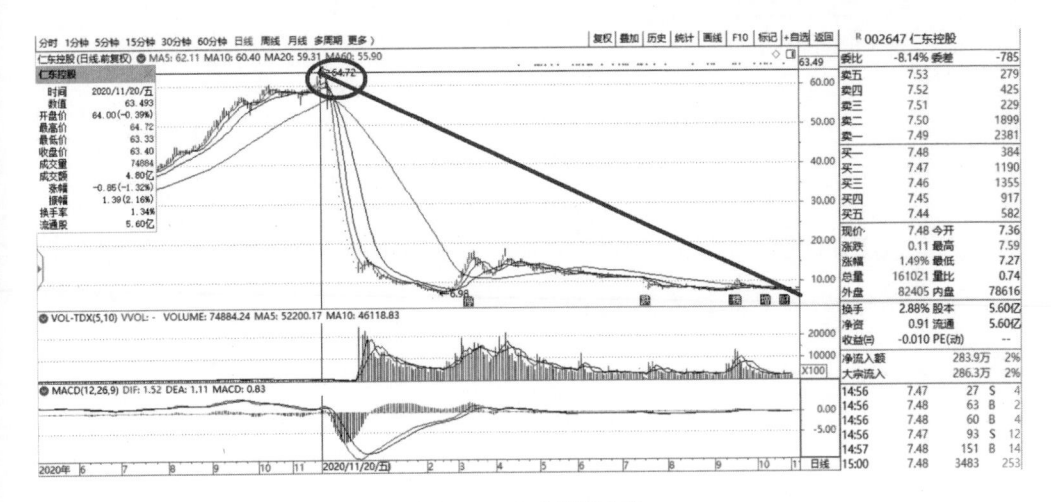

图 3-16　仁东控股大跌

3.10　抄底逃顶必须掌握

　　投资股票要想长久盈利，必须学会抄底和逃顶。不会抄底，意味着失去赚钱机会，并且存在买在顶部的风险。不会逃顶，即使抄了底，最终也会一场空。

　　股票阶段底部，即否极区，这是一个价格区域，而不是一个具体价格。具体建仓过程建议按如下操作策略布局抄底：第一次买的价格最高，而不是最低；第二次加仓只有等跌的时候；在阶段底部不论是涨还是跌，都必须买。

　　股票阶段顶部，即阳极区，这是一个价格区域，而不是一个具体价格。因此卖出股票不可以一次卖完，而是应分批减仓；在阶段顶部不论是涨还是跌，都必须卖。

　　以中国国航（601111）为例。

　　如图 3-17 所示，2017 年 2 月 17 日笔者博文推演中国国航以 2017 年 2 月 17 日收盘价计算，2017 年 12 月 31 日前将上涨 30%到 50%。

　　实际走势为：2017 年 2 月 17 日收盘价 7.23 元，同年 12 月 26 日见 12.09 元，上涨约 67%。

　　如果没有在阶段顶部及时卖出，那么在 2021 年 11 月 2 日股价跌到 8.21 元时，利润就付诸流水了。

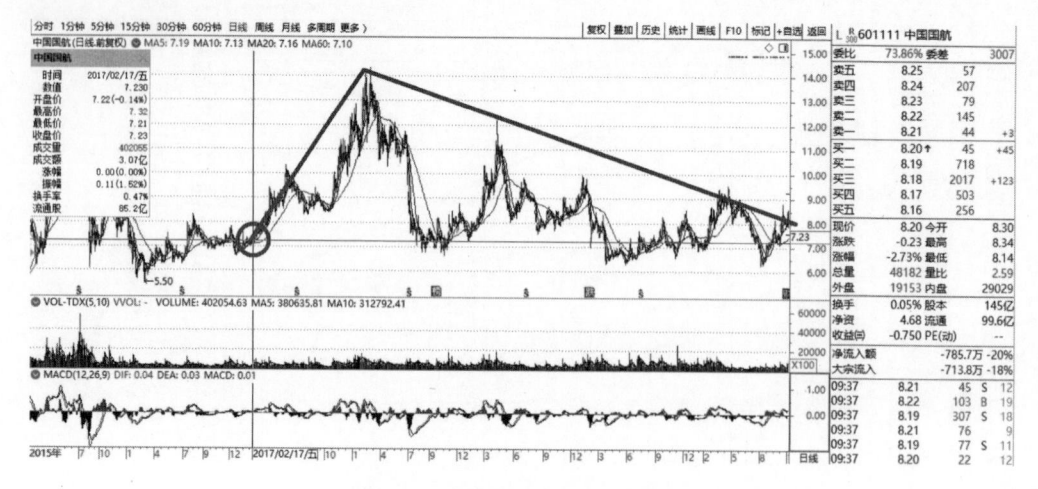

图 3-17　中国国航上涨到下跌走势

笔者在本书后续章节详细讲解了如何推演出它的阶段底部，以及如何抓住它的股票涨跌运行规律的过程。

3.11　主力常用兵法——诡道

炒股就是战争，"能而示之不能，用而示之不用。""以利动之，以卒待之。"这是主力常用的兵法——诡道。

主力在顶部区域出货时经常给股民造成的错觉是，只要买入就有钱赚。主力在底部区域买入时经常给股民造成的错觉是，只要不买就不会赔。

以中粮科技（000930）（原名中粮生化）为例。

如图 3-18 所示，2015 年 8 月 12 日笔者博文推演中粮生化（现名中粮科技）股票为阶段顶部，时价 22.89 元。截至 2021 年 11 月 1 日盘中见 10.35 元，下跌幅度约 55%。

如图 3-19 到图 3-24 所示，主力连续用 3 天的时间，每天呈现低开及下午冲高走势，诱骗投资者以为还会有冲高，当大家习惯了低开冲高之后，8 月 18 日继续低开，这时买入的投资者等着下午冲高，面对的却是跌停。

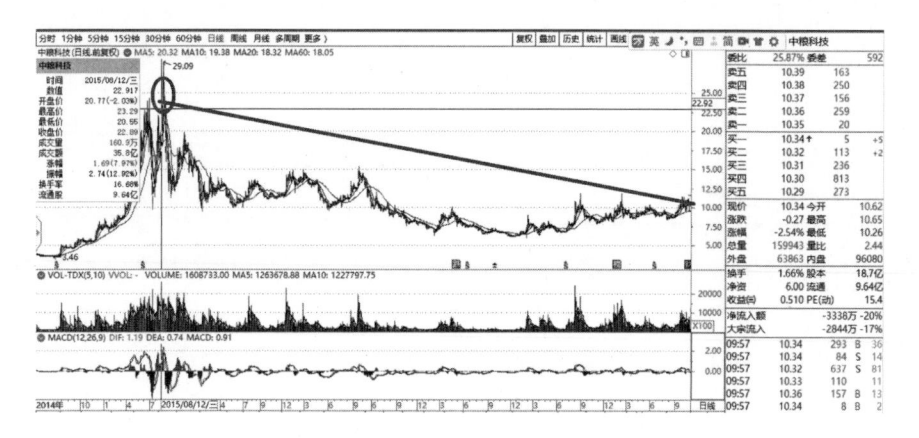

第 3 章　推演股票涨跌的核心思想和逻辑

图 3-18　中粮科技大跌走势

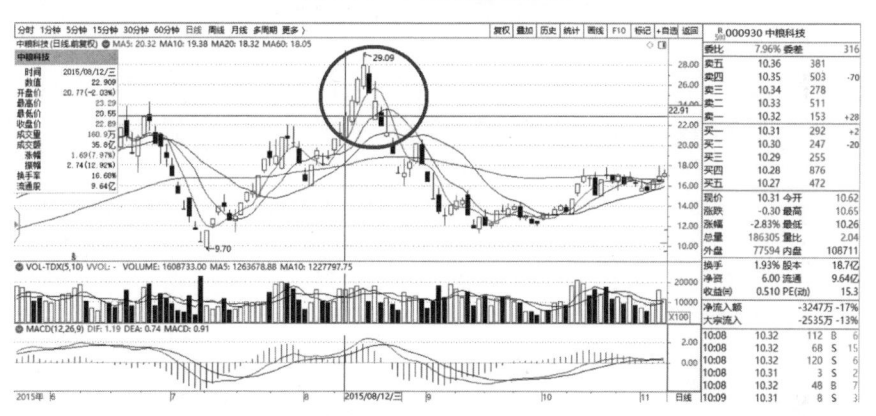

图 3-19　中粮科技 2015 年 8 月 12 日前后走势

图 3-20　中粮科技 2015 年 8 月 12 日分时线

29

图 3-21　中粮科技 2015 年 8 月 13 日分时线

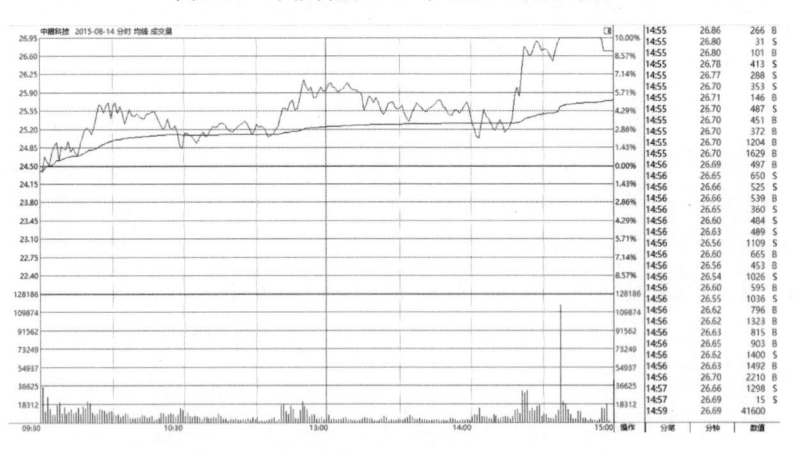

图 3-22　中粮科技 2015 年 8 月 14 日分时线

图 3-23　中粮科技 2015 年 8 月 17 日分时线

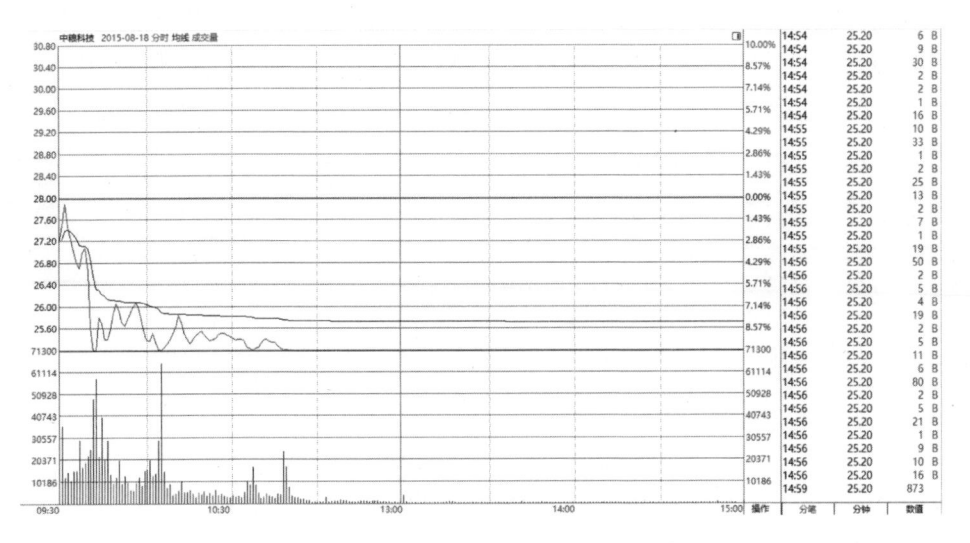

图 3-24　中粮科技 2015 年 8 月 18 日分时线

3.12　知行合一执行操作

　　心学的最高境界是知行合一。股民炒股中的最大的问题就是做不到知行合一，比如通过综合分析推演股票要下跌，但是看到主力在盘中是拉升，一般的股民就不想卖了，甚至还要加仓。同理，通过综合分析推演股票要上涨，但是看到主力在盘中是打压，一般的股民就不想买了，甚至还要减仓。因此，在实际操作中，必须严格做到知行合一。

　　经常听到股民说："感觉某股票要涨了，就是没买。""感觉某股票要跌了，就是没卖。"为什么没有知行合一？背后的深层次原因是不自信。为什么不自信？是因为没有自己的操作风格，不知道涨跌背后的出货与吸筹的本质区别。为什么没有自己的操作风格？是因为没有经过系统的学习和修炼、锻炼，也是因为总问别人自己的股票要如何操作。

　　"以正合，以奇胜。"提前推演主力操盘路径，以正兵迎击。实际走势与推演结果差异即奇兵策略。也就是说，如果推演结果是上涨，而主力在盘中是打压，则必须建仓买入。如果推演结果是下跌，而主力在盘中是拉升，则必须减仓卖出。

以海欣食品（002702）为例。

如图 3-25 所示，2015 年 10 月 28 日笔者博文推演海欣食品股票为阶段顶部，建议 10 月 29 日卖完，10 月 29 日见 21.70 元。截至 2020 年 11 月 2 日盘中见 5.77 元，累计下跌幅度约 73%。

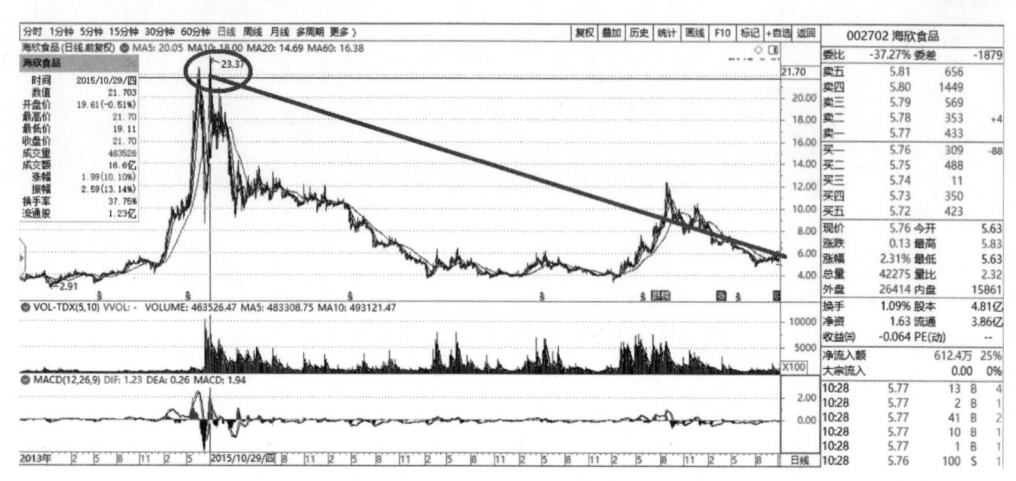

图 3-25　海欣食品下跌走势

如图 3-26 到图 3-28 所示，2015 年 10 月 29 日和 10 月 30 日海欣食品主力开盘拉升，尤其是在 10 月 29 日涨停时，正是投资者卖出的时机。推演结果显示要下跌，主力反而拉升，正好卖出盈利。

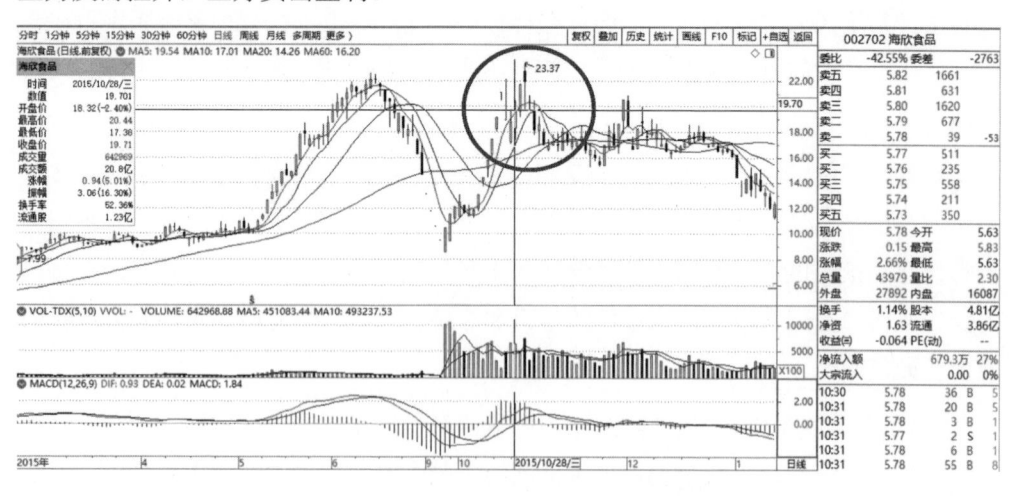

图 3-26　海欣食品 2015 年 10 月 29 日前后走势

第 3 章　推演股票涨跌的核心思想和逻辑

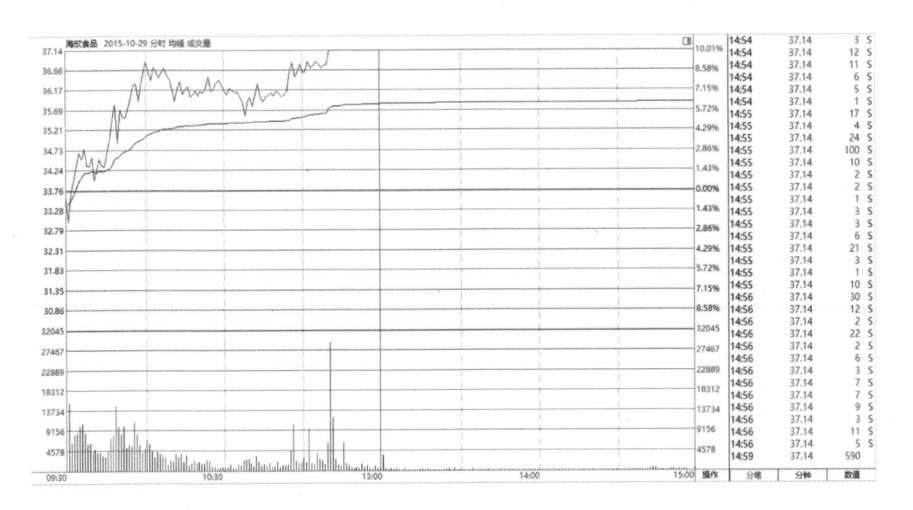

图 3-27　海欣食品 2015 年 10 月 29 日分时线

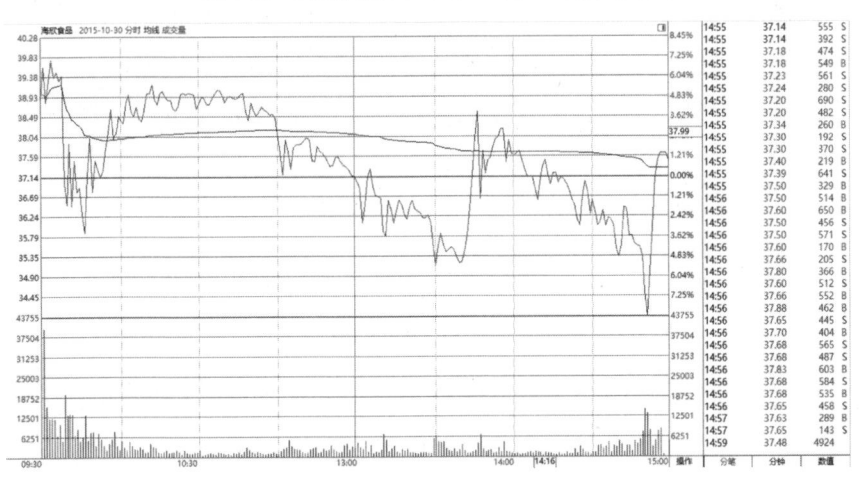

图 3-28　海欣食品 2015 年 10 月 30 日分时线

3.13　阴阳虚实构成股票涨跌

股票，当天收阴者第二天未必跌，当天收阳者第二天未必涨。

阴阳虚实，形成了股票涨跌。

把股票的上涨比喻为上山，把股票的下跌比喻为下山。

上山途中，上坡和下坡都是为了上山，从山顶上看上山过程，上坡和下坡也都

33

是上山。对应于股票的分时线，收阴或收阳都是涨。

下山途中，上坡和下坡都是为了下山，从山顶上看下山过程，上坡和下坡也都是下山。对应于股票的分时线，收阴或收阳都是跌。

以 ST 商城（600306）（原名商业城）为例。

如图 3-29 所示，2015 年 12 月 26 日笔者博文推演商业城（现名 ST 商城）股票为阶段顶部，指出大跌即将开始，建议当年 12 月 28 日卖完。实际走势为：2015 年 12 月 28 日见 34.34 元，截至 2021 年 11 月 2 日盘中见 13.56 元，累计下跌幅度约 61%。

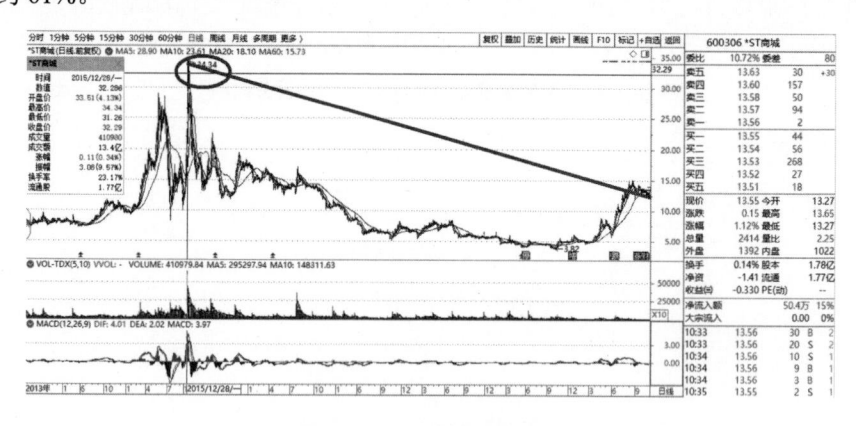

图 3-29　ST 商城下跌走势

如图 3-30 到图 3-32 所示，2015 年 10 月 25 日 ST 商城收涨停长阳线，10 月 26 日（星期六）笔者复盘时推演出大跌随时开始，建议 10 月 28 日卖完。2015 年 10 月 25 日主力做出大阳线，10 月 28 日开盘也是阳线，但收盘变阴。

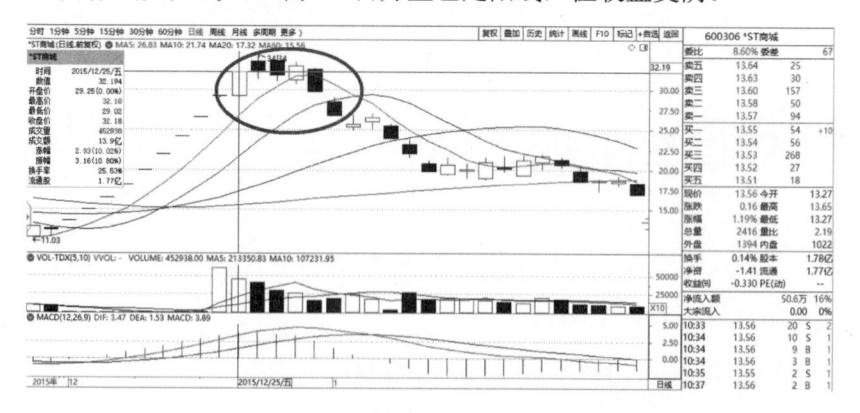

图 3-30　ST 商城 2015 年 12 月 25 日前后走势

第 3 章　推演股票涨跌的核心思想和逻辑

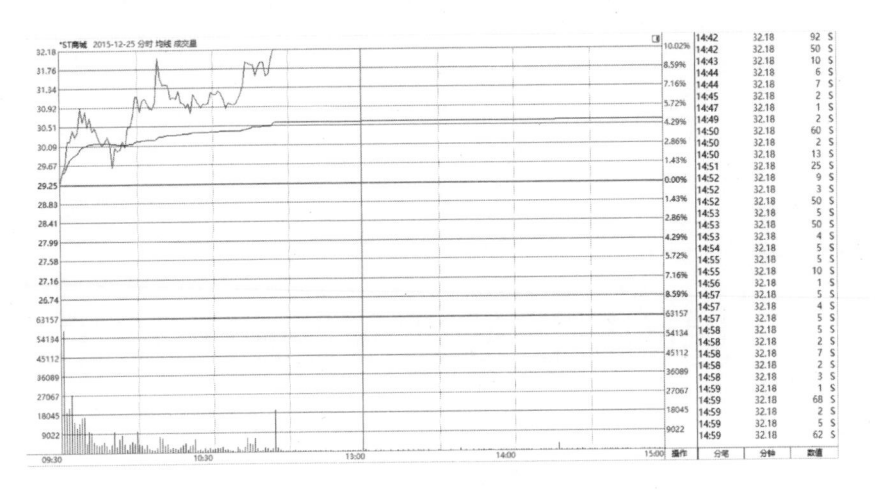

图 3-31　ST 商城 2015 年 12 月 25 日分时线

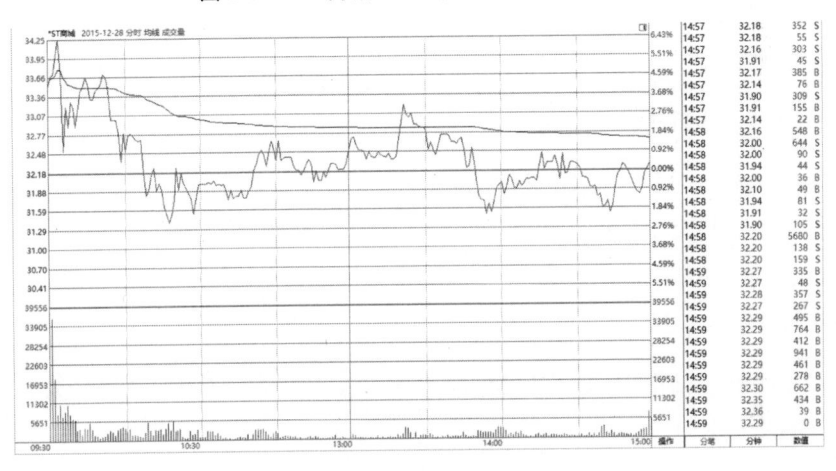

图 3-32　ST 商城 2015 年 12 月 28 日分时线

3.14　本章总结

本章通过多个案例讲解了笔者推演股票涨跌的核心思想和逻辑，全面阐述了股票为什么会跌及为什么会涨的核心思想，即当股票价格涨到了阶段顶部时一定会下跌，股票价格下跌到了阶段底部时一定会上涨。后续各章笔者通过各种方法教给读者如何推演阶段顶部和阶段底部。

第 4 章 提前推演股票涨跌的方法论

引起股票涨跌的因素绝不只是一个，对股票涨跌的推演可从技术面和基本面展开分析，应通过多种方法共同求证什么是阶段顶部，什么是阶段底部。

本章主要通过笔者于 2020 年 11 月 21 日开始的仁东控股强力调整推演，讲解趋势型指标、超买超卖型指标、能量型指标、量价型指标、压力支撑型指标等共 23 个技术指标和其他 10 个基本面指标。通过 2016 年 1 月到 2020 年 10 月对大连圣亚的几次阶段顶部推演，讲解 5 个其他技术指标。

趋势型指标包括：PBX、BBI、MTM、CYS、MA、DMI、EMV、MACD、EXPMA、PSY 和 TRIX，共 11 个指标。

超买超卖型指标包括：KDJ、WR、RSI、CCI、BIAS 和 ROC，共 6 个指标。

能量型指标包括：VR、BRAR 和 CR，共 3 个指标。

量价型指标包括：OBV，共 1 个指标。

压力支撑型指标包括：BOLL 和 MIKE，共 2 个指标。

其他 10 个基本面指标包括：最大涨幅、筹码分布、波浪理论、斐波纳契数列、浪形数据、K 线形状、分时线、关注函及股吧言论、媒体分析、财务指标。

其他 5 个技术指标包括：轨道线技术、顶部相似定律、MA 年线走平、全貌分析、股价远离 5 年线。

以上 38 个指标及其灵活应用，构成笔者提前推演股票涨跌的核心技术依据。

4.1 趋势型指标

4.1.1 PBX

瀑布线（PBX），由 6 条非线性加权移动平均线组合而成，每条平均线分别代表不同时间周期的股价成本状况。

如图 4-1 到图 4-3 所示，2020 年 11 月 21 日笔者博文指出仁东控股股票为阶段顶部，推演强力调整随时开始的原因之一，就是 9 月 20 日到 11 月 20 日股价在上涨，但是 PBX1、PBX2、PBX3 已开始缠绕。

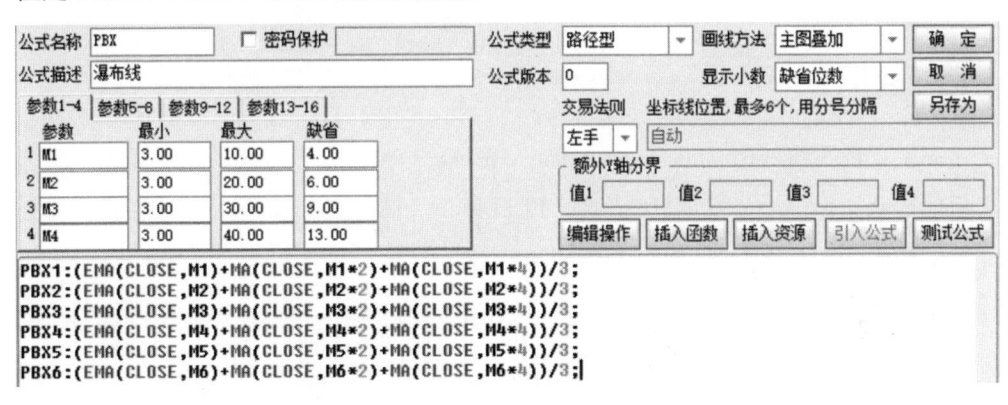

图 4-1　PBX 指标 1

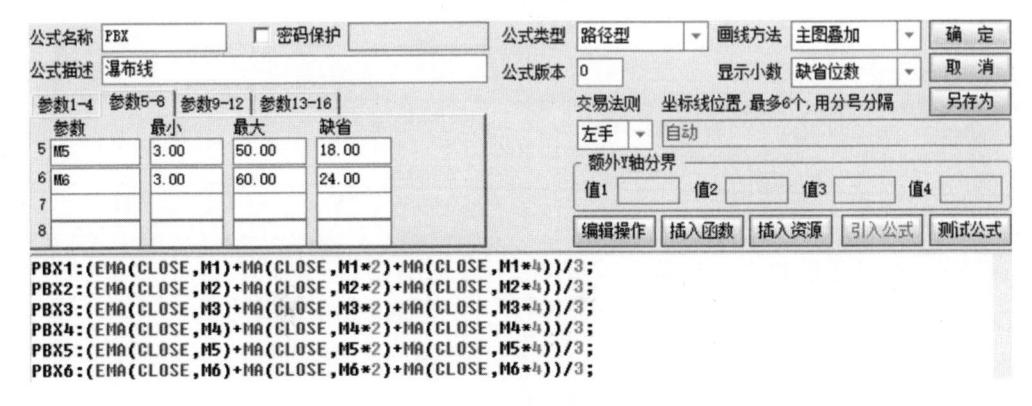

图 4-2　PBX 指标 2

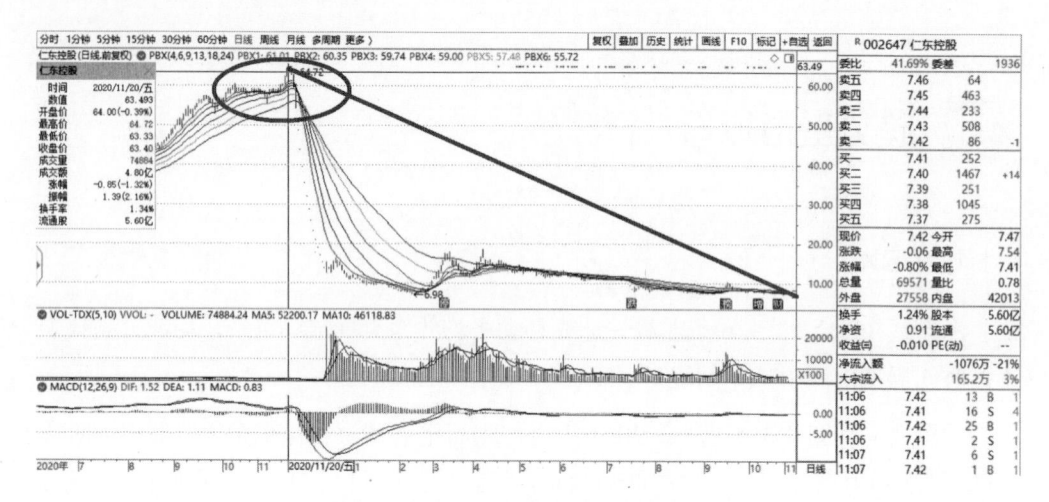

图 4-3　仁东控股大跌前 PBX 金条线缠绕

4.1.2　BBI

多空戈桥指数（Bull and Bear Index，BBI），是将不同日数移动平均线加权平均之后的综合指标，一般将 3 日、6 日、12 日和 24 日的 4 种平均股价（或指数）作为计算的参数。

如图 4-4 和图 4-5 所示，2020 年 11 月 21 日笔者博文指出仁东控股股票为阶段顶部，强力调整随时开始，考虑的指标之一是 BBI，就是当年 11 月 5 日到 11 月 19 日，股价在上涨，但是 BBI 却出现了滞涨。

图 4-4　BBI

第 4 章　提前推演股票涨跌的方法论

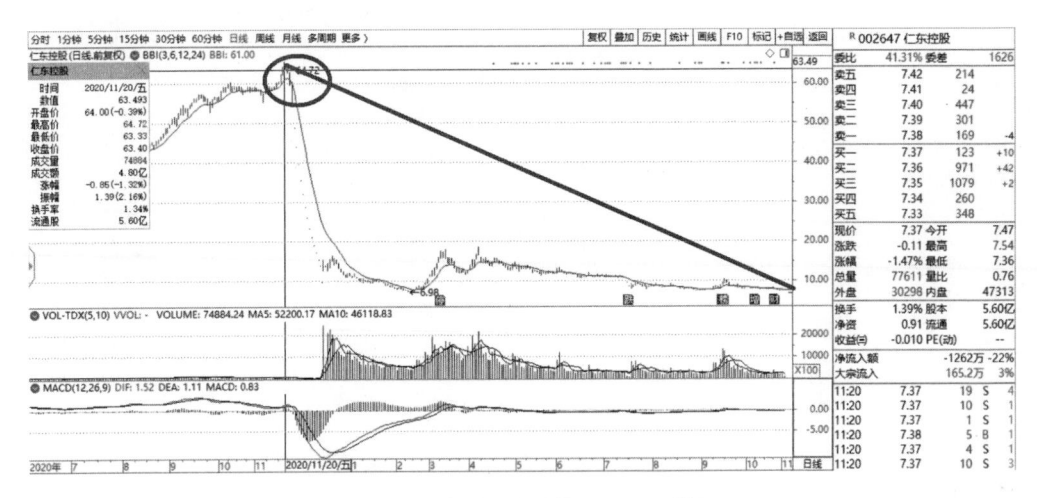

图 4-5　仁东控股大跌前 BBI 出现滞涨

4.1.3　MTM

动量指标（Momentum Index，MTM），认为股价的涨跌幅度随着时间的推移会逐渐变小，股价变化的速度和能量也会慢慢减缓，行情就可能反转。

如图 4-6 和图 4-7 所示，2020 年 11 月 21 日笔者博文指出仁东控股股票为阶段顶部，强力调整随时开始，考虑的指标之一是 MTM，就是当年 10 月 16 日到 11 月 20 日，股价在上涨，但是 MTM 明显增速减缓，并且 MTM 有下穿 MAMTM 的趋势。

图 4-6　MTM

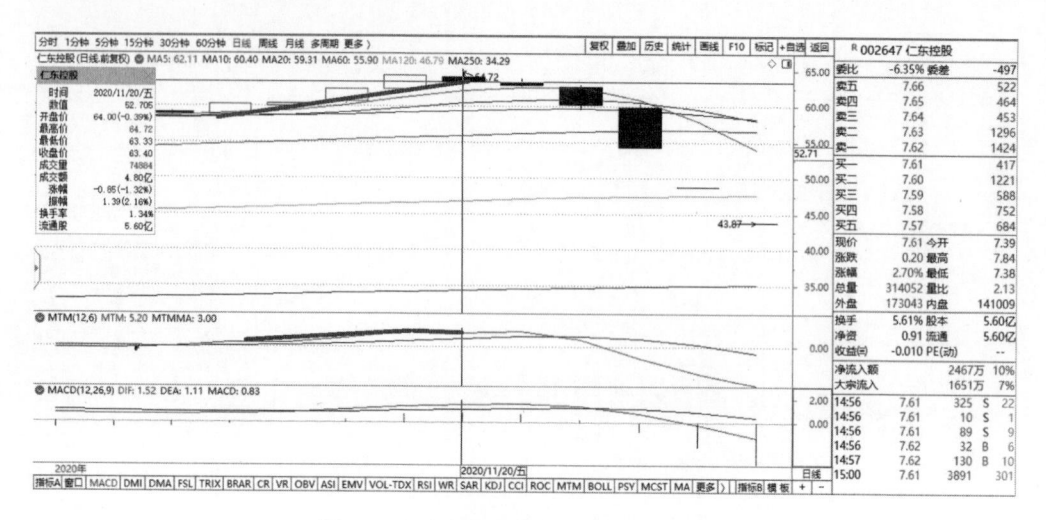

图 4-7 仁东控股大跌前 MTM 与股价背离

4.1.4 CYS

短线盈亏（CYS）指标，指 13 个交易日内入场的短线投资者的浮动盈利或浮动亏损情况，比如 CYS 为 13%就是说 13 日内买该股平均浮动盈利为 13%。短线盈亏指标又称市场盈亏指标。

如图 4-8 和图 4-9 所示，2020 年 11 月 21 日笔者博文指出仁东控股股票为阶段顶部，强力调整随时开始，考虑的指标之一是 CYS，就是当年 11 月 20 日之前的 2 个月股价在上涨，但是 CYS 走势与股价走势形成背离。

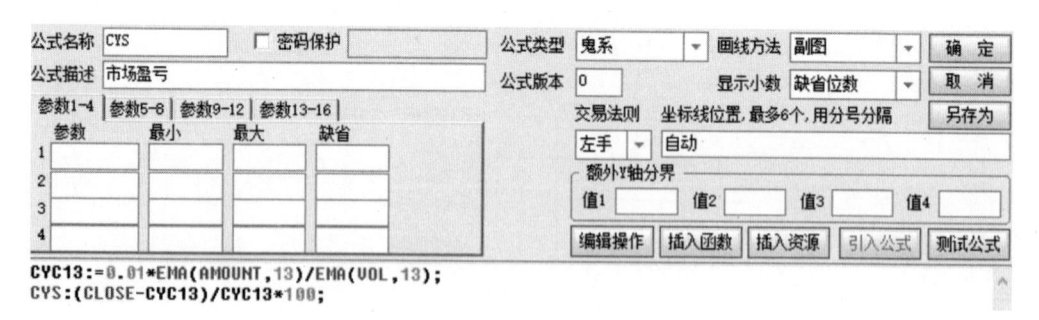

图 4-8　CYS 指标

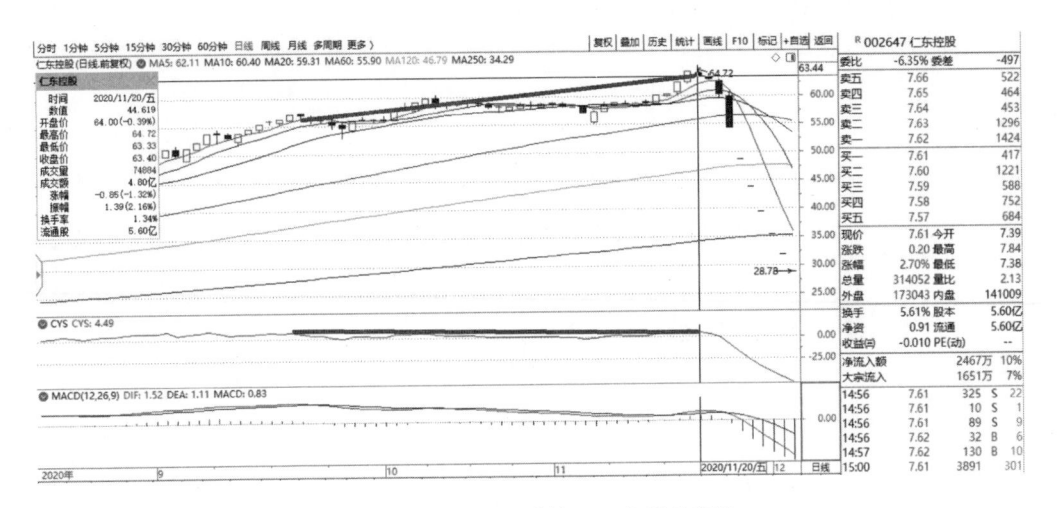

第 4 章 提前推演股票涨跌的方法论

图 4-9 仁东控股大跌前 CYS 与股价背离

4.1.5 MA

移动平均（Moving Average，MA）线，用统计分析的方法，将一定时期内的证券价格（指数）加以平均，并把不同时间的平均值连接起来，形成一根 MA 线。

如图 4-10 和图 4-11 所示，2020 年 11 月 21 日笔者博文指出仁东控股股票为阶段顶部，强力调整随时开始，考虑的指标之一是 MA。2020 年 11 月 20 日之前尽管股价在均线之上，无法推演出要大跌，但是股价远离年线，说明以年为周期的操作盈利颇丰，随时会抛售筹码。

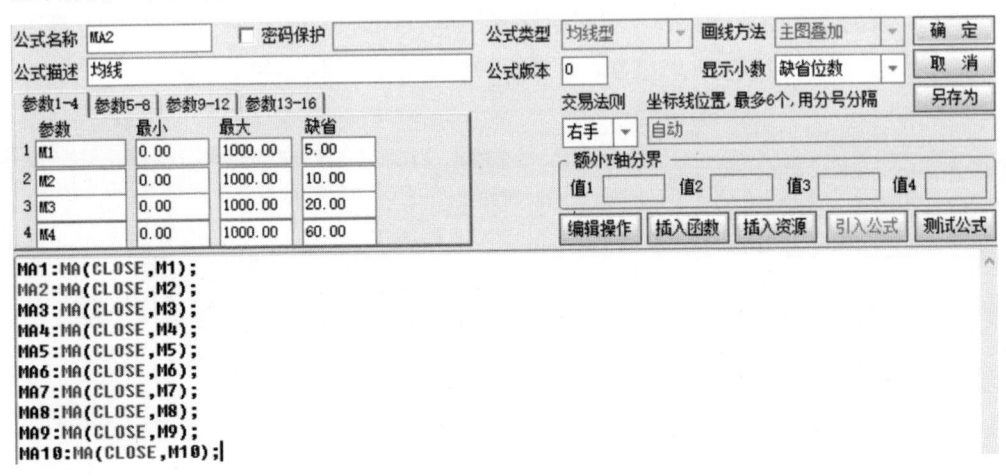

图 4-10 MA 指数

41

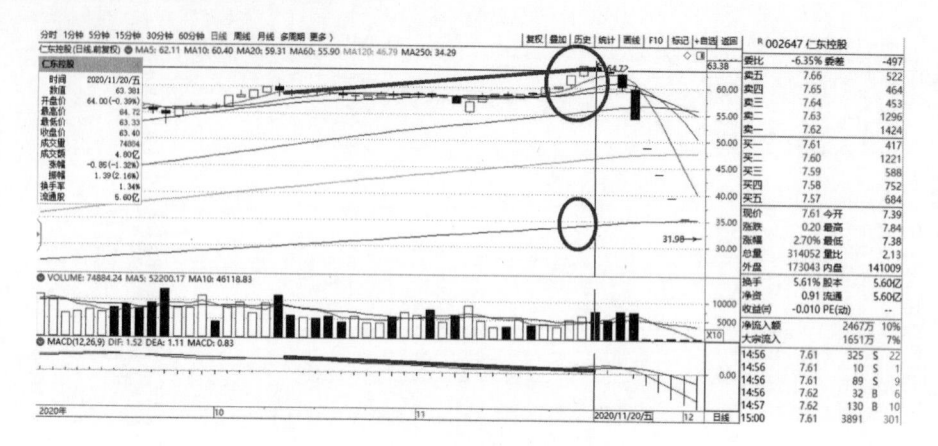

图 4-11　仁东控股大跌前股价远离年 MA

4.1.6　DMI

动向指标（Directional Movement Index，DMI），分析股票价格在涨跌过程中买卖双方力量均衡点的变化情况，考虑了每日的高低波动的幅度因素。动向指标又称趋向指标。DMI 有+DI（即 PDI，下同）、-DI（即 MDI，下同）、ADX、ADXR 共 4 条线，也是它的 4 个参数值，分为多空指标（+DI、-DI）和趋向指标（ADX、ADXR）两组指标。PDI（表示上升方向线）、MDI（表示下降方向线）、ADX 和 ADXR（表示趋向平均值，其中，ADX 由 PDI 和 MDI 计算得到，ADXR 由 ADX 计算得到）。

如图 4-12 和图 4-13 所示，2020 年 11 月 21 日笔者博文指出仁东控股股票为阶段顶部，强力调整随时开始，考虑的指标之一是 DMI。2020 年 9 月 20 日到 11 月 20 日，股价在上涨，但是 DI 和 ADX 均开始下降，与股价走向产生背离。

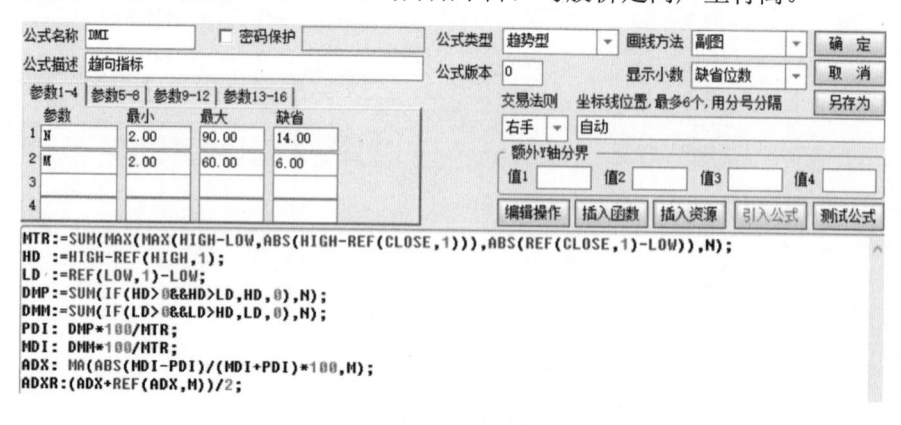

图 4-12　DMI

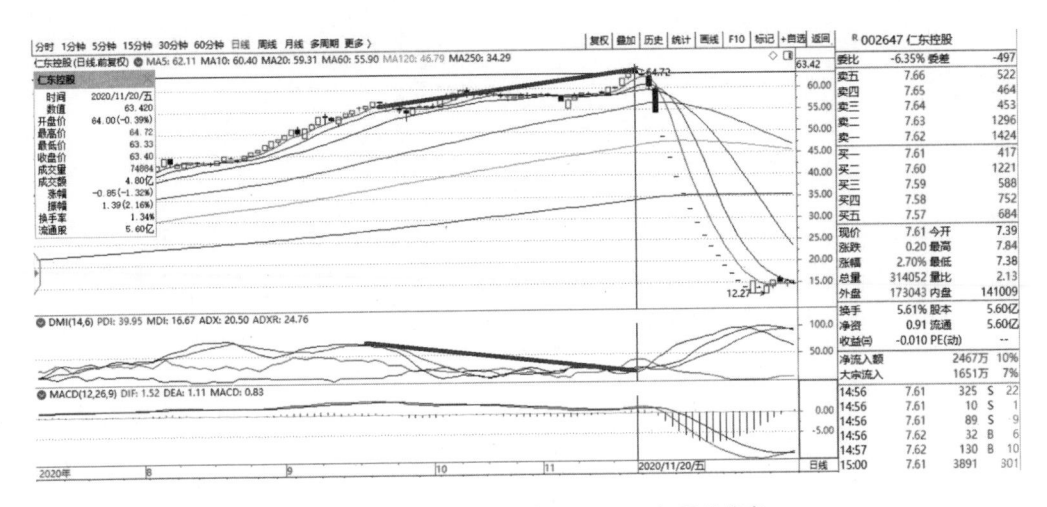

第 4 章 提前推演股票涨跌的方法论

图 4-13 仁东控股大跌前 DI 和 ADX 与股价背离

4.1.7 EMV

简易波动（Ease of Movement Value，EMV）指标，把价格和成交量结合在一起，考虑了成交量和人气的变化，认为投资者在人气聚集且成交量丰足的时候买进股票，并且在成交量逐渐展现乏力，而狂热的投资者尚未察觉之时，卖出股票。

如图 4-14 和图 4-15 所示，2020 年 11 月 21 日笔者博文指出仁东控股股票为阶段顶部，强力调整随时开始，考虑的指标之一是 EMV 指标，就是 2020 年 9 月 20 日到当年 11 月 20 日股价上涨走势与 EMV 指标背离，同时 EMV 指标向下穿过 EMV 均线 MAEMV。

图 4-14 EMV 指标

43

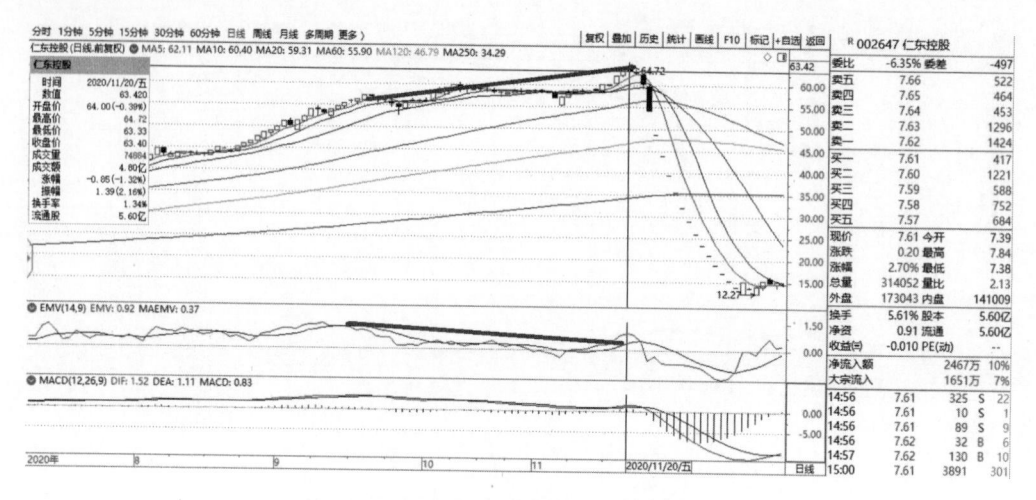

图 4-15　仁东控股大跌前 EMV 与股价背离

4.1.8　MACD

异同移动平均线（Moving Average Convergence/Divergence，MACD）通过分析收盘价的短期（常用为 12 日）指数移动平均线与长期（常用为 26 日）指数移动平均线之间的聚合与分离状况，对买进、卖出时机做出研判。

如图 4-16 与图 4-17 所示，2020 年 11 月 21 日笔者博文指出仁东控股股票为阶段顶部，强力调整随时开始，考虑的指标之一是 MACD，依据是 2020 年 9 月 20 日到 11 月 20 日股价走势与 MACD 背离。

图 4-16　MACD 指标

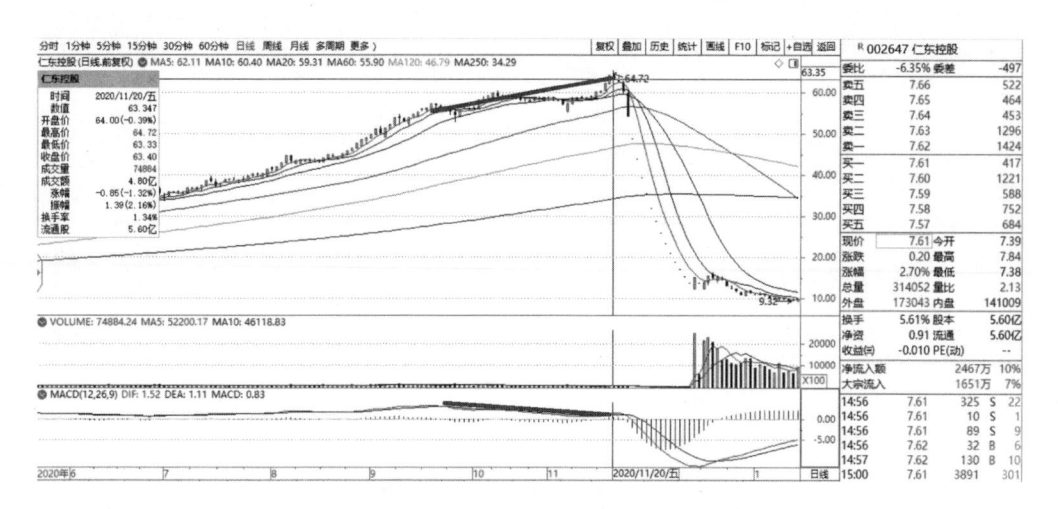

第 4 章 提前推演股票涨跌的方法论

图 4-17 仁东控股大跌前 MACD 与股价背离

4.1.9 EXPMA

指数平均数又叫 EXPMA（简称 EMA）指标，考虑了价格当天（当期）行情的权重。EXPMA 以观察 12 日和 50 日两条均线为主。

如图 4-18 和图 4-19 所示，2020 年 11 月 21 日笔者博文指出仁东控股股票为阶段顶部，强力调整随时开始，考虑的指标之一是 EXPMA。2020 年 11 月 20 日之前，股价上涨，EXPMA 均呈拉升走势，趋势向好，但是凭此无法判断股票会随时大跌。EXMPA 与 MACD 背离，却预示有可能要下跌。

图 4-18 EXPMA 指标

45

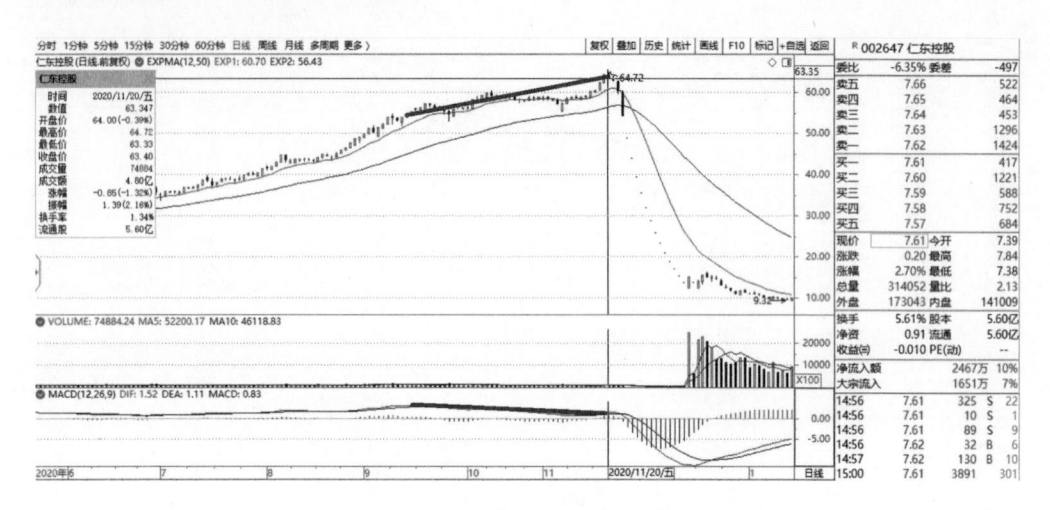

图 4-19　仁东控股大跌前 EXPMA 与 MACD 背离

4.1.10　PSY

心理线（PSY）指标将一定时期内投资者趋向买方或卖方的心理事实转化为数值，从而判断股价的未来趋势。一方面，人们的心理预期与市势的高低成正比，即市势升，心理预期也升，市势跌，心理预期也跌；另一方面，当人们的心理预期接近或达到极端的时候，逆反心理开始起作用，并可能最终导致心理预期方向的逆转。

如图 4-20 和图 4-21 所示，2020 年 11 月 21 日笔者博文指出仁东控股股票为阶段顶部，强力调整随时开始，考虑的指标之一是 PSY。具体而言为 2020 年 9 月 20 日到 11 月 20 日股价上涨走势与 PSY 背离。

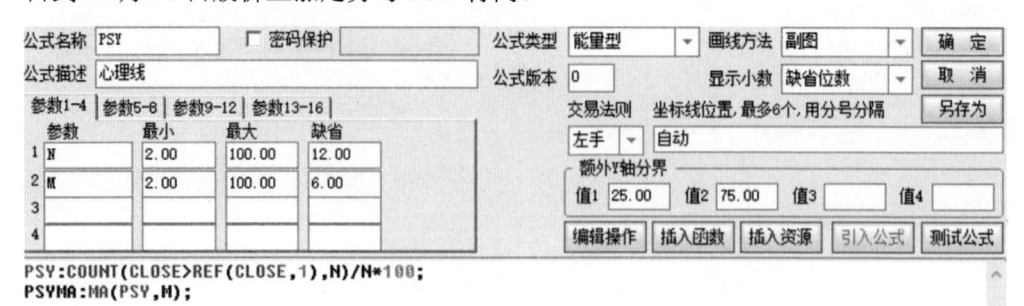

图 4-20　PSY 指标

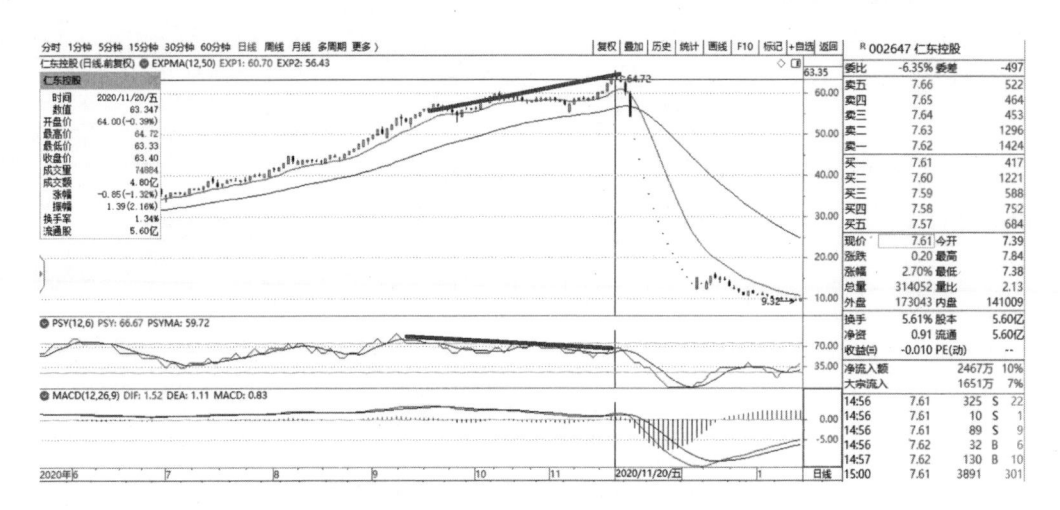

图 4-21 仁东控股大跌前 PSY 与股价背离

4.1.11 TRIX

三重指数平滑平均线（Triple Exponentially Smoothed Average，TRIX）指标，根据移动平均线理论，对一条平均线进行 3 次平滑处理，再根据这条移动平均线的变动情况来预测股价的长期走势。

如图 4-22 和图 4-23 所示，2020 年 11 月 21 日笔者博文指出仁东控股股票为阶段顶部，强力调整随时开始，考虑的指标之一是 TRIX。具体而言，2020 年 9 月 20 日到 11 月 20 日，股价在上涨，TRIX 下穿 TRMA，与股价走势形成背离，11 月 20 日收阴，进一步提示了回调的可能性。

图 4-22 TRIX 指标

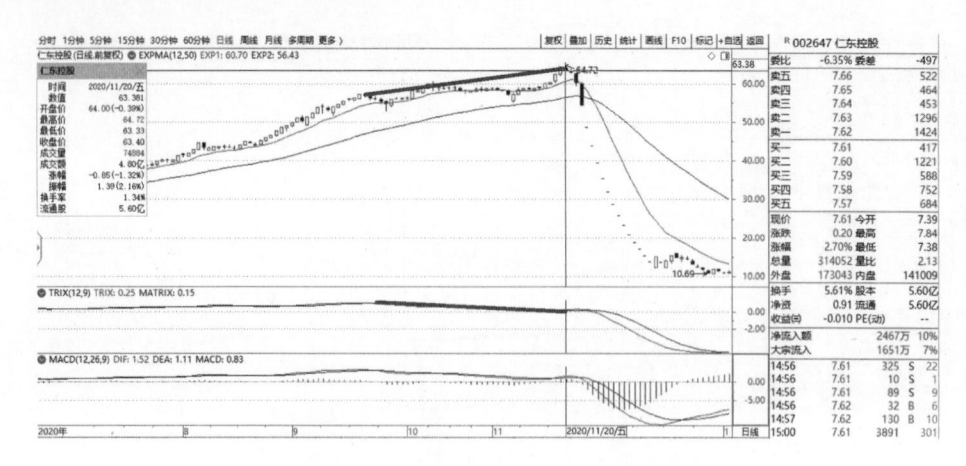

图 4-23　仁东控股大跌前 TRIX 与股价背离

4.2　超买超卖型指标

4.2.1　KDJ

　　KDJ 指标即随机指标（Stochastic Indicator），通过对一个特定的周期（常用为 9 日、9 周等）内出现过的最高价、最低价及最后一个计算周期的收盘价和这三者之间的比例关系，来计算最后一个计算周期的未成熟随机值（RSV），然后根据平滑移动平均线的方法来计算 K 值、D 值与 J 值，并绘成曲线图研判股票走势。

　　如图 4-24 和图 4-25 所示，2020 年 11 月 21 日笔者博文指出仁东控股股票为阶段顶部，强力调整随时开始，考虑的指标之一是 KDJ。具体而言，2020 年 11 月 9 日到 11 月 20 日股价大涨过程中，KDJ 一直在高位运行，11 月 20 日 K 正向下死叉 D，这就是卖出信号之一。

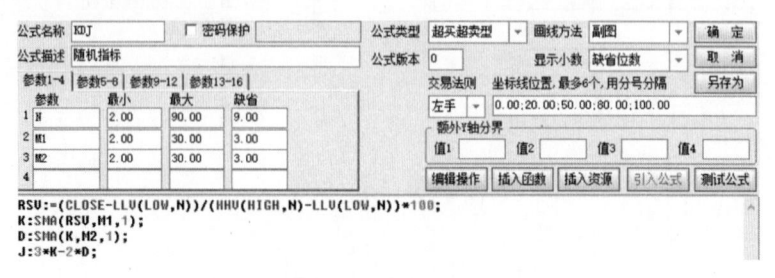

图 4-24　KDJ 指标

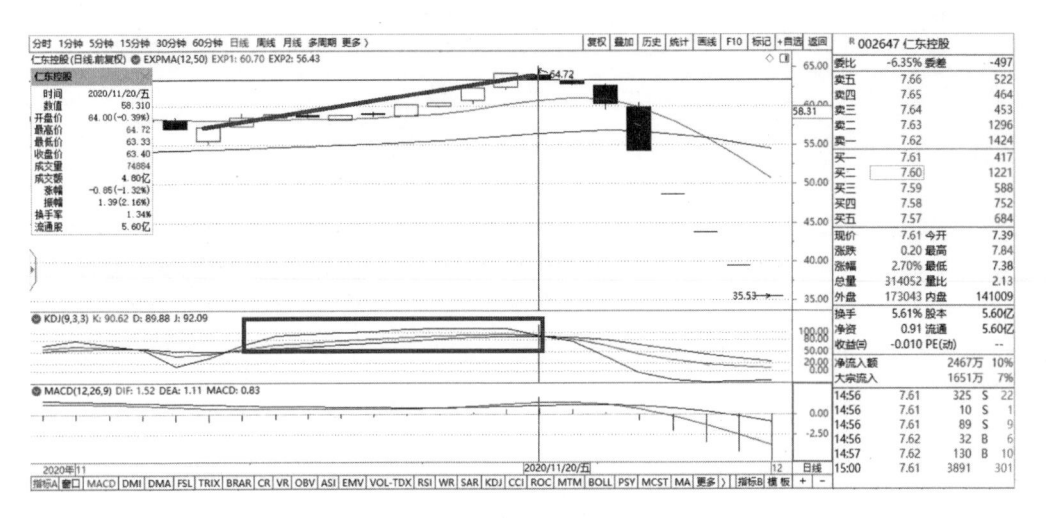

第 4 章　提前推演股票涨跌的方法论

图 4-25　仁东控股大跌前 KDJ 高位运行死叉

4.2.2　WR

WR 即威廉指标，利用"最后一周期"内的最高价、最低价、收市价计算当日收盘价所处"最后一周期"（过去一定时间，比如 10 天等）内的价格区间的相对百分位置。

如图 4-26 和图 4-27 所示，2020 年 11 月 21 日笔者博文指出仁东控股股票为阶段顶部，强力调整随时开始，考虑的指标之一是 WR。具体而言，2020 年 11 月 9 日到 11 月 21 日股价上涨过程中，WR 一直在低位运行。11 月 19 日 WR 指标已到 0 值，回调概率加大，11 月 20 日收阴，进一步提示了回调的可能性。

图 4-26　WR 指标

49

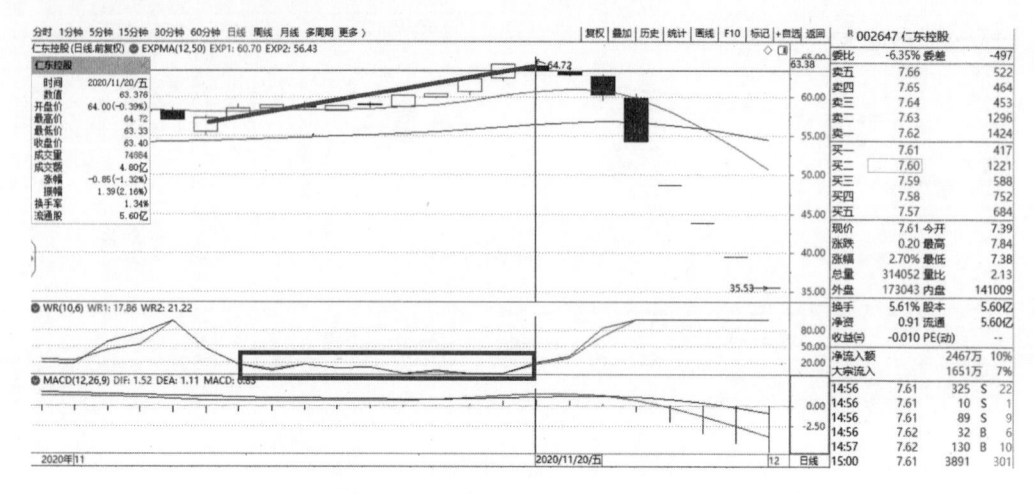

图 4-27　仁东控股大跌前 WR 指标已到 0 值

4.2.3　RSI

相对强弱指标（Relative Strength Index，RSI），根据一定时期内上涨点数和下跌点数之和的比率制作技术曲线。以数字计算的方法求出买卖双方的力量对比，比如有 100 个人面对一件商品，如果 50 个人以上要买，竞相抬价，商品价格必涨。相反，如果 50 个人以上争着卖出，商品价格自然下跌。

如图 4-28 和图 4-29 所示，2020 年 11 月 21 日笔者博文指出仁东控股股票为阶段顶部，强力调整随时开始，考虑的指标之一是 RSI。具体而言，2020 年 11 月 16 日到 11 月 19 日，RSI 的 3 个值均在高位运行，达到接近 80 的程度，且在 11 月 20 日开始拐头向下。

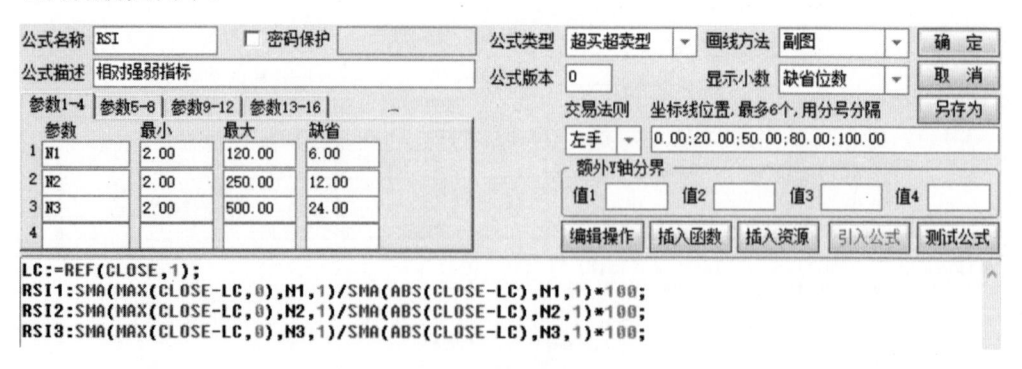

图 4-28　RSI

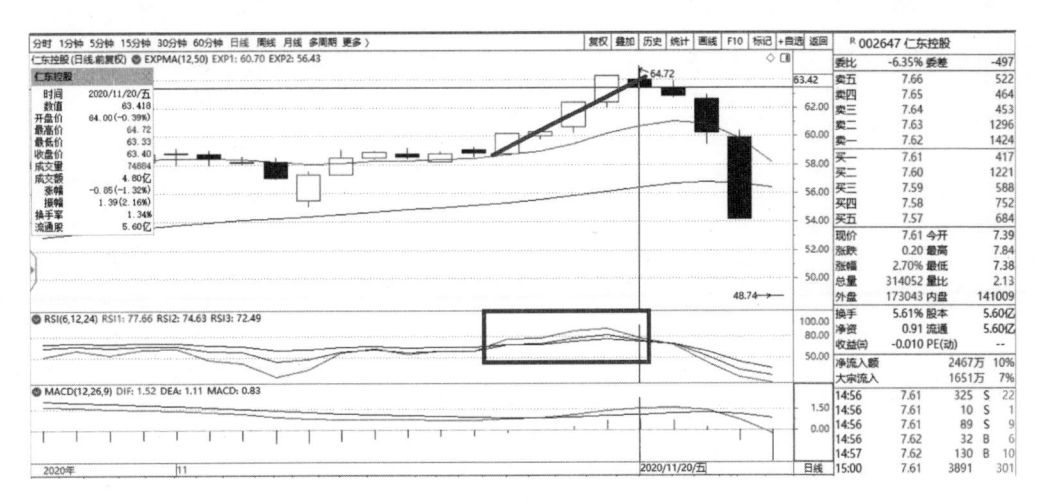

第 4 章　提前推演股票涨跌的方法论

图 4-29　仁东控股大跌前 RSI 高位下跌

4.2.4　CCI

　　CCI 即顺势指标（Commodity Channel Index），引进价格与固定期间的股价平均区间的偏离程度的概念，强调股价平均绝对偏差在股票技术分析中的重要性。

　　CCI 波动于正无穷大和负无穷大之间，因此不会出现指标钝化现象。

　　顺势指标也包括日 CCI、周 CCI、年 CCI，以及分钟 CCI 等很多种类型。经常被用于股票研判的是日 CCI 和周 CCI。虽然它们计算时取值有所不同，但是基本方法一样。

　　如图 4-30 和图 4-31 所示，2020 年 11 月 21 日笔者博文指出仁东控股股票为阶段顶部，强力调整随时开始，考虑的指标之一是 CCI。具体而言，2020 年 11 月 16 日到 11 月 20 日，CCI 在 200 以上运行，且在 11 月 20 日 CCI 已从强抛超买区向下拐头，进一步提示了强力调整的可能性加大。

图 4-30　CCI

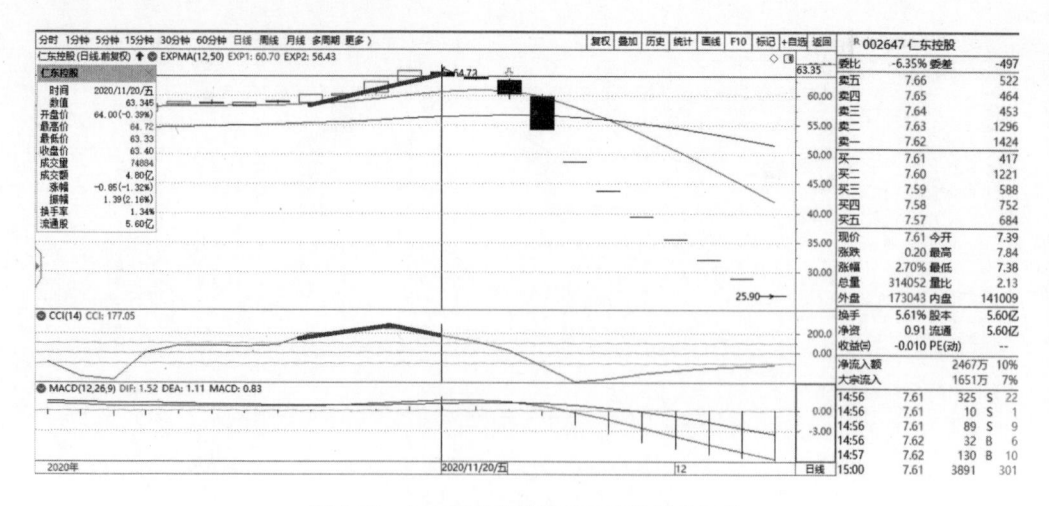

图 4-31　仁东控股大跌前 CCI 高位拐头向下

4.2.5　BIAS

BIAS 即乖离率，简称 Y 值，用来计算股价在波动过程中与移动平均线出现偏离的程度。如果股价偏离移动平均线太远，不管股价在移动平均线之上还是之下，都有可能趋向移动平均线。

如图 4-32 和图 4-33 所示，2020 年 11 月 21 日笔者博文指出仁东控股股价为阶段顶部，强力调整随时开始，考虑的指标之一是 BIAS。具体而言，2020 年 11 月 18 日和 19 日，BIAS3 已达到 6 以上，且 BIAS1、BIAS2、BIAS3 均在 5 附近震荡，回调概率增加。

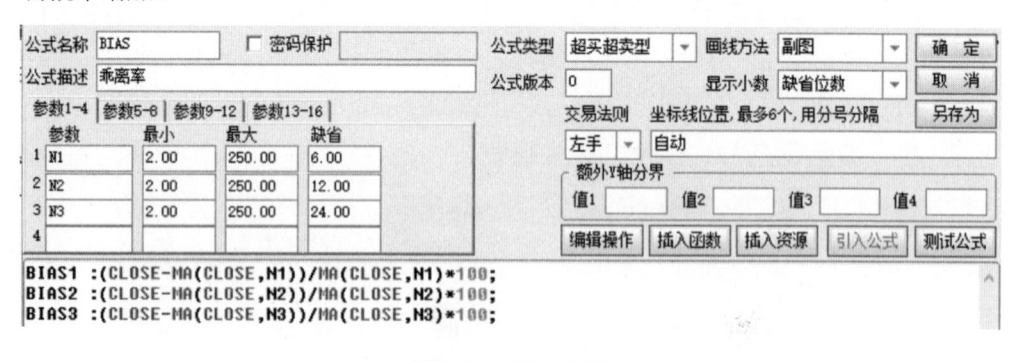

图 4-32　BIAS 指标

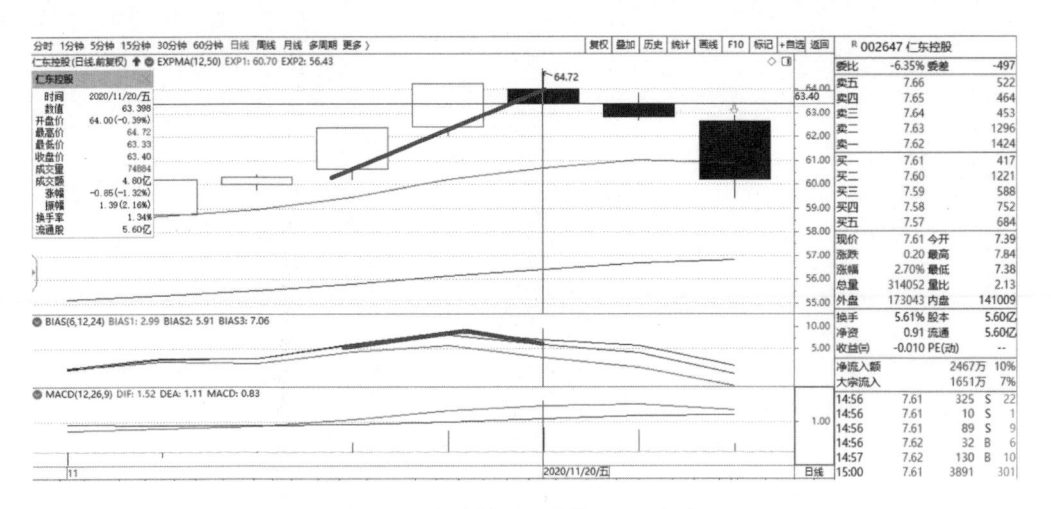

第 4 章 提前推演股票涨跌的方法论

图 4-33 仁东控股大跌前 BIAS 达到 5

4.2.6 ROC

变动率（Rate of Change，ROC）指标，将当日的收盘价和 N 天前的收盘价做比较，通过计算股价某一段时间内收盘价变动的比例，以及应用价格的波动来测量价位动量，预先探测股价买卖供需力量的强弱，进而分析股价的趋势及其是否有转势的可能。

如图 4-34 和图 4-35 所示，2020 年 11 月 21 日笔者博文指出仁东控股股票为阶段顶部，强力调整随时开始，考虑的指标之一是 ROC。具体而言，2020 年 9 月 20 日到 11 月 20 日股价上涨走势与 ROC 背离，同时 ROC 向下穿过 ROCMA，随时回调的可能性加大。

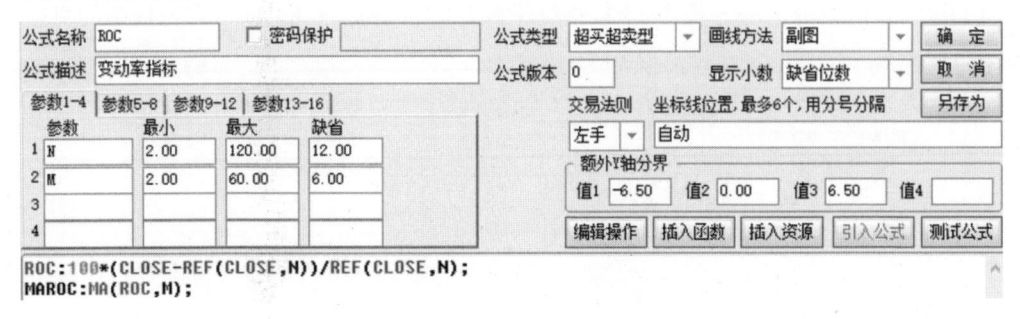

图 4-34 ROC 指标

53

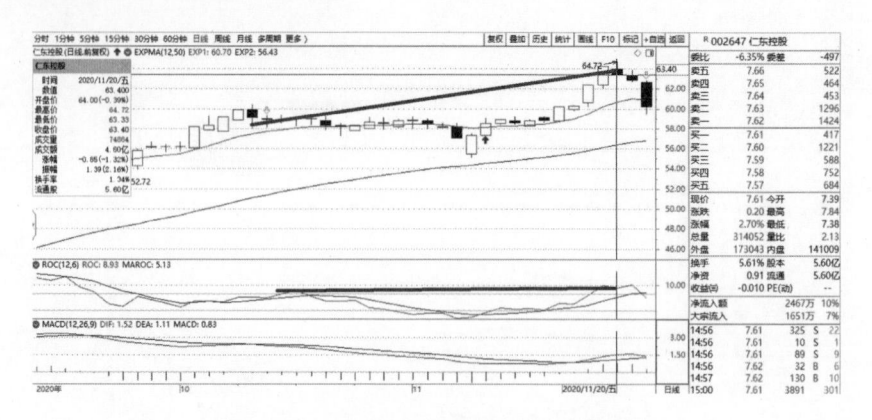

图 4-35　仁东控股大跌前 ROC 与股价背离

4.3　能量型指标

4.3.1　VR

成交量变异率（Volatility Volume Ratio，VR）指标，是通过分析股价上升日成交量与股价下降日成交量比值，从而掌握市场买卖趋势的中期技术指标。其理论基础是"量价同步"及"量须先于价"，以成交量的变化确认低价和高价，从而确定买卖时机的方法。

如图 4-36 和图 4-37 所示，2020 年 11 月 21 日笔者博文指出仁东控股股票为阶段顶部，强力调整随时开始，考虑的指标之一是 VR。具体而言，2020 年 11 月 9 日到 11 月 20 日股价上涨过程中，VR 指标下跌与股价走势背离，预示强力调整的可能性加大。

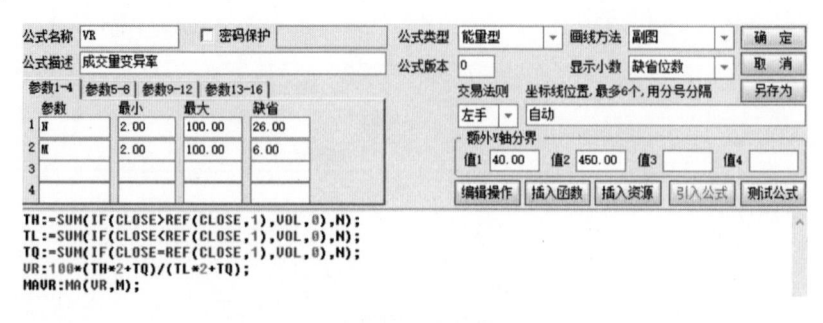

图 4-36　VR 指标

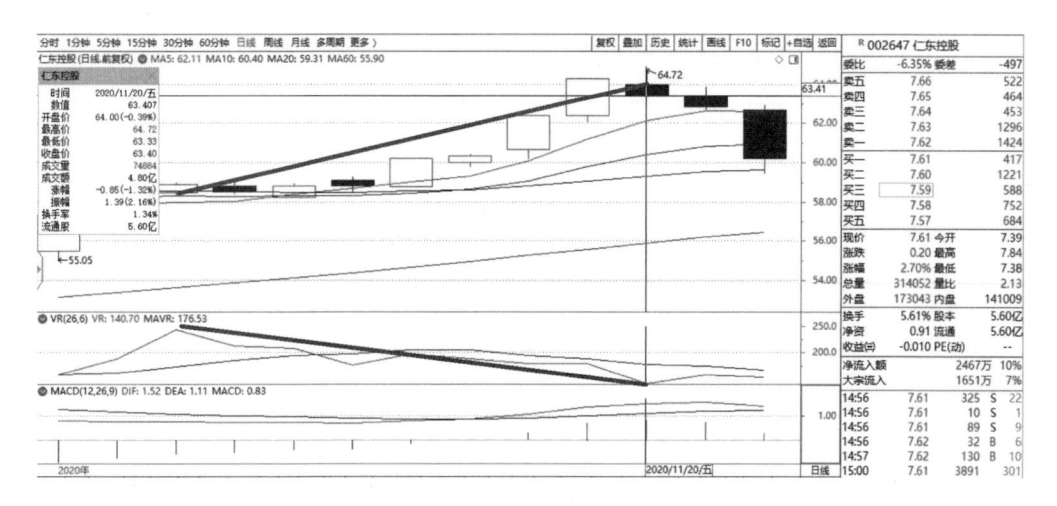

第 4 章 提前推演股票涨跌的方法论

图 4-37 仁东控股大跌前 VR 与股价背离

4.3.2 BRAR

BRAR 指标即人气意愿指标，又称情绪指标。如果一定时期内多方力量占据优势，股价将会不断上升；如果一定时期内空方力量占据优势，股价则会不断下跌；多方与空方双方力量如果大致平衡，股价则会在某一区域内窄幅波动。市场上多方力量大，则买方气势就会比较强、卖方气势就会减弱；市场上空方力量大，则卖方气势就会比较强、买方气势就会减弱。

如图 4-38 和图 4-39 所示，2020 年 11 月 21 日笔者博文指出仁东控股股票为阶段顶部，强力调整随时开始，考虑的指标之一是 BRAR。具体而言，2020 年 9 月 20 日到 11 月 19 日，股价在上涨，AR 和 BR 开始下跌并与股价背离，说明股价出现过热情况，上升能量消耗殆尽，预示回调概率加大。

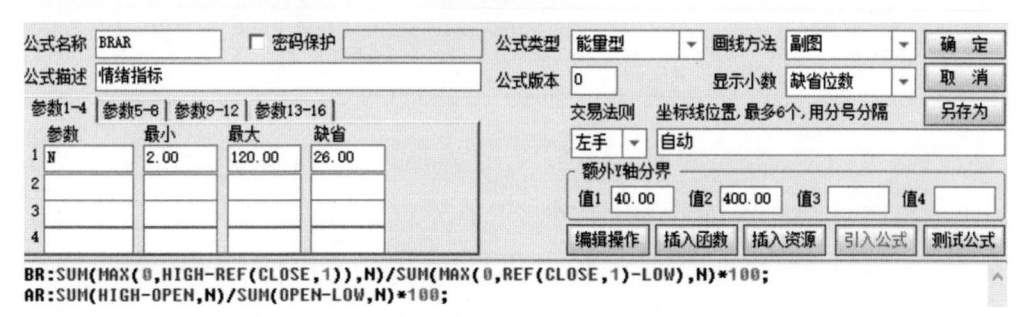

图 4-38 BRAR 指标

55

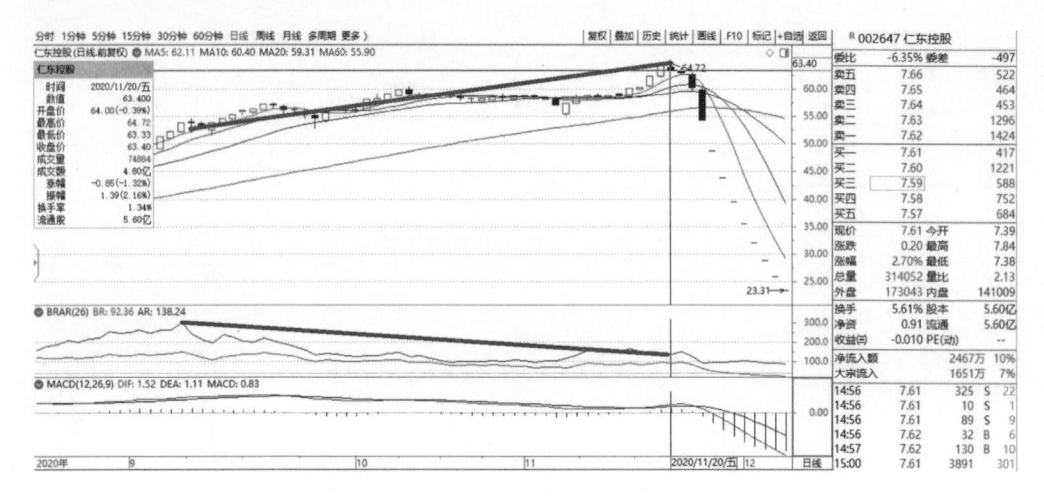

图 4-39　仁东控股大跌前 BRAR 与股价背离

4.3.3　CR

CR 指标即能量指标，又称中间意愿指标、价格动量指标。CR 指标的理论出发点是：中间价是股票最有代表性的价格。

理论上，比中间价高的价位的能量为"强"，比中间价低的价位的能量为"弱"。CR 指标以上一个计算周期（如 N 日）的中间价比较当前周期（如当日）的最高价、最低价，计算出一段时期内股价能量的"强"与"弱"。

如图 4-40、图 4-41 和图 4-42 所示，2020 年 11 月 21 日笔者博文指出仁东控股股票为阶段顶部，强力调整随时开始，考虑的指标之一是 CR。具体而言，2020 年 9 月 20 日到 11 月 20 日股价走势与 CR 背离，提示大跌随时开始。

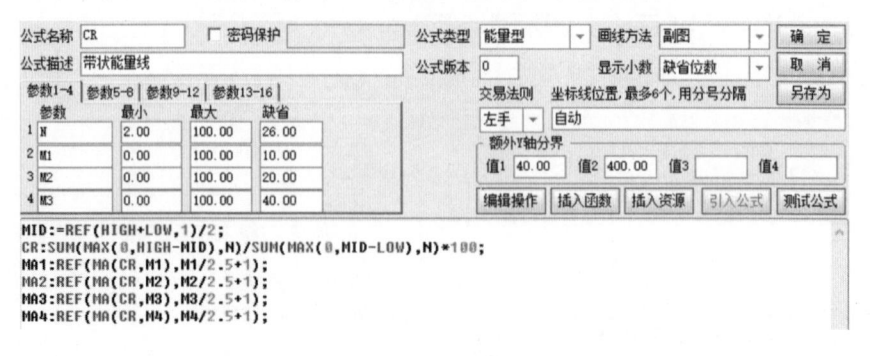

图 4-40　CR 指标 1

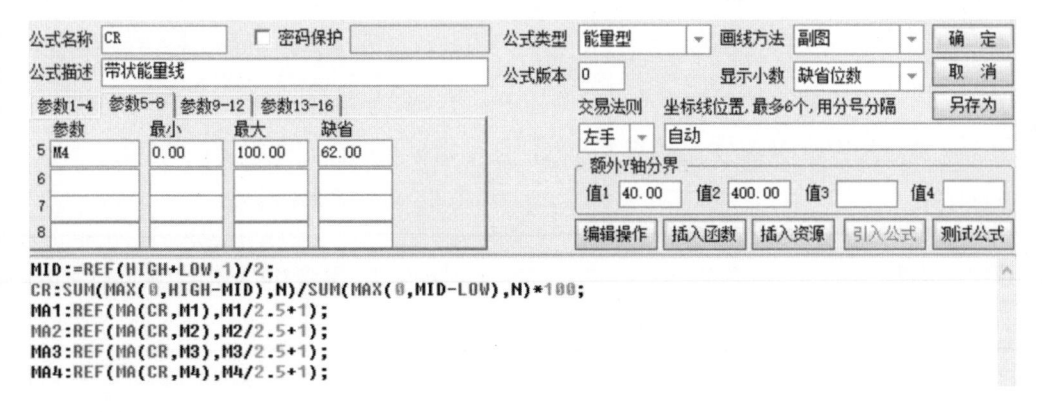

第 4 章　提前推演股票涨跌的方法论

```
MID:=REF(HIGH+LOW,1)/2;
CR:SUM(MAX(0,HIGH-MID),N)/SUM(MAX(0,MID-LOW),N)*100;
MA1:REF(MA(CR,M1),M1/2.5+1);
MA2:REF(MA(CR,M2),M2/2.5+1);
MA3:REF(MA(CR,M3),M3/2.5+1);
MA4:REF(MA(CR,M4),M4/2.5+1);
```

图 4-41　CR 指标 2

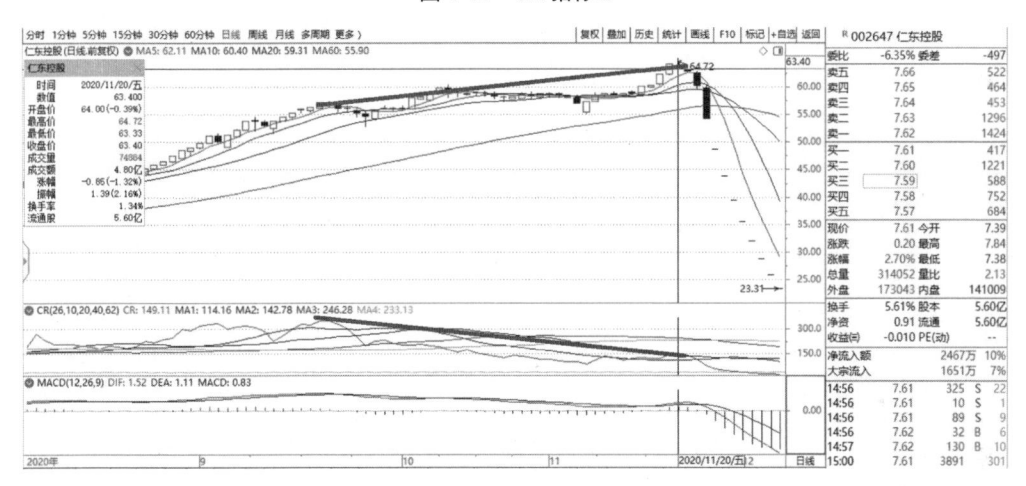

图 4-42　仁东控股大跌前 CR 与股价背离

4.4　量价型指标

OBV

能量潮（On Balance Volume，OBV）指标的理论基础是市场价格的变化必须有成交量的配合，股价的波动与成交量的扩大或萎缩有密切的关联。通常股价上升所需的成交量总是较大；股价下跌时的成交量可能放大，也可能缩小。价格升降而成交量不相应地升降，则市场价格的变动难以为继。

57

如图 4-43 和图 4-44 所示，2020 年 11 月 21 日笔者博文指出仁东控股股票为阶段顶部，强力调整随时开始，考虑的指标之一是 OBV。截至 2020 年 11 月 20 日的股价上涨过程中，OBV 也是同步上升的，这个指标无法得出即将回调的判断。

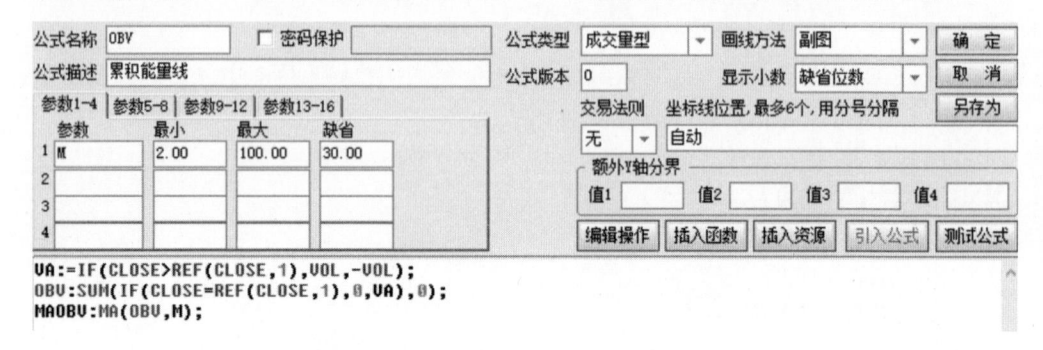

图 4-43　OBV 指标

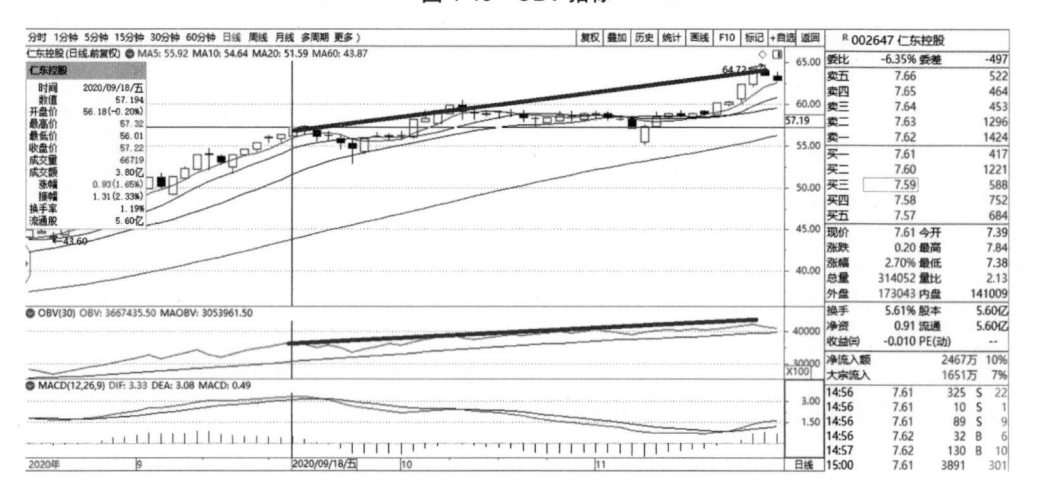

图 4-44　仁东控股大跌前 OBV 与股价同步

4.5　压力支撑型指标

4.5.1　BOLL

布林线（Bollinger Bands，BOLL）指标，利用统计学原理求出股价的标准差及

第 4 章 提前推演股票涨跌的方法论

其信赖区间，从而确定股价的波动范围及未来走势，利用波带显示股价的安全高低价位，因而布林线也被称为布林带。

如图 4-45 和图 4-46 所示，2020 年 11 月 21 日笔者博文指出仁东控股股票为阶段顶部，强力调整随时开始，考虑的指标之一是 BOLL。具体而言，2020 年 11 月 16 日到 11 月 20 日 BOLL 线已开始连续几天超越上边界，并从上边界之外向边界靠拢，提示回调概率加大。

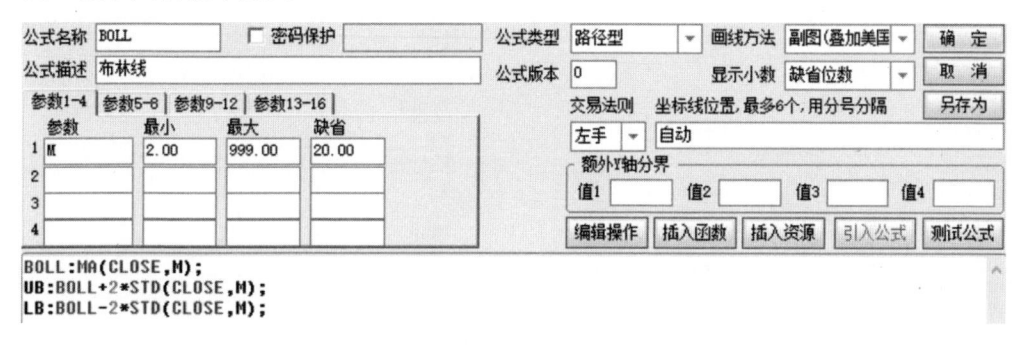

图 4-45　BOLL 指标

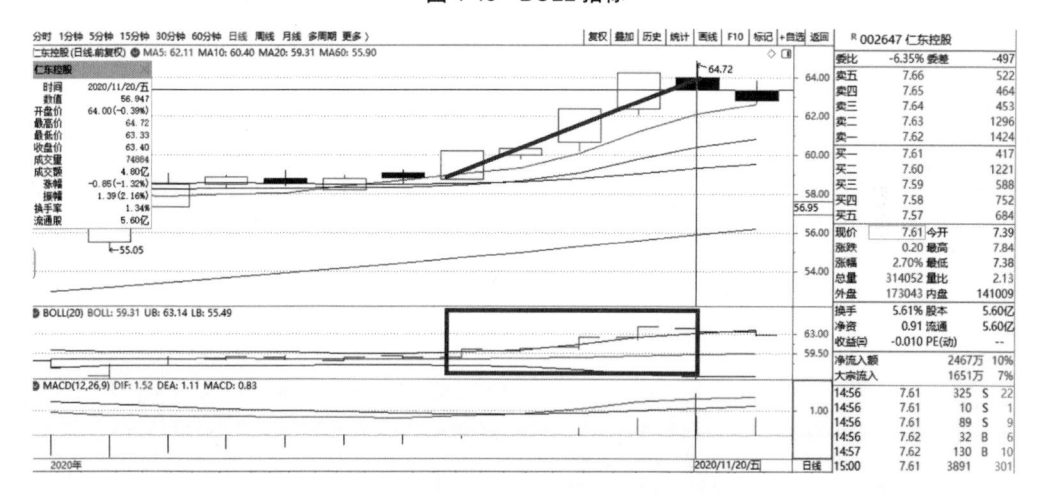

图 4-46　仁东控股大跌前布林线上轨回落

4.5.2　MIKE

MIKE 指标即麦克支撑压力指标，又称麦克指标。为了避免开盘价、收盘价、最高价和最低价被机构庄家故意造市而误导，MIKE 指标设定一个初始价格（Typical

Price，TYP），以其作为计算基准，求得初级（Weak）、中级（Medium）、强力（Strong）等 6 条带状支撑与压力数值。MIKE 指标属于路径指标或压力支撑指标。

如图 4-47 和图 4-48 所示，2020 年 11 月 21 日笔者博文指出仁东控股股票为阶段顶部，强力调整随时开始，考虑的指标之一是 MIKE。截至 11 月 20 日股价上涨过程中，11 月 19 日和 11 月 20 日股价已到了中级压力线，并于 11 月 20 日收阴。有可能会回调，基于该指标无法做出独立判断。

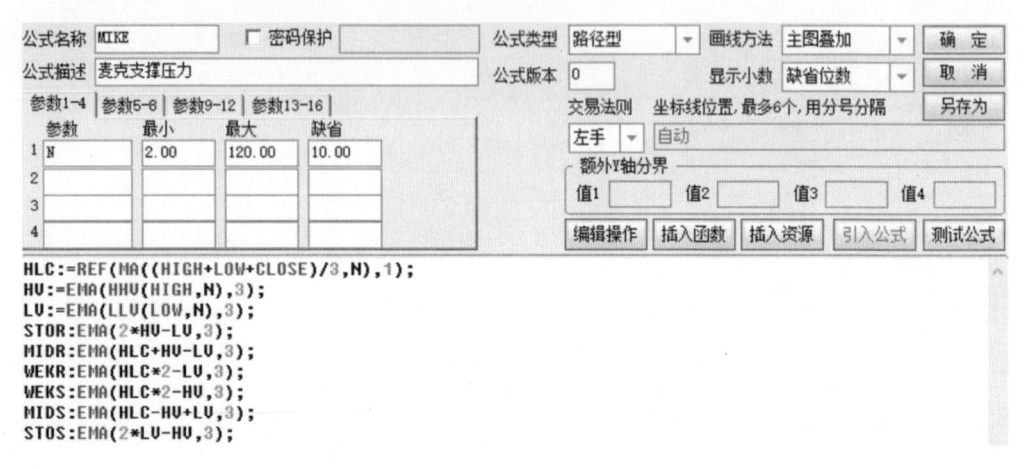

图 4-47　MIKE 指标

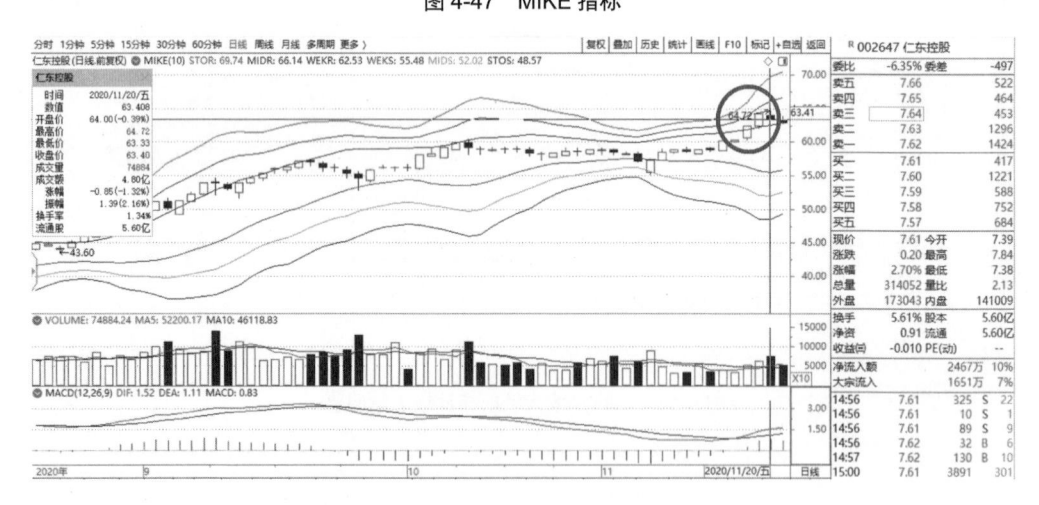

图 4-48　仁东控股大跌前股价已达到中级压力线

4.6 最大涨幅

如图 4-49 所示，2020 年 11 月 21 日笔者博文指出仁东控股股票为阶段顶部，强力调整随时开始，考虑的指标之一是最大涨幅。仁东控股股价从 2013 年 6 月 25 日的 1.93 元上涨到 2020 年 11 月 20 日的 64.72 元，总体上涨到了原来的 33.5 倍，调整一触即发。

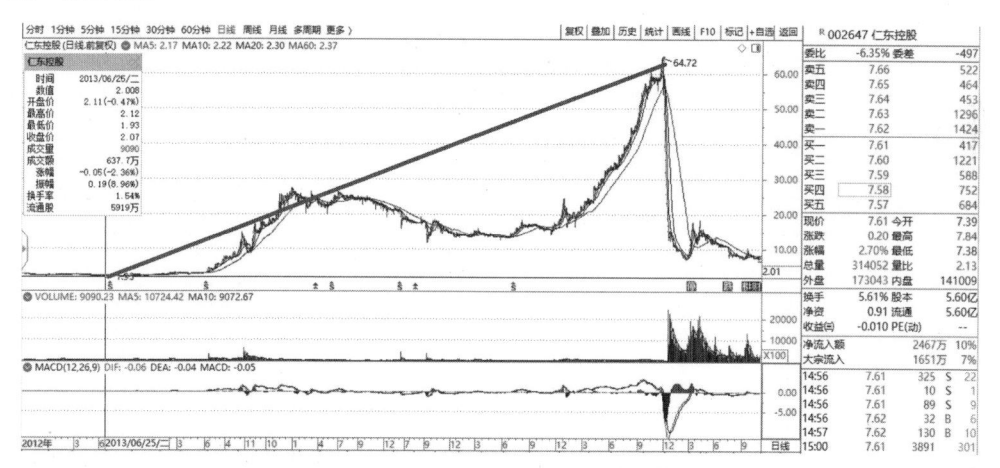

图 4-49 仁东控股大跌前最大涨幅走势

4.7 筹码分布

如图 4-50 和图 4-51 所示，2020 年 11 月 21 日笔者博文指出仁东控股股票为阶段顶部，强力调整随时开始，考虑的指标之一是筹码分布。仁东控股股价从 2013 年 6 月 25 日的 1.93 元上涨到 2020 年 11 月 20 日的 64.72 元。

筹码分布已从平均成本 2.31 元上升到平均成本 48.16 元，筹码已从底部开始向上移，2020 年 11 月 20 日收盘 98.4%的获利盘，随时都可能下跌。

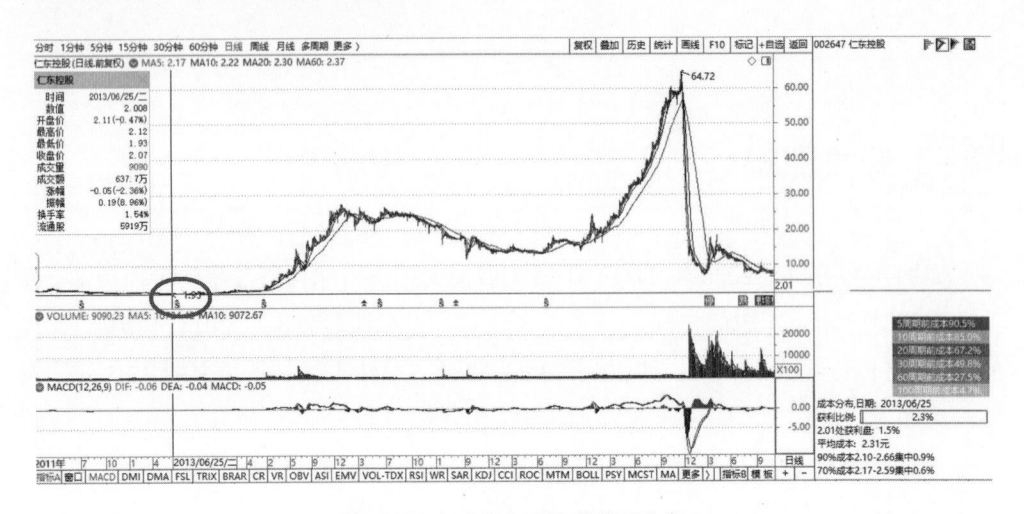

图 4-50　仁东控股大涨前筹码分布

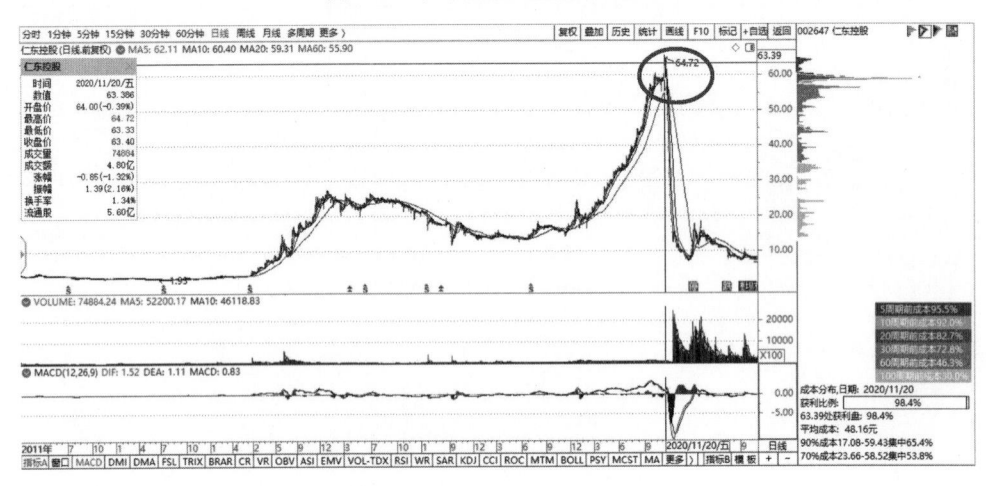

图 4-51　仁东控股大跌前筹码分布

4.8　波浪理论

如图 4-52 所示，2020 年 11 月 21 日笔者博文指出仁东控股股票为阶段顶部，强力调整随时开始，考虑的指标之一是波浪理论。仁东控股股价从 2013 年 6 月 25 日的 1.93 元上涨到 2016 年 12 月 28 日的 27.46 元，调整到 2018 年 9 月 7 日的 11.56 元，之后再次上涨到 2020 年 11 月 20 日的 64.72 元。主力走了完整的大 3 浪，4 浪调整一触即发。

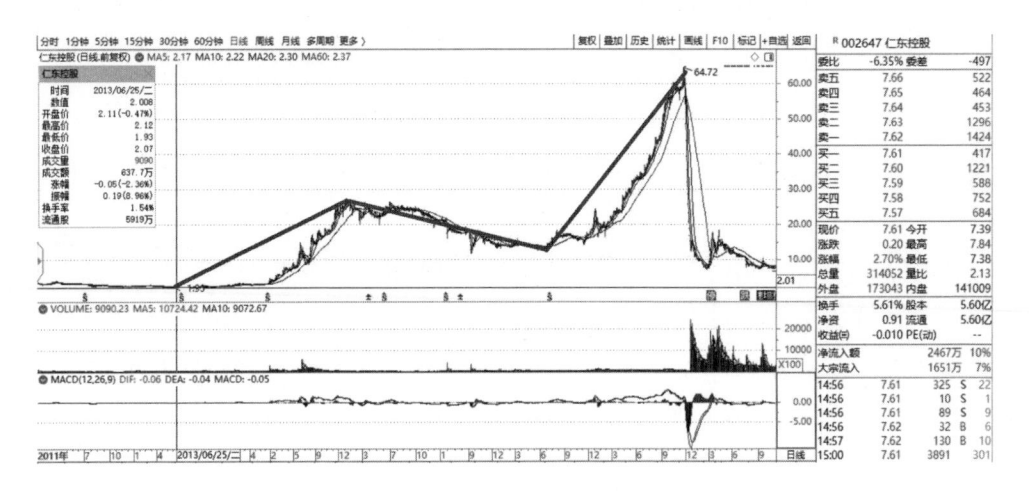

图 4-52 仁东控股大跌前浪形走势

4.9 斐波纳契数列

如图 4-53 所示，2020 年 11 月 21 日笔者博文指出仁东控股股票为阶段顶部，强力调整随时开始，考虑的指标之一是斐波纳契数列。仁东控股从 2019 年 10 月 25 日周线开始上涨到 2020 年 11 月 20 日，周线走完 55 周，完成斐波纳契数列 55 之后，可能发生变盘。

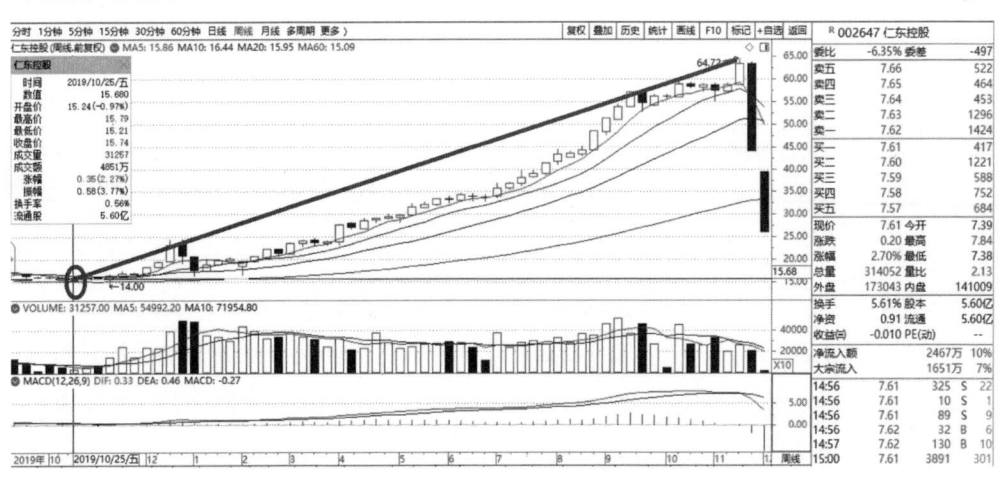

图 4-53 仁东控股大跌前斐波纳契数列

4.10 浪形数据

如图 4-54 所示，2020 年 11 月 21 日笔者博文指出仁东控股股票为阶段顶部，强力调整随时开始，考虑的指标之一是浪形数据。仁东控股从 2013 年 6 月 25 日上涨 1 浪 5 季线高点到 2017 年 9 月 29 日 5 季线延长线，交叉到 2020 年 9 月 29 日之后季线，股价在此延长线上，回调概率加大。

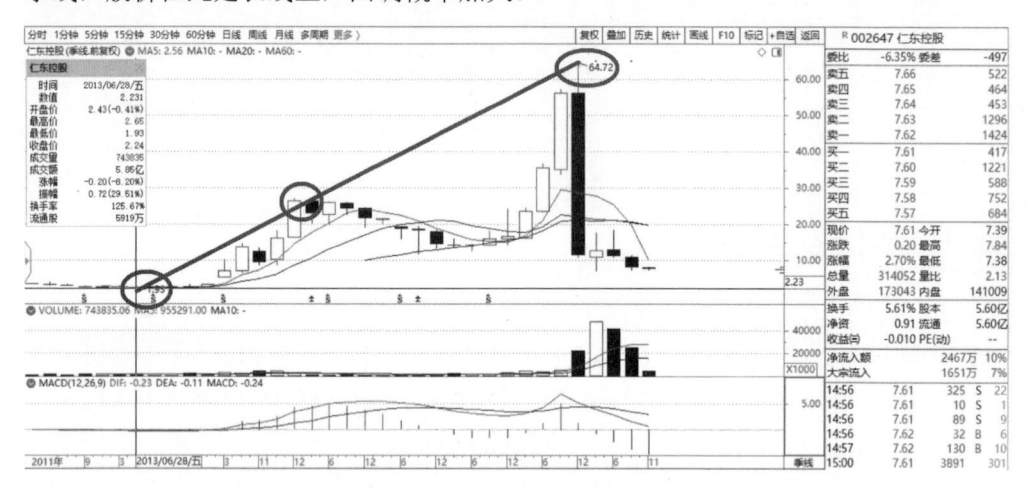

图 4-54　仁东控股大跌前季线走势

4.11 K 线形状

如图 4-55 所示，2020 年 11 月 21 日笔者博文指出仁东控股股票为阶段顶部，强力调整随时开始，考虑的指标之一是 K 线形状。仁东控股在 2020 年 11 月 19 日之前出现的强有力上涨，在 11 月 19 日形成近似光脚阳线，主力在迷惑普通股民。11 月 20 日出现的 K 线形状为射击之星，开盘价比较低，多头组织力量向上升，一度急升，操盘手法类似前 2 天，这样一般股民就会上当接盘。最后 45 分钟主力开始强力打压，股价又回落至开盘价以下，射击之星因为光芒短暂，顶部如流星般逝去。

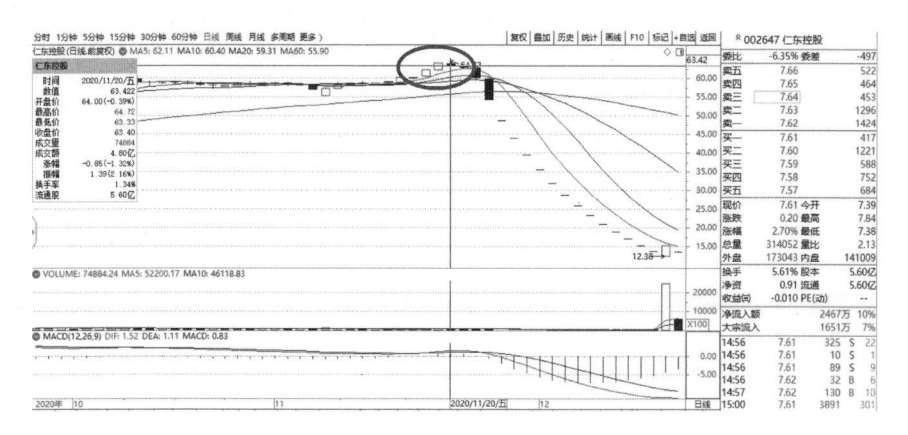

第 4 章　提前推演股票涨跌的方法论

图 4-55　仁东控股大跌前 K 线走势

4.12　分时线

如图 4-56 到图 4-60 所示，2020 年 11 月 21 日笔者博文指出仁东控股股票为阶段顶部，强力调整随时开始，考虑的指标之一是分时线。仁东控股 2020 年 11 月 16 日到 11 月 19 日的分时线均为低开高走，11 月 20 日的分时线低开高走后，诱骗普通股民，使他们认为该股还会继续收阳。实际等接盘后却回落，诱多成功，回调概率加大。

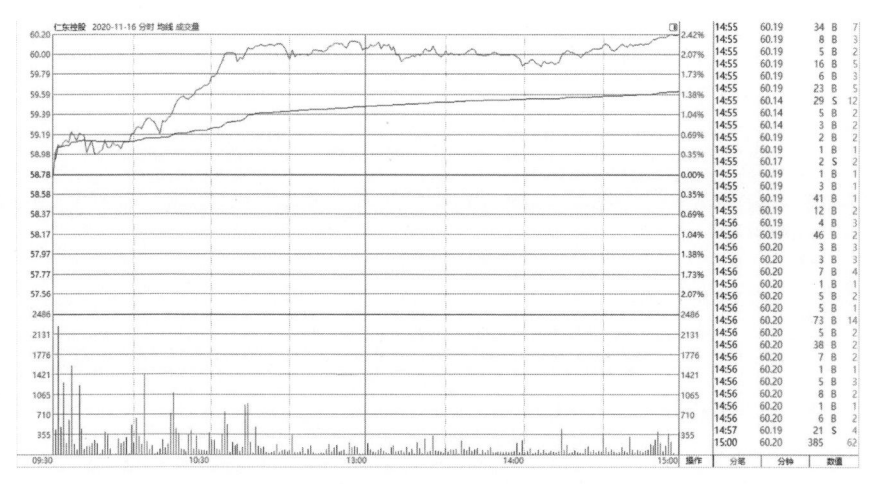

图 4-56　仁东控股大跌前分时线 1

65

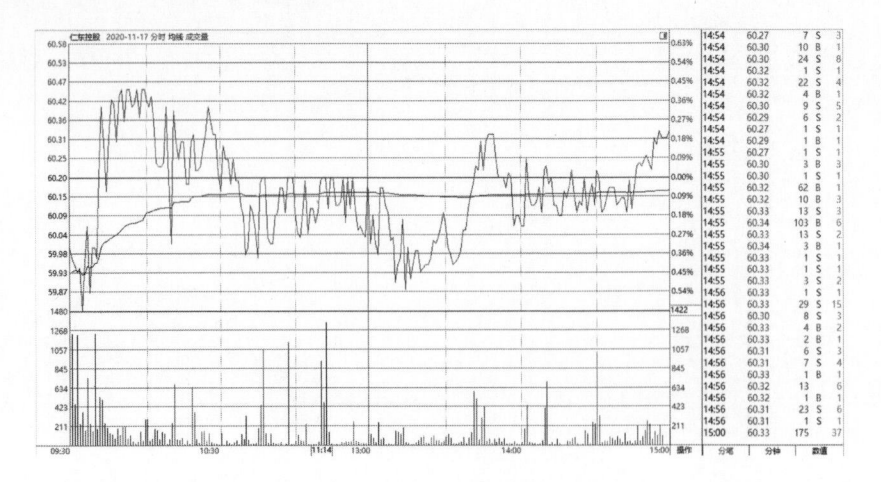

图 4-57　仁东控股大跌前分时线 2

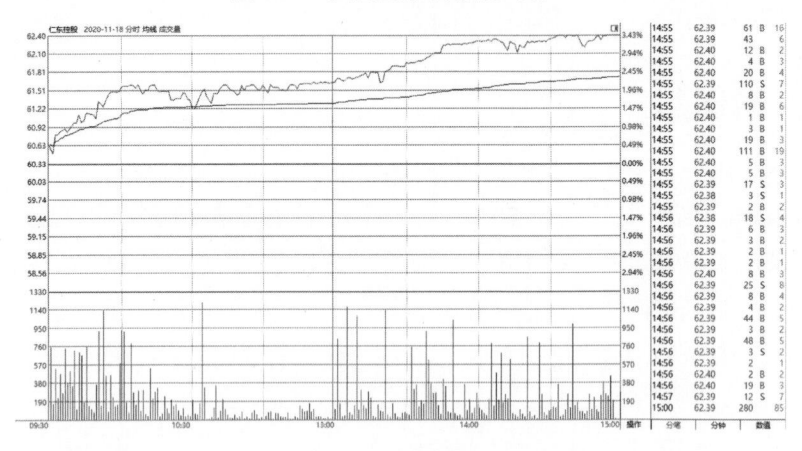

图 4-58　仁东控股大跌前分时线 3

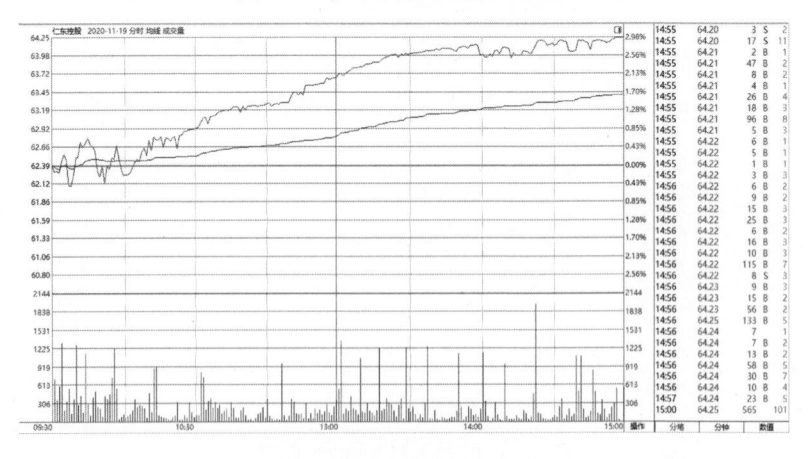

图 4-59　仁东控股大跌前分时线 4

图 4-60　仁东控股大跌前分时线 5

4.13　关注函及股吧言论

2020 年 11 月 21 日笔者博文指出仁东控股股票为阶段顶部，强力调整随时开始，考虑的指标之一是关注函及股吧言论，各位读者可以查阅相关资讯，可以看到 2020 年 11 月 21 日前证监会已有多个关注函发给仁东控股，要求公司对相关问题进行答复。这不是凑巧，这是从另一个方面警示风险，而股吧中存在的很多唱多观点则是配合主力出货需要的。

4.14　媒体分析

2020 年 11 月 21 日笔者博文指出仁东控股股票为阶段顶部，强力调整随时开始，考虑的指标之一是媒体分析，各位读者可以查阅相关资讯。2020 年 11 月 21 日前已有媒体提示了仁东控股的崩盘风险。

4.15 财务指标

如图 4-61 到图 4-65 所示，2020 年 11 月 21 日笔者博文指出仁东控股股票为阶段顶部，强力调整随时开始，考虑的指标之一是其各项财务指标。由图 4-61 到图 4-65 可知，仁东控股在 2019 年年末到 2020 年 9 月 30 日，诸多财务指标极度恶化，股价却连续上涨。财务指标与股价极度背离，随时大跌的可能性加大。

【主要财务指标】

财务指标	2021-09-30	2020-12-31	2019-12-31	2018-12-31	2017-12-31	2016-12-31
审计意见	未经审计	标准无保留意见	标准无保留意见	标准无保留意见	保留意见	保留意见
净利润(元)	-599.9469万	-3.7358亿	2989.9681万	5298.695万	-2.1574亿	1.1046亿
净利润增长率(%)	72.6(L)	-1349.461	-43.5716	124.6(P)	-295.307	1175.2301
扣非净利润(元)	-978.4711万	-4.0255亿	2178.0635万	4305.9988万	-2.1389亿	-8975.6679万
营业总收入(元)	13.2078亿	21.3029亿	18.3082亿	14.8593亿	9.5347亿	26.4254亿
营业总收入增长率(%)	-24.7116	16.357	23.2103	55.8438	-63.9183	-40.6847
加权净资产收益率(%)	-1.17	-49.69	3.05	5.99	-21.6	10.48
资产负债比率(%)	85.4692	85.0768	71.3636	79.9991	72.4509	49.0358
净利润现金含量(%)	-2798.4376	-25.1948	-223.4387	444.2169	266.7256	653.5929
基本每股收益	-0.01	-0.67	0.05	0.09	-0.58	0.3
每股收益-扣除(元)	—	-0.72	0.04	0.08	-0.57	-0.41
稀释每股收益(元)	-0.01	-0.67	0.05	0.09	-0.58	0.3
每股资本公积金(元)	0.3414	0.3414	0.3414	0.3414	0.6383	2.3675
每股未分配利润(元)	-0.3352	-0.3245	0.3385	0.311	0.3245	1.5342
每股净资产(元)	0.9107	0.9214	1.764	1.7301	2.0795	5.1
每股经营现金流量(元)	0.2998	0.1681	-0.1193	0.4204	-1.5415	3.288
经营活动现金净流量增长率(%)	879.9526	240.9(P)	-128.3832	140.9(P)	-179.7031	421.3373

图 4-61 仁东控股大跌前主要财务指标 1

财务指标	2021-09-30	2021-06-30	2021-03-31	2020-12-31	2020-09-30	2020-06-30
审计意见	未经审计	未经审计	未经审计	标准无保留意见	未经审计	未经审计
净利润(元)	-599.9469万	-1108.4985万	-925.3585万	-3.7358亿	-2192.3021万	-1999.0541万
净利润增长率(%)	72.6(L)	44.5(L)	32.9(L)	-1349.461	-144.502	-164.5533
扣非净利润(元)	-978.4711万	-1370.2939万	-1170.9478万	-4.0255亿	-3757.461万	-3360.2537万
营业总收入(元)	13.2078亿	8.787亿	4.1898亿	21.3029亿	17.5429亿	12.8166亿
营业总收入增长率(%)	-24.7116	-31.4406	-25.8695	16.357	89.7678	115.7178
加权净资产收益率(%)	-1.17	-2.17	-1.81	-49.69	-2.24	-2.04
资产负债比率(%)	85.4692	86.4811	85.194	85.0768	73.7712	71.5482
净利润现金含量(%)	-2798.4376	-764.5422	-696.7857	-25.1948	-78.1489	1.5766
基本每股收益(元)	-0.01	-0.02	-0.0165	-0.67	-0.04	-0.04
每股收益-扣除(元)	—	-0.02	—	-0.72	—	-0.06
稀释每股收益(元)	-0.01	-0.02	-0.0165	-0.67	-0.04	-0.04
每股资本公积金(元)	0.3414	0.3414	0.3414	0.3414	0.3414	0.3414
每股未分配利润(元)	-0.3352	-0.3443	-0.341	-0.3245	0.2994	0.3028
每股净资产(元)	0.9107	0.9016	0.9049	0.9214	1.7249	1.7283
每股经营现金流量(元)	0.2998	0.1514	0.1152	0.1681	0.0306	-0.0006
经营活动现金净流量增长率(%)	879.9526	26989.8(P)	672.6(P)	240.9(P)	-83.9648	-100.2498

备注：以上指标P为扭亏为盈，L为持续亏损。

图 4-62 仁东控股大跌前主要财务指标 2

第4章 提前推演股票涨跌的方法论

【运营能力指标】

财务指标	2021-09-30	2020-12-31	2019-12-31	2018-12-31	2017-12-31	2016-12-31
存货周转率	4925.9471	19988.0408	36339.7529	91598.6562	—	2.0743
流动资产周转率	0.5976	1.0103	0.6497	0.5837	0.7796	2.0743
固定资产周转率	6.7836	28.0196	344.0616	233.2742	154.0283	19.9799
总资产周转率	0.3493	0.5829	0.426	0.3779	0.3737	1.2089
每股现金流量增长率(%)	879.8693	240.9(P)	-128.3828	140.9(P)	-131.2559	421.3341

财务指标	2021-09-30	2021-06-30	2021-03-31	2020-12-31	2020-09-30	2020-06-30
存货周转率	4925.9471	5969.9828	2848.4871	19988.0408	6683.4505	4519.0517
流动资产周转率	0.5976	0.3792	0.1936	1.0103	0.8381	0.6479
固定资产周转率	6.7836	4.5657	2.4888	28.0196	33.7407	52.8013
总资产周转率	0.3493	0.2255	0.1127	0.5829	0.4736	0.3604
每股现金流量增长率(%)	879.8693	27128.6(P)	672.6(P)	240.9(P)	-83.9631	-100.2486

备注：以上指标P为扭亏为盈，L为持续亏损。

图 4-63 仁东控股大跌前运营能力指标

【盈利能力指标】

财务指标(%)	2021-09-30	2020-12-31	2019-12-31	2018-12-31	2017-12-31	2016-12-31
营业利润率	1.4567	-18.0887	2.6508	5.8775	-20.2747	3.9
营业净利率	0.0056	-17.3713	1.7831	3.9531	-22.5003	4.0057
营业毛利率	19.1139	11.4592	15.9202	18.7785	19.2994	1.3094
成本费用利润率	1.734	-16.4569	3.1285	6.347	-20.2497	5.5113
总资产报酬率	0.5742	-9.5114	1.5168	1.7372	-6.6438	6.7059
加权净资产收益率	-1.17	-49.69	3.05	5.99	-21.6	10.48

财务指标(%)	2021-09-30	2021-06-30	2021-03-31	2020-12-31	2020-09-30	2020-06-30
营业利润率	1.4567	0.3408	-0.557	-18.0887	-1.0192	-1.6396
营业净利率	0.0056	-0.8485	-1.8336	-17.3713	-1.1794	-1.5512
营业毛利率	19.1139	18.3379	18.2844	11.4592	9.1093	7.2691
成本费用利润率	1.734	0.6921	-0.3589	-16.4569	-0.4068	-0.7921
总资产报酬率	0.5742	0.1457	-0.04	-9.5114	-0.1862	-0.289
加权净资产收益率	-1.17	-2.17	-1.81	-49.69	-2.24	-2.04

图 4-64 仁东控股大跌前盈利能力指标

【发展能力指标】

财务指标(%)	2021-09-30	2020-12-31	2019-12-31	2018-12-31	2017-12-31	2016-12-31
营业收入增长率	-24.7116	16.357	23.2103	55.8438	-63.9183	-40.6847
总资产增长率	0.0688	4.2198	-28.6413	76.1161	26.305	6.5082
营业利润增长率	207.6(P)	-894.0033	-44.4311	145.2(P)	-287.5752	134.3(P)
净利润增长率	72.6339	-1349.461	-43.5716	124.5604	-295.307	1175.2301
净资产增长率	-47.2013	-47.766	1.9618	24.7967	-30.6842	12.152

财务指标(%)	2021-09-30	2021-06-30	2021-03-31	2020-12-31	2020-09-30	2020-06-30
营业收入增长率	-24.7116	-31.4406	-25.8695	16.357	89.7678	115.7178
总资产增长率	0.0688	15.0031	9.5283	4.2198	27.8819	23.125
营业利润增长率	207.6(P)	114.3(P)	72.8(L)	-894.0033	-125.4212	-144.1999
净利润增长率	72.6339	44.5488	32.8521	-1349.461	-144.502	-164.5533
净资产增长率	-47.2013	-47.8332	-47.9775	-47.766	-4.0725	-3.1958

备注：以上指标P为扭亏为盈，L为持续亏损。

图 4-65 仁东控股大跌前发展能力指标

69

4.16 轨道线技术

4.16.1 第 1 高点

2016 年 1 月 3 日笔者博文推演列出了 2016 年至少大跌 50%的 57 只股票，序号 26 为大连圣亚（现名 ST 圣亚），如图 4-66 所示。以 2015 年 12 月 31 日收盘价 36.42 元计算，截至 2016 年 3 月 1 日盘中见 16.65 元，下跌约 54%。

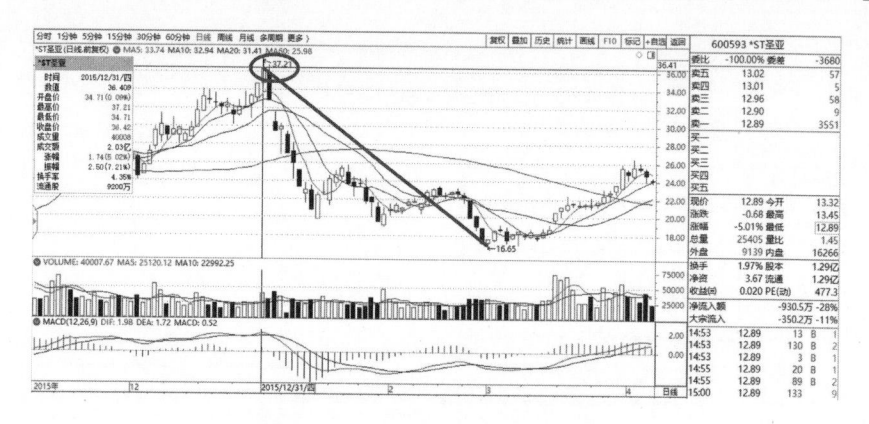

图 4-66 ST 圣亚 2016 年大跌走势

4.16.2 第 2 高点

如图 4-67 所示，2019 年 7 月 27 日笔者博文推演指出大连圣亚（现名 ST 圣亚）大跌只是开始，绝不可买。以 2019 年 7 月 26 日收盘价 43.00 元计算，截至 2019 年 8 月 29 日盘中见 37.36 元，下跌约 13%。

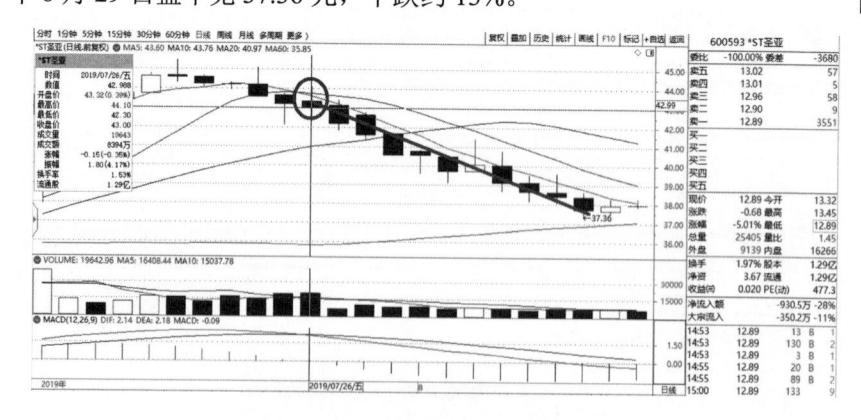

图 4-67 ST 圣亚 2019 年大跌走势

4.16.3 第 3 高点

如图 4-68 所示，2020 年 1 月 12 日笔者博文推演大连圣亚（现名 ST 圣亚）股票为阶段顶部，指出强力调整随时开始，时价 44.95 元。截至 2020 年 2 月 3 日盘中见 36.54 元，累计下跌幅度约 19%。

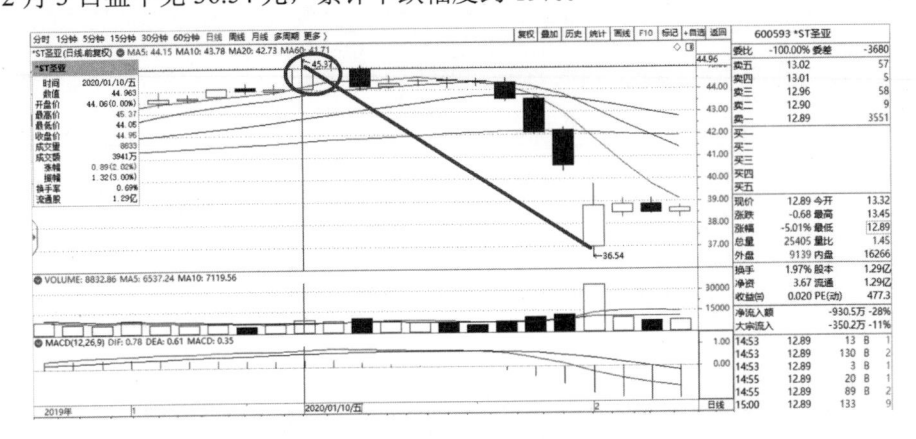

图 4-68　ST 圣亚 2020 年大跌走势

4.16.4 第 4 次高点

如图 4-69 所示，2020 年 10 月 3 日笔者博文推演大连圣亚（现名 ST 圣亚）股票为阶段顶部，指出强力调整随时开始，建议 10 月 18 日前卖完，2020 年 9 月 30 日时价 42.80 元。截至 2021 年 11 月 5 日收盘为 12.89 元，累计下跌幅度约 70%。

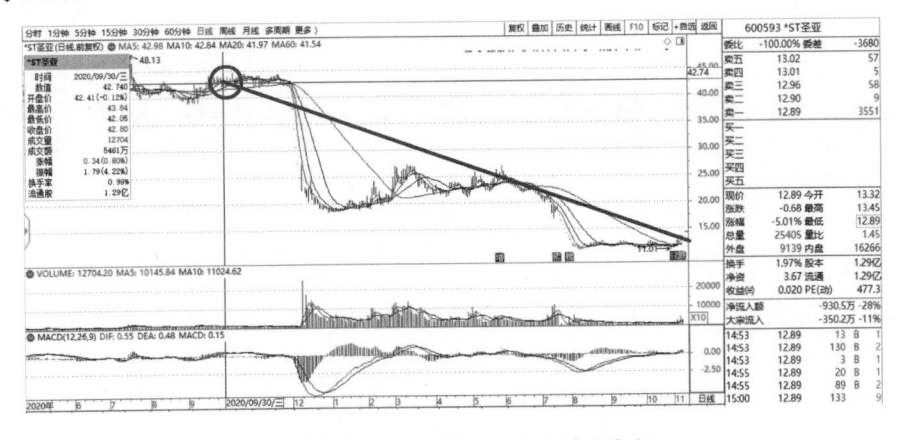

图 4-69　ST 圣亚 2021 年大跌走势

如图 4-70 所示，沿着 2016 年 1 月 3 日前的 2 个低点，以及 2016 年 1 月 3 开始大跌的第 1 个高点，和 2019 年 7 月 27 日大跌的第 2 个高点，做出轨道线，通过第 3 次大跌进行验证后，则可以推演出第 4 次大跌的概率。

图 4-70　ST 圣亚 4 次高点连线

两点决定一条直线，实际上第 3 次大跌也可以由前 2 次大跌推理出来。笔者在后续章节对相关轨道线的应用进行了讲解。

4.17　顶部相似定律

如图 4-71 所示，2020 年 10 月 3 日笔者博文推演指出大连圣亚（现名 ST 圣亚）随时大跌的原因之一是：从 2019 年 4 月 29 日盘中高点 45.03 元开始，到之后的几个阶段相对高点基本相同。顶部价格相似，那么调整一触即发。

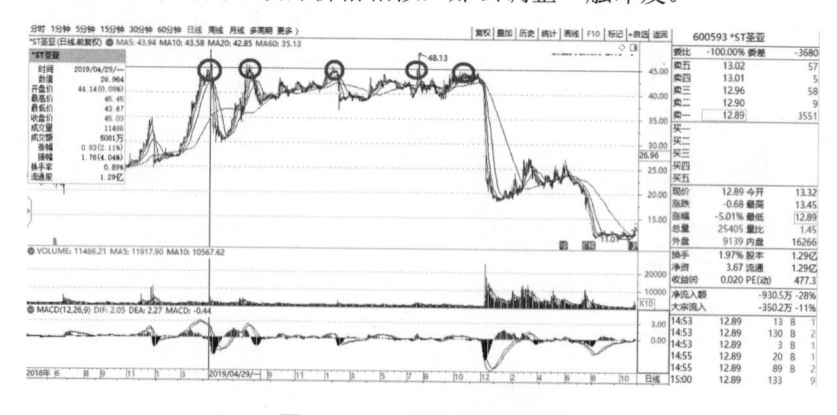

图 4-71　ST 圣亚阶段顶部图

同一只股票存在相似定律，包括操作手法、极值、周期，等等，读者可以在实际应用中仔细揣摩和分析。

4.18　MA 年线走平

如图 4-72 所示，2020 年 10 月 3 日笔者博文推演指出大连圣亚（现名 ST 圣亚）随时大跌的原因之一是：2020 年 9 月 30 日之前，MA240 线高位走平，股价在年线缠绕，提示下跌风险加大。

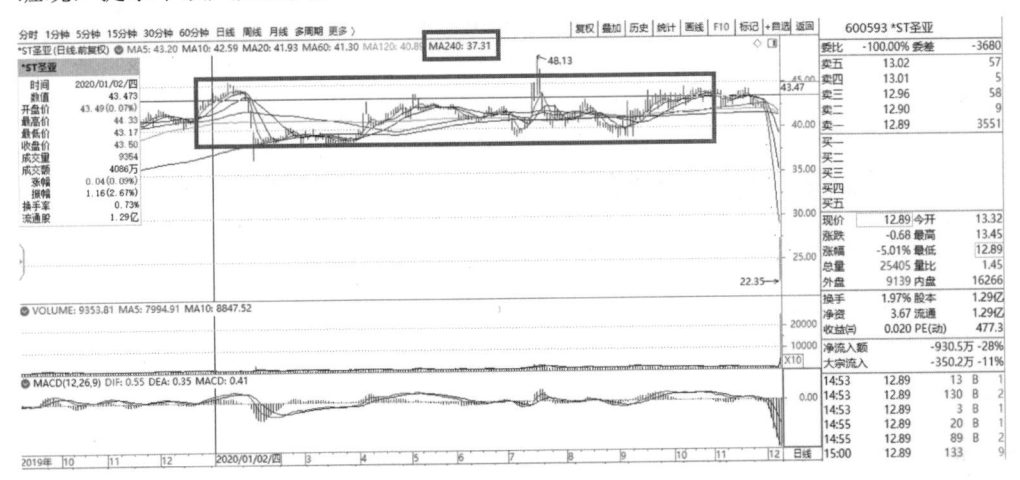

图 4-72　ST 圣亚年线走势

4.19　全貌分析

如图 4-73 所示，2020 年 10 月 3 日笔者博文指出大连圣亚（现名 ST 圣亚）随时大跌的原因之一是：大连圣亚从上市第 1 天算起，分析其季线全貌，发现两次明显的高点连线延伸，与 2020 年 9 月 30 日的高点重合，提示下跌概率加强。

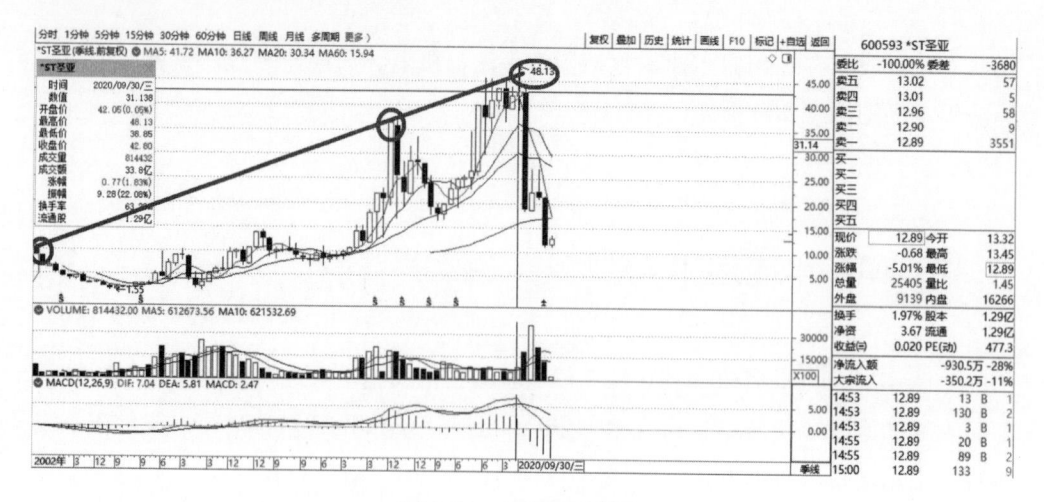

图 4-73 ST 圣亚全貌图

4.20 股价远离 5 年线

如图 4-74 所示,2020 年 10 月 3 日笔者博文指出大连圣亚(现名 ST 圣亚)随时大跌的原因之一是:2020 年 9 月 30 日收盘 42.80 元,远离 5 年线 27.33 元,上涨幅度高达 36%,提示调整一触即发。

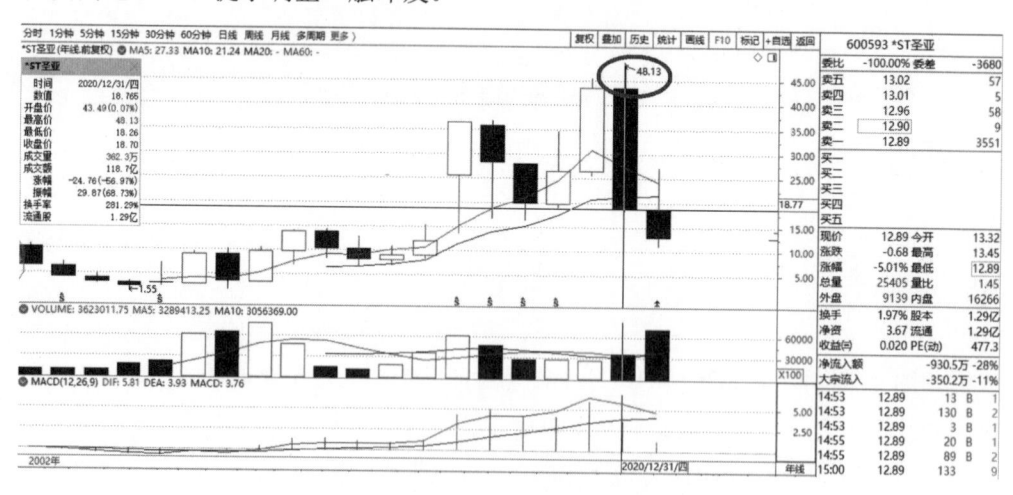

图 4-74 ST 圣亚 5 年线图

4.21 本章总结

本章通过详细讲解仁东控股和 ST 圣亚的大跌推演过程，为各位读者全面分享了 38 个技术指标和基本面指标的综合应用。

本章前 15 节系统分析了仁东控股的大跌推演，讲解了 23 个技术指标和 10 个基本面指标，大部分指标用的是日线数据，读者可以照此分析，对不同周期进行更详细的推演。由于 90% 的指标指向大跌，基本可以推演出仁东控股大跌的概率相当高。

笔者分析 ST 圣亚的大跌推演时用到了轨道线技术、顶部相似定律、MA 年线走平、股价全貌分析和股价远离 5 年线 5 个技术指标。多项轨道线都指向大跌，基本可以推演出大跌的概率相当高。

本章主要讲了 38 个指标及其灵活应用，构成笔者对大盘涨跌提前推演的方法论总体思路。

第 5 章 股票操作周期

股民经常忽略股票的操作周期，比如短线操作周期被套后，总会变成长线操作周期。

每个股民的股票操作周期风格不同，有的股民喜欢操作短的周期，比如今天买入，明天卖出；有的股民喜欢买入后一直持有直到阶段顶部出现后才卖出。股票操作周期风格因人而异。

本章通过实盘案例金地集团，为读者讲解操作周期。

5.1 实盘买入及思考

如图 5-1 所示，笔者于 2020 年 2 月 12 日 13:31 指出立即以 12.55 元（除权后为 11.60 元）买入金地集团。

如图 5-2 所示，2020 年 2 月 14 日笔者博文提出思考题，请读者思考是否卖出金地集团。

如图 5-1 和图 5-2 所示，买入金地集团后经过 2 天时间盈利，这时候读者面临的问题是：继续持有该股，还是果断卖出？这就涉及了操作周期的制定。

第 5 章　股票操作周期

图 5-1　立即买入金地集团

图 5-2　金地集团思考题

5.2　实际走势图

如图 5-3 所示，金地集团股票在 2020 年 2 月 12 日的买入价为 12.55 元，2021 年 11 月 2 日见 9.53 元。这期间股价涨到过 16.40 元，也跌到过 8.17 元。

读者需要思考的问题是：2020 年 2 月 12 日以 12.55 元买入后，当年的 2 月 14

日 9:55 到底是否卖出？

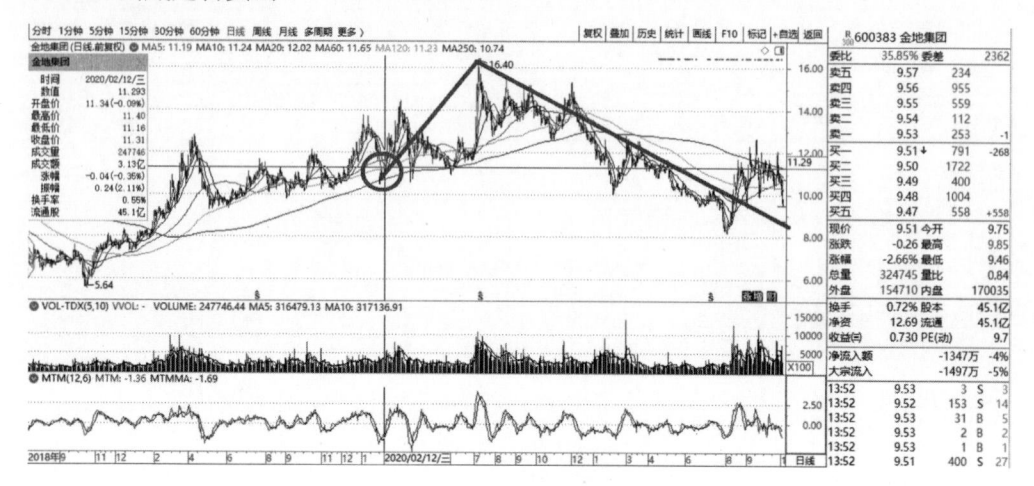

图 5-3 金地集团走势

如图 5-4 所示，2020 年 2 月 14 日金地集团股价上涨了约 8%，今天复盘看时很多股民一定会说 2 月 13 日不卖出，2 月 14 日也不卖出。

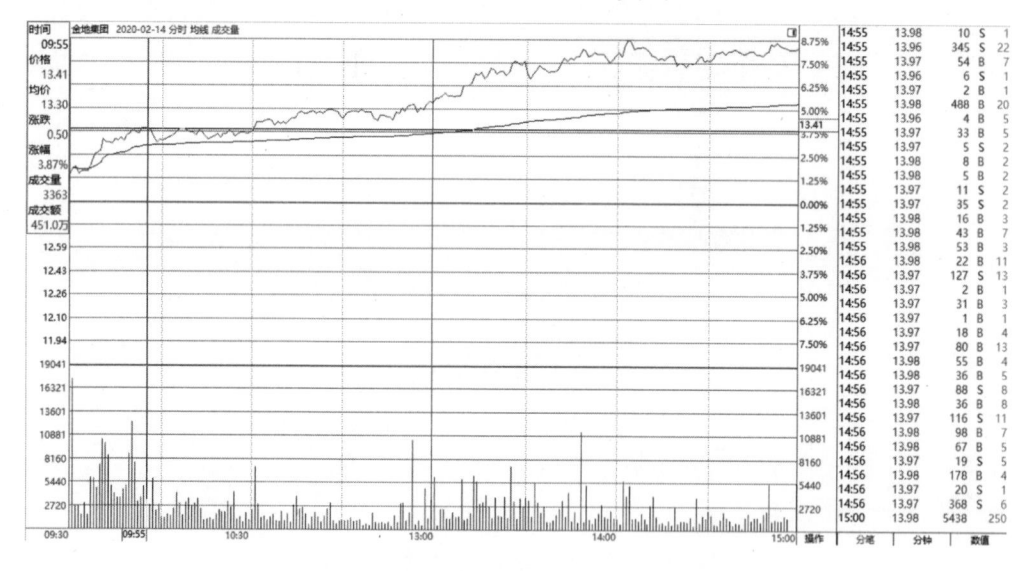

图 5-4 金地集团 2020 年 2 月 14 日分时线

如果 2 月 12 日买入，2 月 14 日卖出，那么的确是赚钱了。这就是笔者强调的股票操作周期问题。

如图 5-5 所示，假如 2 月 13 日不卖出，2 月 14 日也不卖出，3 月 5 日也不卖出，那么到了 3 月 23 日收盘股价 10.78 元（除权后）时，2 月 12 日买入金地集团的股民，不但没有赚钱，账户还出现了浮赔。

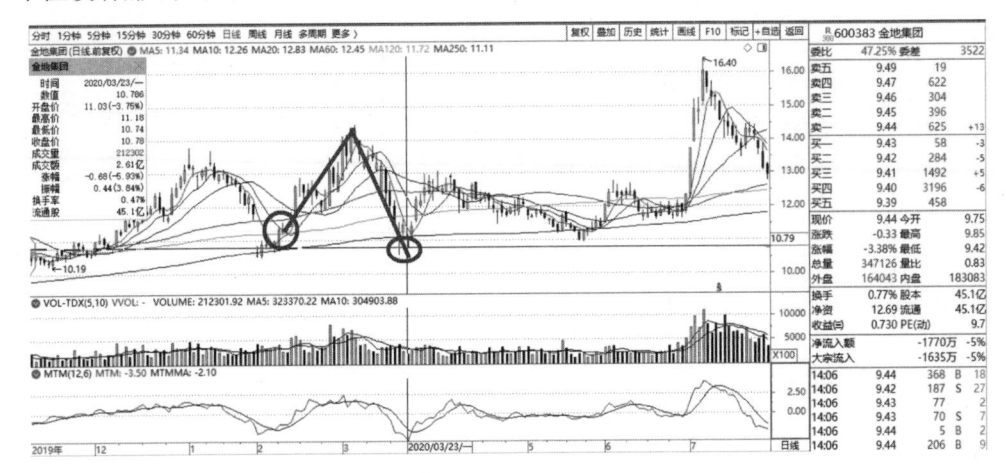

图 5-5　金地集团 2020 年 3 月 19 日下跌走势位置

5.3　30 分钟操作周期下的底部和顶部判断

任何一个操作周期都有对应的底部。以金地集团 2020 年 2 月 12 日的 30 分钟操作周期为例，考虑到 KDJ 的金叉、MACD 的金叉和 MA 的支撑，可以判断 30 分钟操作周期的上涨。此时股票为阶段底部，如图 5-6 所示。

图 5-6　金地集团 30 分钟操作周期底部

79

任何一个操作周期都有对应的顶部。以 2020 年 2 月 12 日 30 分钟操作周期为例，如图 5-7 所示，我们可以绘制出趋势线和轨道线（后续章节有详细讲解如何绘制），进而能够很容易地判断 30 分钟操作周期的顶部。

图 5-7　金地集团 30 分钟操作周期顶部

5.4　60 分钟操作周期下的底部和顶部判断

以金地集团 2020 年 2 月 12 日 60 分钟操作周期为例，考虑到 KDJ 的金叉、MACD 的金叉和 MA 的支撑，可以判断 60 分钟操作周期的上涨。此时股票为阶段底部，如图 5-8 所示。

图 5-8　金地集团 60 分钟操作周期底部

以金地集团 2020 年 2 月 12 日 60 分钟操作周期为例，我们可以绘制出趋势线和轨道线，进而能够很容易地判断 60 分钟操作周期的顶部，如图 5-9 所示。

图 5-9　金地集团 60 分钟操作周期顶部

5.5　日线操作周期下的底部和顶部判断

以金地集团 2020 年 2 月 12 日的日线操作周期为例，考虑到 KDJ 的金叉、MACD 的金叉和 MA 的支撑，可以判断日线操作周期的上涨。此时股票为阶段底部，如图 5-10 所示。

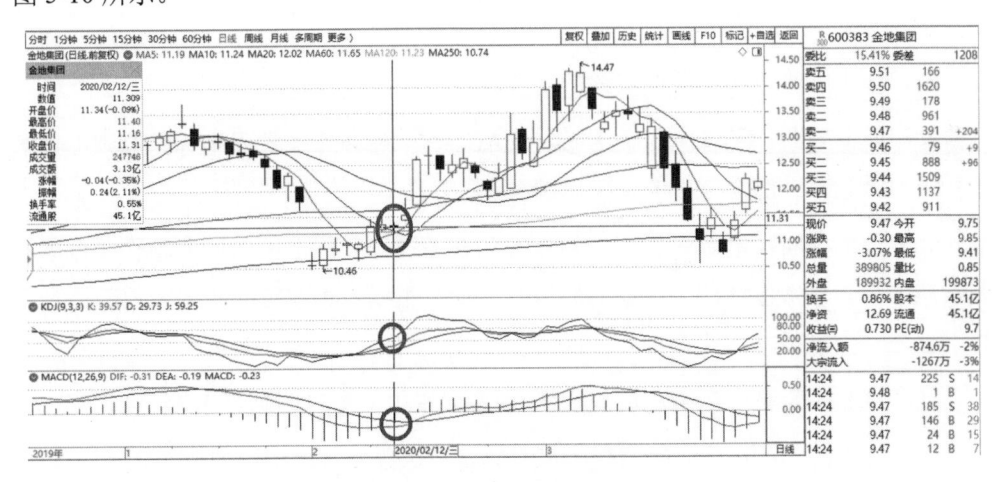

图 5-10　金地集团日线底部

以金地集团 2020 年 2 月 12 日的日线操作周期为例，我们可以绘制出趋势线和轨道线，进而能够判断对应于日线操作周期的顶部，如图 5-11 所示。

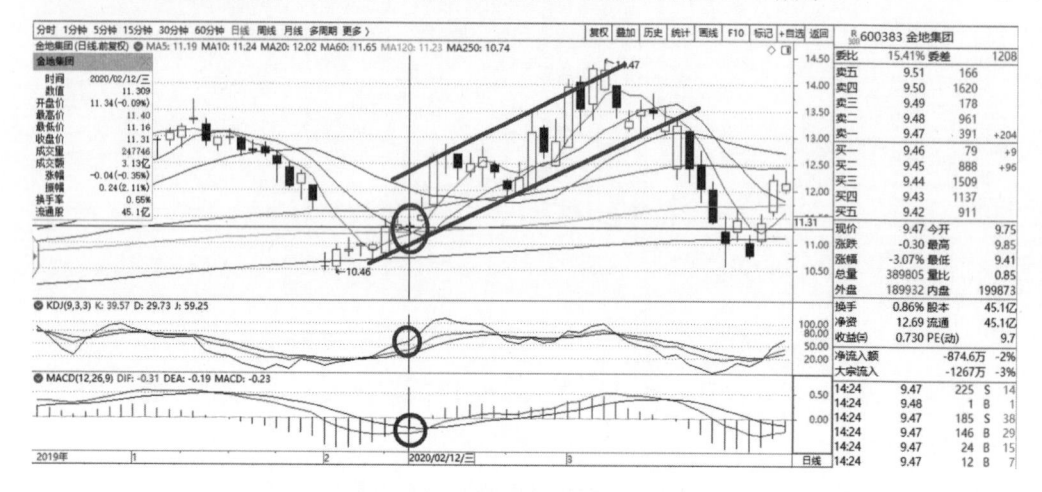

图 5-11　金地集团日线操作周期顶部

5.6　本章总结

本章通过解析实盘案例金地集团，提示读者必须明白自己的操作周期，尽可能地实现利润最大化。

本章讲解了 30 分钟操作周期、60 分钟操作周期、日线操作周期下的底部和顶部判断，指出了股票操作周期概念的重要性。

关于底部判断，笔者应用了 KDJ、MACD、MA 共 3 个技术指标，原则上技术指标应用得越多，综合分析的正确率越高。

关于顶部判断，笔者只应用了趋势线和轨道线，实际上操作周期越长要考虑的因素越多。其他操作周期，比如对周线、月线、季线、年线等的底部和顶部的判断思考也是一个思路。

笔者潜心研究股市多年，推演股票 3500 只以上，可以明确得出如下结论。

（1）任何一年、任何一个月作为起点，都有大跌和大涨的股票。

（2）任何一天，任何一个交易点，都有上涨和下跌的股票。

（3）任何一个周期，都有大涨和大跌的股票。

（4）股市不存在过节持股或过节持币一说，只存在涨到顶部的股票必须及时卖出，而在底部的股票必须持有。

进阶篇

第 6 章 如何买卖股票

本章通过讲解如何提前推演万向德农（600371）的上涨和下跌案例的方法，教给读者如何买卖股票。

关于上涨的推演，本章介绍的主要联合应用方法是：底部筹码，下跌幅度，MACD金叉，股价在30月线止跌，周线KDJ低位运行，股票下跌年数，股价下跌缩量，布林线中轨支撑等。

关于下跌的推演，本章介绍的主要联合应用方法是：顶部筹码发散，上涨幅度，MACD死叉，日线KDJ高位运行多日，周线KDJ高位运行多周，股价远离年线，布林线下行日线上轨，股价远离5周线运行等。

6.1 股票上涨和下跌判断

如图6-1所示，2014年6月25日笔者博文推演万向德农股票为当时的阶段底部，时价6.65元。2015年5月20日收盘24.41元，上涨约267%。

如图6-2所示，2015年5月20日笔者博文推演指出万向德农股票为当时的阶段顶部，并建议5月21日卖完，时价24.41元。2015年9月2日盘中见7.23元。累计下跌幅度约70%。

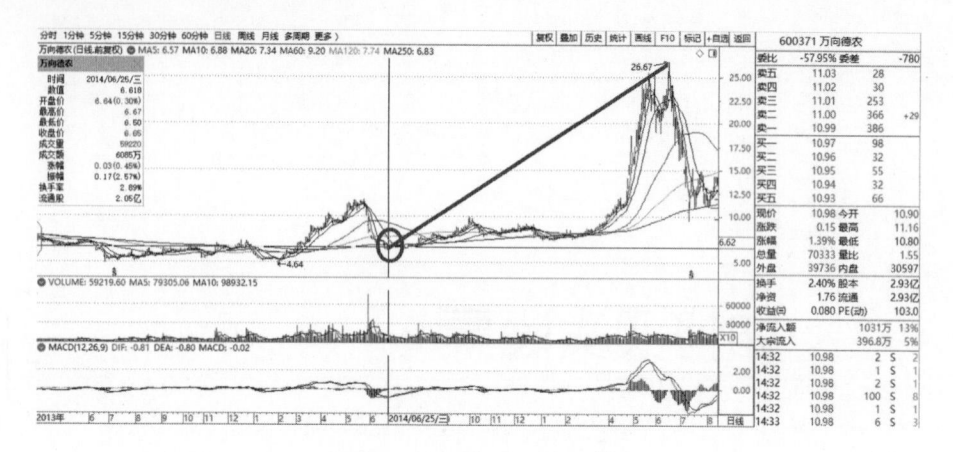

图 6-1　万向德农股票上涨走势

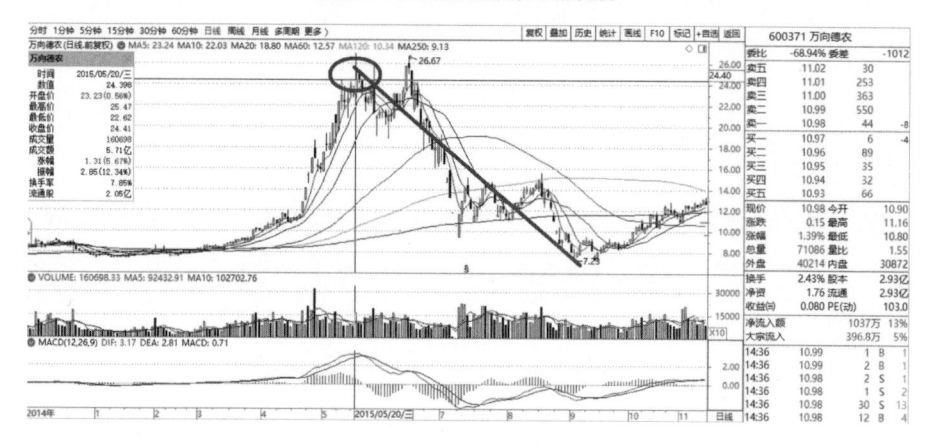

图 6-2　万向德农股票下跌走势

6.2 股票上涨的判断方法

6.2.1 底部筹码

如图 6-3 所示，2014 年 6 月 25 日底部筹码峰值基本在 6.70 元附近，说明有强力支撑，上涨随时开始。

筹码就是股票账户的平均价格，当平均价格很低时，说明买的动力正在酝酿，因为聪明的投资者会在低价中发现其投资价值，这就具备了上涨潜力。

第 6 章 如何买卖股票

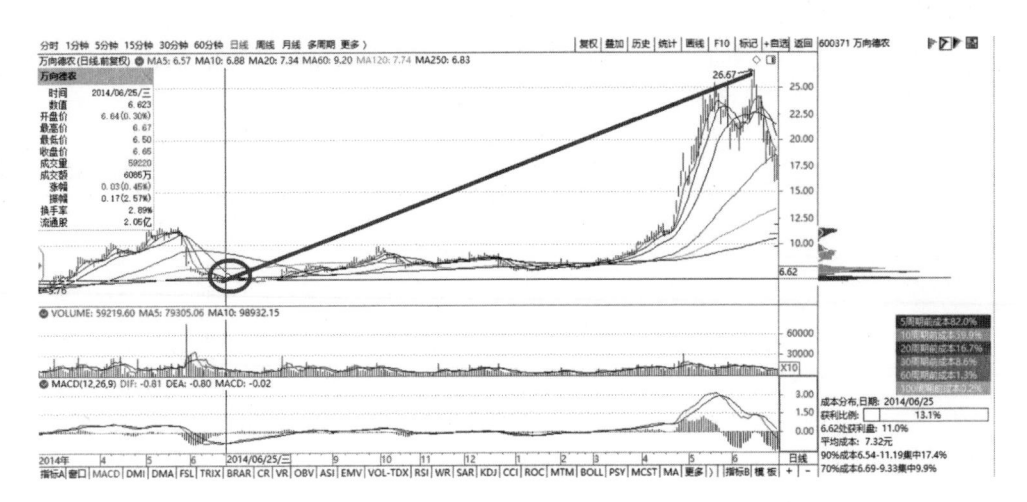

图 6-3 万向德农底部筹码走势

6.2.2 下跌幅度

如图 6-4 所示，万向德农股价从 2014 年 5 月 23 日阶段顶部的 11.76 元下降到 6 月 25 日的 6.65 元，1 个月时间下跌幅度达到 44%。快速大跌后，具有上涨潜质。

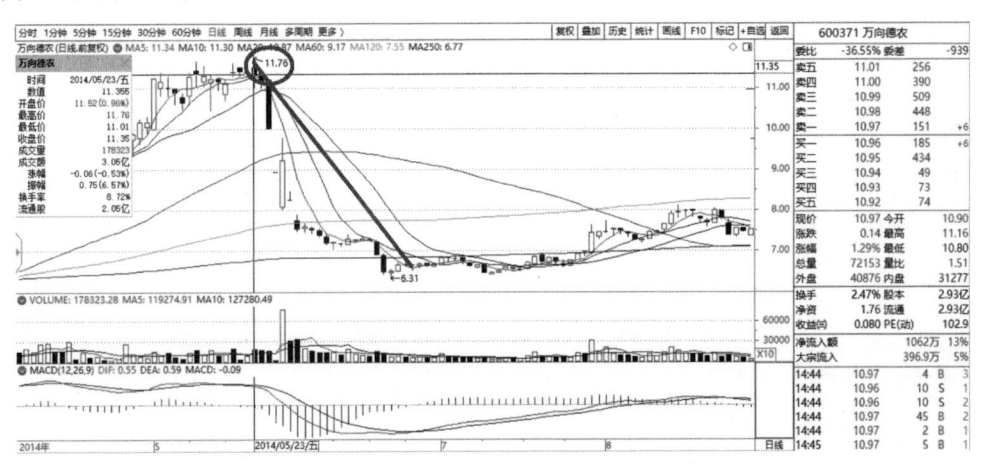

图 6-4 万向德农下跌幅度走势

6.2.3 MACD 金叉

如图 6-5 所示，2014 年 6 月 25 日，万向德农 MACD 的 DIF 上穿 DEA，金叉向上。股价在 5 日线之上。

87

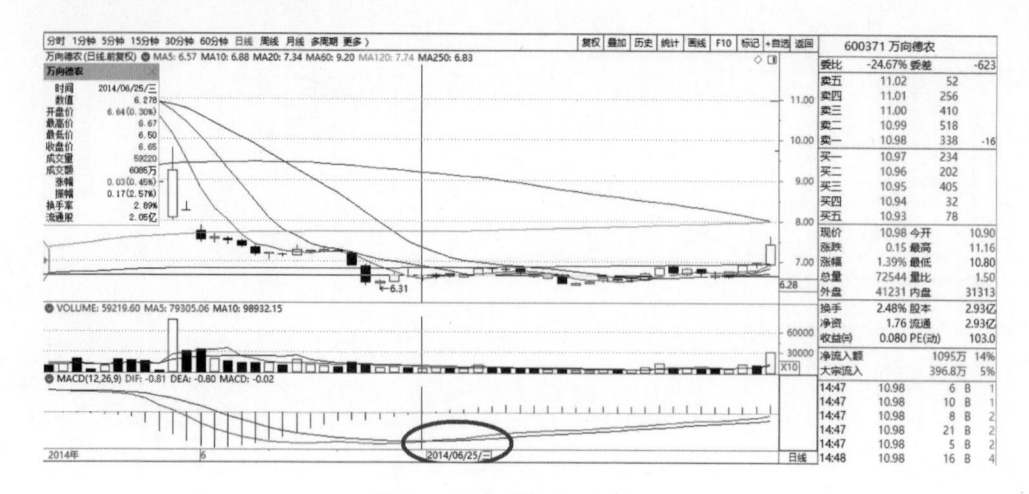

图 6-5　万向德农 MACD 金叉

6.2.4　股价在 30 月线止跌

如图 6-6 所示，2014 年 6 月 25 日，万向德农股价在 30 月线获得支撑，止住下跌，月线的 MACD 的 DIF 在 DEA 之上运行。

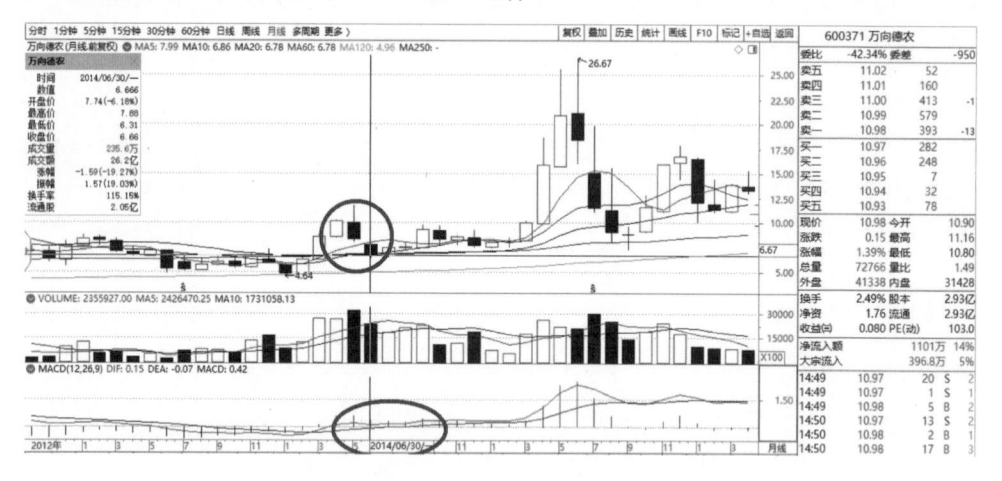

图 6-6　万向德农股价在 30 月线获得支撑

6.2.5　周线 KDJ 低位运行

如图 6-7 所示，2014 年 6 月 25 日，万向德农周线 KDJ 低位运行，J 值在 0 轴下已运行一段时间。

图 6-7　万向德农周线 KDJ 低位运行

6.2.6　股价下跌年数

如图 6-8 所示，万向德农股价从 2012 年到 2014 年 6 月 25 日，已连续下跌 2 年。

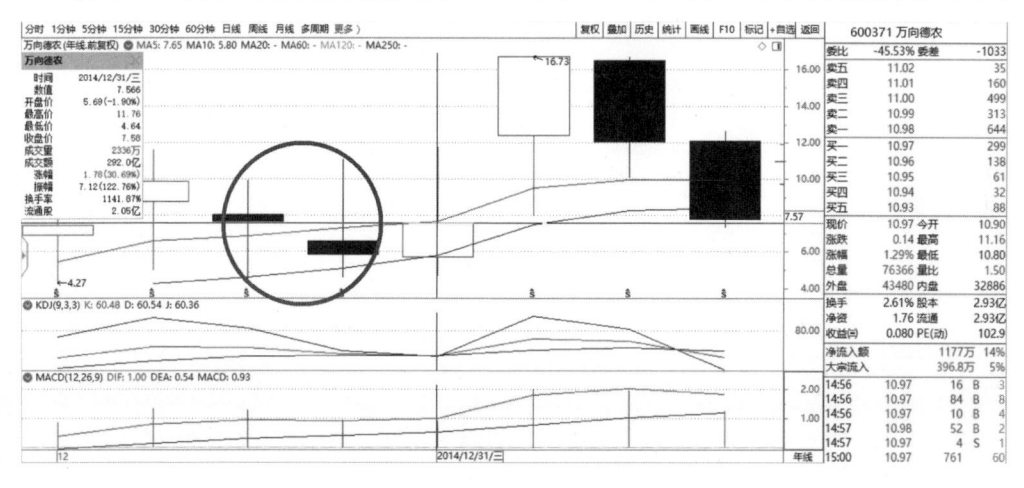

图 6-8　万向德农股价年线走势

6.2.7　股价下跌缩量

如图 6-9 所示，与 2014 年 2 月到 5 月的上涨相比，万向德农 2014 年 6 月 25 日之前的下跌连续缩量，说明投资人已经不再愿意卖出筹码。

89

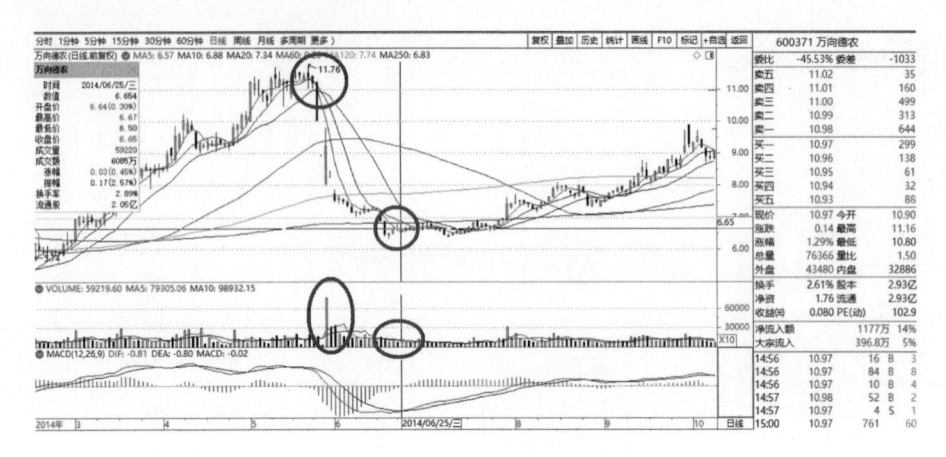

图6-9 万向德农缩量下跌

6.2.8 布林线中轨支撑

如图6-10所示，2014年6月25日，万向德农股价在布林线月线获得支撑。

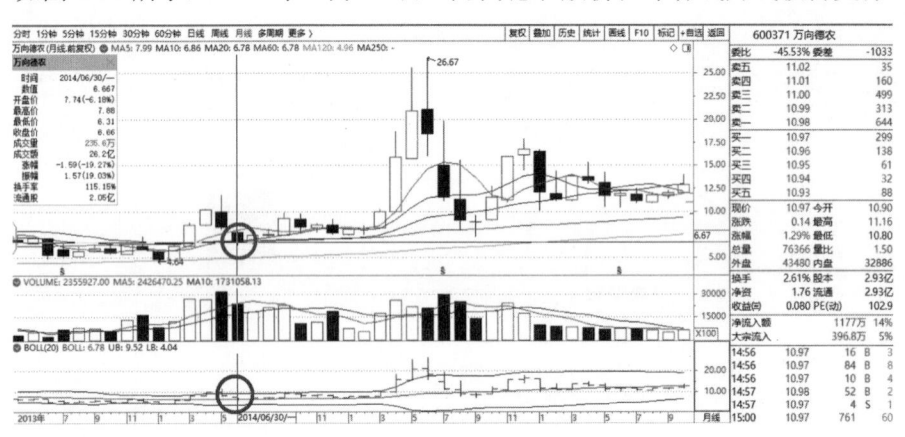

图6-10 万向德农布林线

6.3 股票下跌的判断方法

6.3.1 顶部筹码发散

如图6-11所示，2015年5月20日，万向德农筹码明显发散，且最高峰值已移动到 24.00 元附近，说明聪明的投资者正在出货，将底部的筹码卖给接盘人。

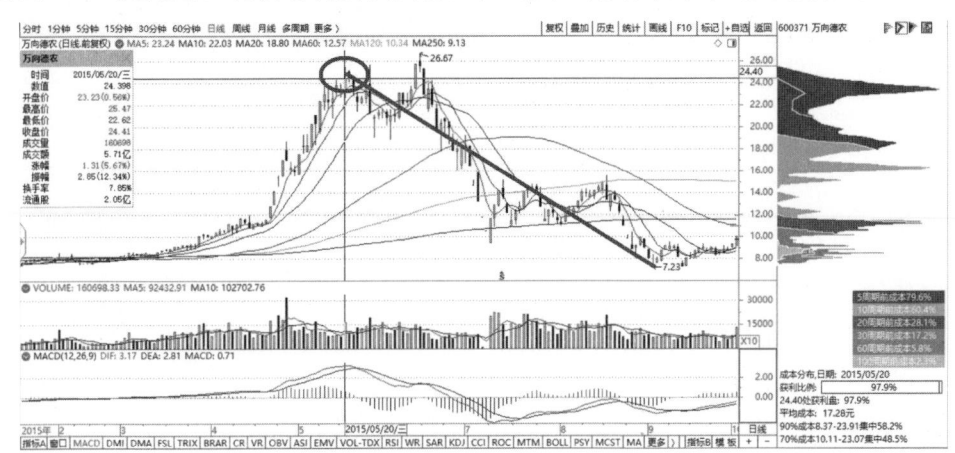

图 6-11　万向德农顶部筹码发散

6.3.2　上涨幅度

如图 6-12 所示，万向德农股价从 2014 年 6 月 25 日的 6.65 元上涨到 2015 年 5 月 20 日收盘的 24.41 元，11 个月时间上涨幅度已高达 267%。

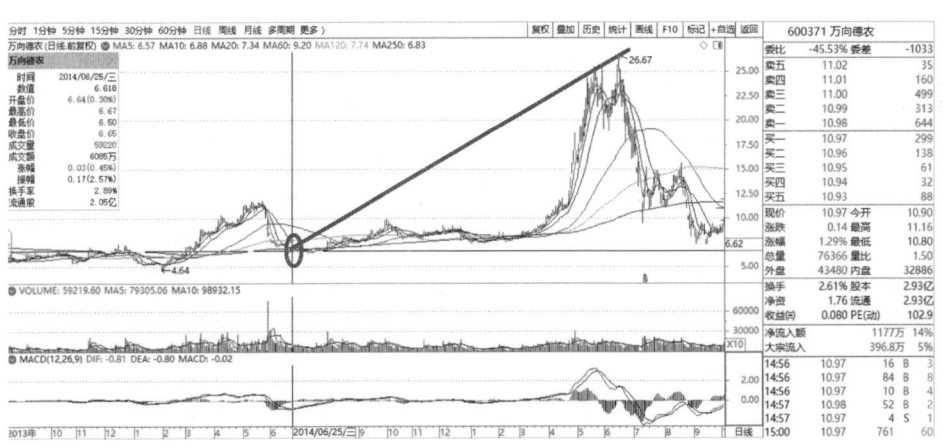

图 6-12　万向德农上涨幅度

6.3.3　MACD 死叉

如图 6-13 所示，2015 年 5 月 20 日，万向德农 MACD 的 DIF 和 DEA 上涨方向

已发生改变，随时发生死叉。

图 6-13 万向德农 MACD 死叉

6.3.4 日线 KDJ 高位运行多日

如图 6-14 所示，2015 年 5 月 20 日前，万向德农日线 KDJ 已在高位运行多日，而 5 日线的上涨趋势正在减弱。

图 6-14 万向德农日线 KDJ 高位运行多日

6.3.5 周线 KDJ 高位运行多周

如图 6-15 所示，2015 年 5 月 20 日前，万向德农周线 KDJ 已在高位运行多周。

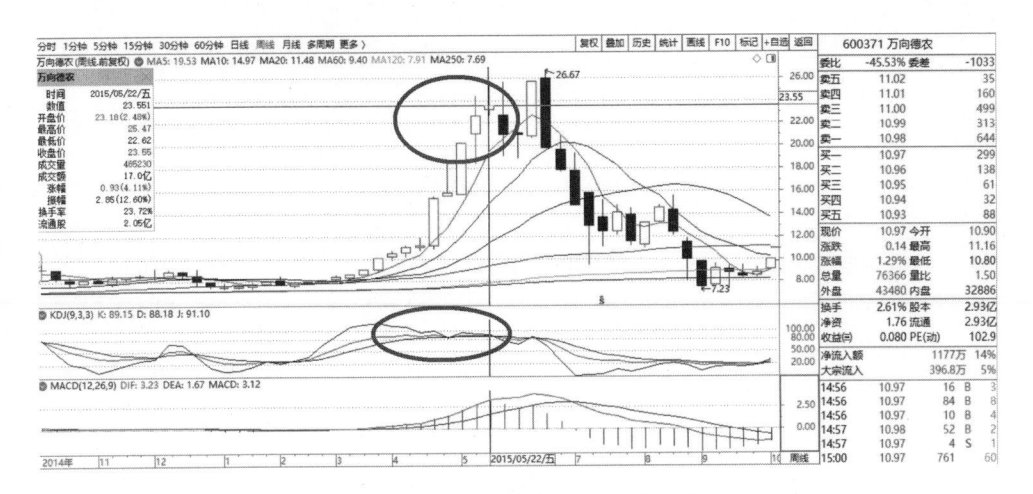

图 6-15　万向德农周线 KDJ 高位运行多周

6.3.6　股价远离年线

如图 6-16 所示，2015 年 5 月 20 日时，万向德农股价已远离年线，说明年线买入的投资者已获利丰厚，随时可以兑现。

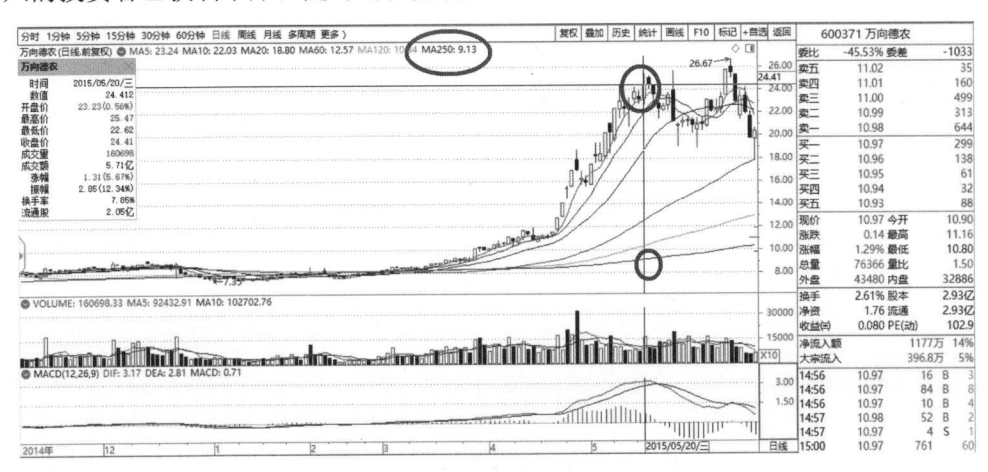

图 6-16　万向德农股价远离年线

6.3.7　布林线下行日线上轨

如图 6-17 所示，2015 年 6 月 20 日，万向德农股价运行在布林线日线上轨下方，已开始向中轨运行。股价由布林线上轨向中轨运行过程是股价下跌的一个因素。

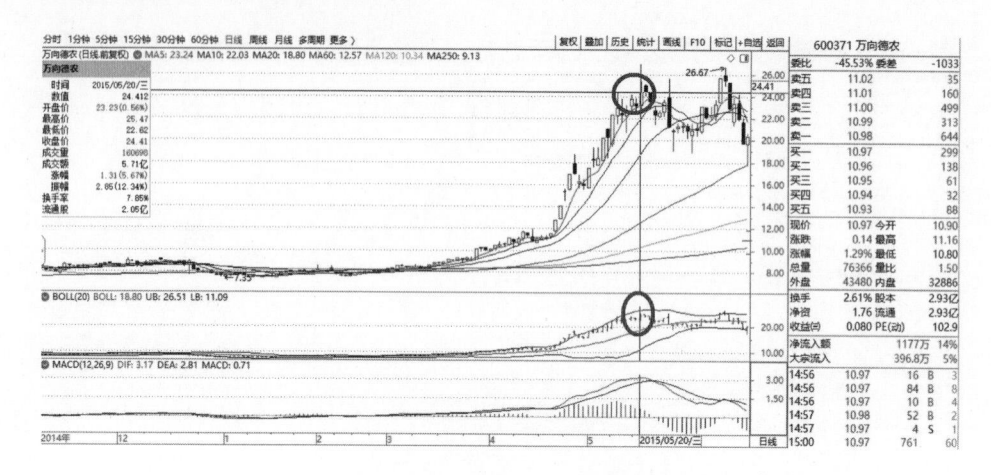

图 6-17　万向德农股价下行布林线上轨

6.3.8　股价远离 5 周线运行

如图 6-18 所示，2015 年 6 月 20 日，万向德农股价已远离 5 周线，并且在布林线周线上轨已运行多周。

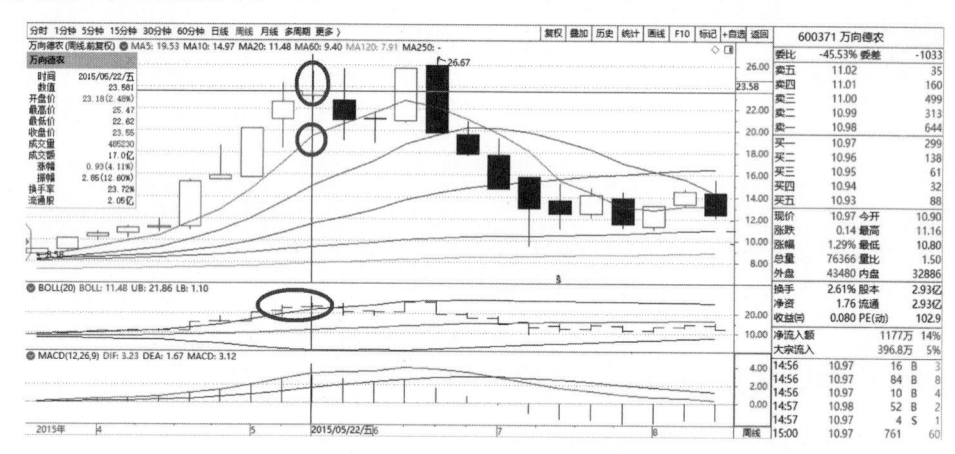

图 6-18　万向德农股价远离 5 周线运行

6.4　本章总结

本章通过讲解实盘案例万向德农的上涨和下跌，解读引起股票上涨和下跌的因素是多样的，读者在判断股票上涨和下跌时，要综合运用自己熟悉的各种方法。

本章通过底部筹码，下跌幅度，MACD 金叉，股价在 30 月线止跌，周线 KDJ 低位运行，股价下跌年数，股价下跌缩量，布林线中轨支撑等方法的联合应用判断股票上涨。

本章通过顶部筹码发散，上涨幅度，MACD 死叉，日线 KDJ 高位运行多日，周线 KDJ 高位运行多周，股价远离年线，布林线下行日线上轨，股价远离 5 周线运行等方法的联合应用判断股票下跌。

请读者参考前部各章和后部各章讲的判断股票上涨和下跌的方法，继续分析股票为什么会上涨和下跌。通过分析，会有更多体会和启发。

第 7 章 下跌浪与上升浪

股票的运行永远都是在下跌和上涨之间循环进行,这与时间周期无关。

通过分析下跌浪和上升浪,可以清晰地分辨出股票下跌和上涨的规律。

时间周期越短,下跌浪和上升浪的变化频率越快,规律越不明显。时间周期越长,下跌浪和上升浪的变化频率越慢,规律越清晰。

7.1 下跌浪和上升浪互为动力

任何股票上涨的开始,都是在下跌浪之后进行的。任何股票下跌的开始,都是在上升浪之后进行的。

7.2 上涨的判断方法

7.2.1 股票上涨判断

如图 7-1 所示,2014 年 5 月 19 日笔者博文推演指出桐昆股份(601233)股票大涨在即，时价 2.92 元（除权后）。截至 2015 年 6 月 15 日盘中见 18.93 元，盈利约 548%。

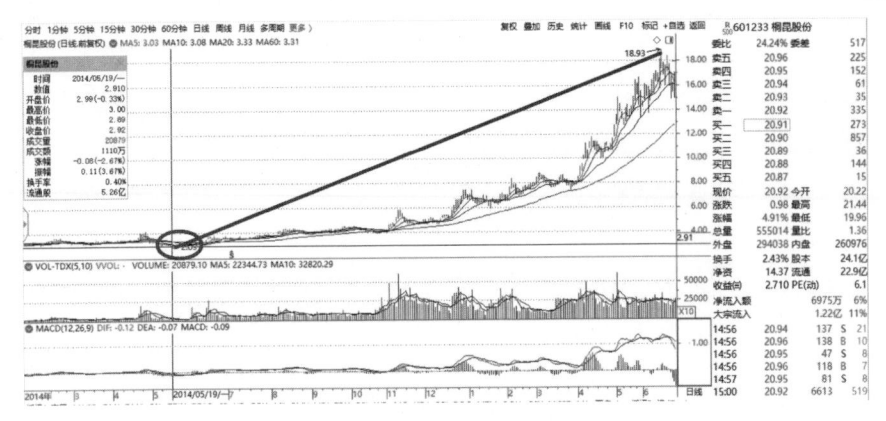

图 7-1　桐昆股份上涨走势

7.2.2　上涨之前下跌浪分析

如图 7-2 所示，在 2014 年 5 月 19 日笔者博文推演桐昆股份股票上涨之前，其走势经过了 5 浪下跌，在 2013 年 6 月 25 日下跌到底部，时价 2.57 元。

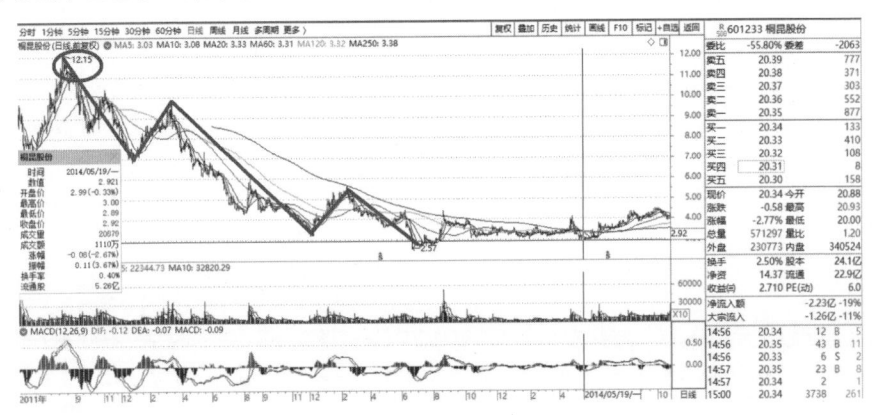

图 7-2　桐昆股份下跌走势

通过波浪理论分析可知，5 浪下跌后，上升浪即将来临。

7.2.3　上涨之前 W 底分析

如图 7-3 所示，桐昆股份于 2013 年 6 月 25 日之后出现了 W 底，在 2014 年 5 月

97

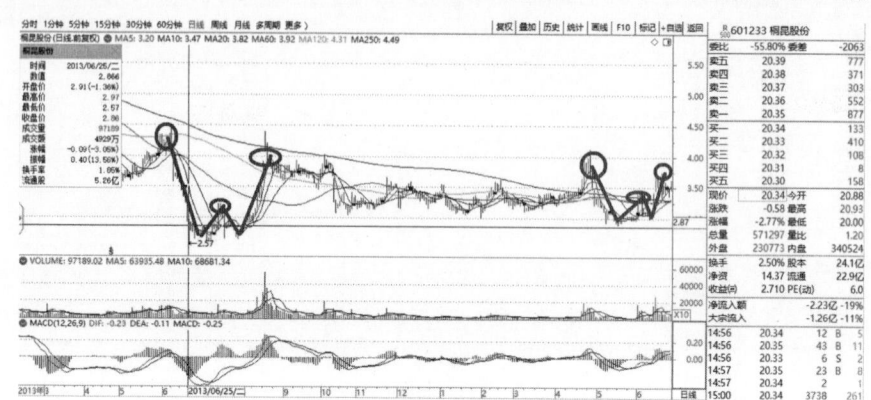

19 日之前出现了第 2 个 W 底，由于主力操盘手法相似，可以预见之后的 W 底形成。

图 7-3 桐昆股份 W 底走势

通过股票形态分析可知，W 底过后股票上涨是大概率事件。

7.2.4 上涨之前下跌幅度分析

如图 7-4 所示，桐昆股份的股票于 2011 年 8 月 10 日开始下跌，从最高价的 12.15 元下跌到 2013 年 6 月 25 日的最低价 2.57 元，下跌幅度约 79%。

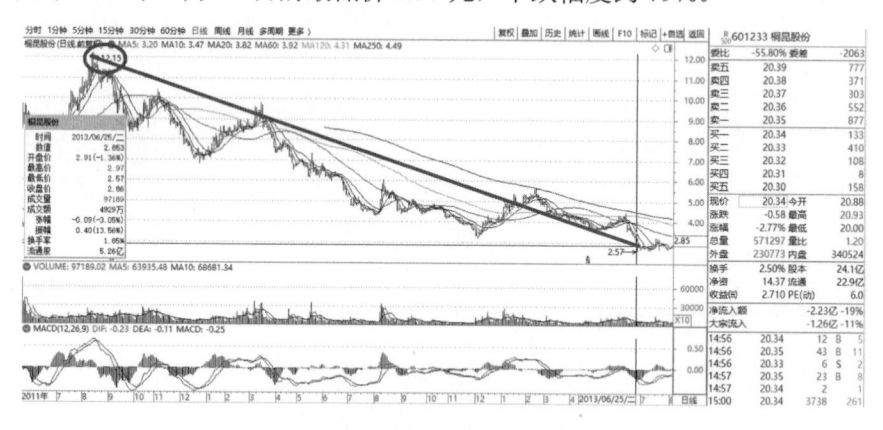

图 7-4 桐昆股份下跌幅度

7.2.5 上涨之前底部抬高分析

如图 7-5 所示，2014 年 5 月 19 日笔者博文推演指出桐昆股份股票将会上涨，建议买入时，桐昆股份底部股票价格已从 2.57 元上涨到 2.92 元，底部正在抬高，下跌趋势已扭转。

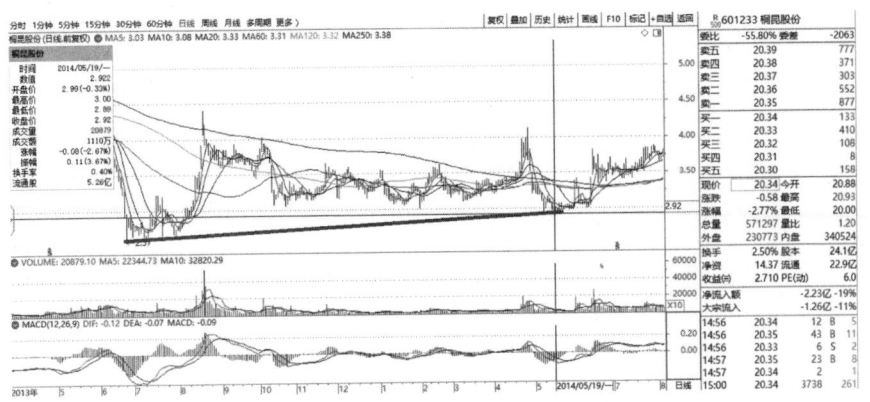

图 7-5 桐昆股份底部抬高

股价下跌一定幅度后，底部抬高过程实际就是上升浪的形成过程。

7.3 下跌的判断方法

7.3.1 推演下跌方向

如图 7-6 所示，2018 年 1 月 29 日笔者博文推演桐昆股份股票为阶段顶部，指出强力调整随时开始，建议 2 月 9 日前卖完。2018 年 1 月 30 日盘中见 20.45 元，截至 2019 年 1 月 4 日盘中见 8.86 元，下跌约 57%。

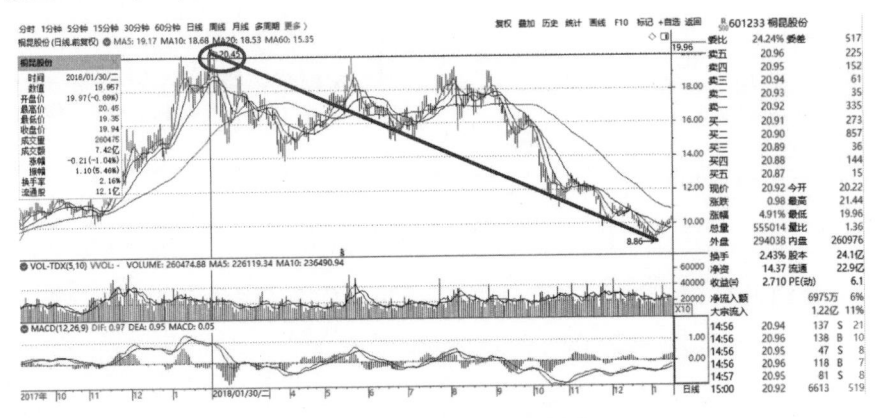

图 7-6 桐昆股份下跌方向推演

7.3.2　下跌之前上升浪分析

如图 7-7 所示，2018 年 1 月 29 日笔者博文推演指出桐昆股份股票即将下跌之前，其主力已完成了三大浪。尽管每个人划分浪的级别的标准会不同，但是低点和高点明显应作为浪的起点和终点。为了便于演示，笔者针对三大浪的每个浪，在图中又划分了子浪，以供参考。

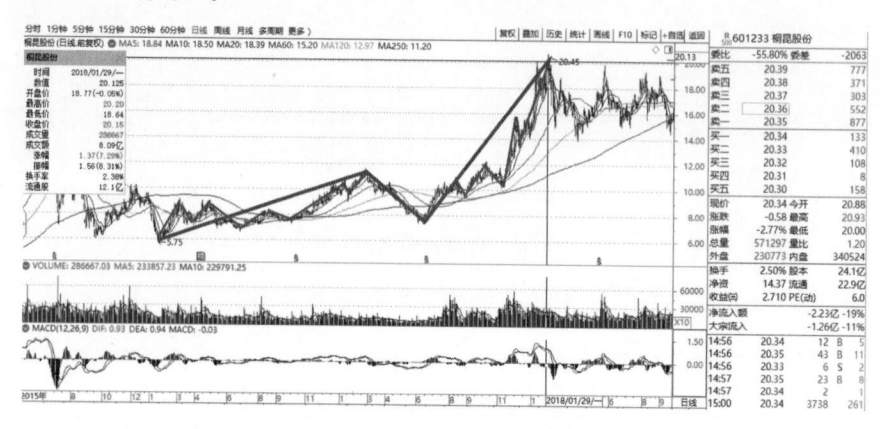

图 7-7　桐昆股份上升浪走势

通过波浪理论分析，3 浪之后，主力有 2 种走法，第一种走法是先 4 浪回调再 5 浪上升；第二种走法是直接回调。因此需要配合其他技术方法展开综合分析。

7.3.3　下跌之前的双顶分析

如图 7-8 所示，2018 年 1 月 29 日桐昆股份的股价与 1 月 9 日的股价相近，形成双顶。

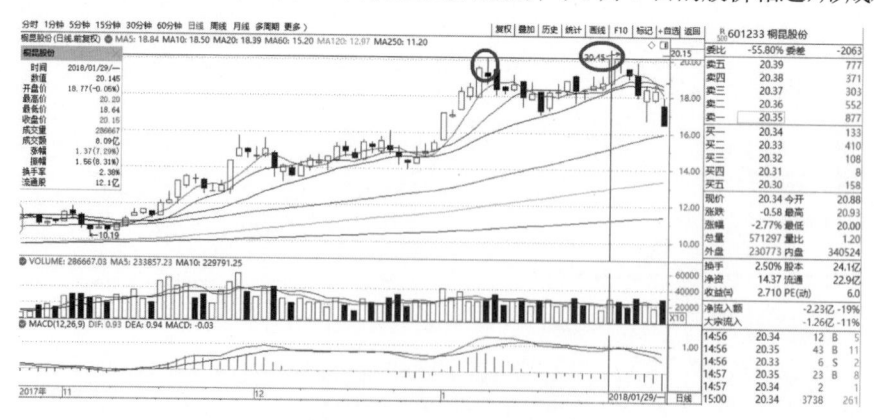

图 7-8　桐昆股份上涨双顶

通过形态理论分析，股票形成双顶后下跌的概率很高，有时候主力还会通过形成三重顶或多重顶的方法，诱惑股民顶部买入。

7.3.4　下跌之前上涨幅度分析

如图 7-9 所示，桐昆股份股价从 2016 年 1 月 18 日的 5.75 元上涨到 2018 年 1 月 29 日的 20.15 元，上涨幅度约 250%。

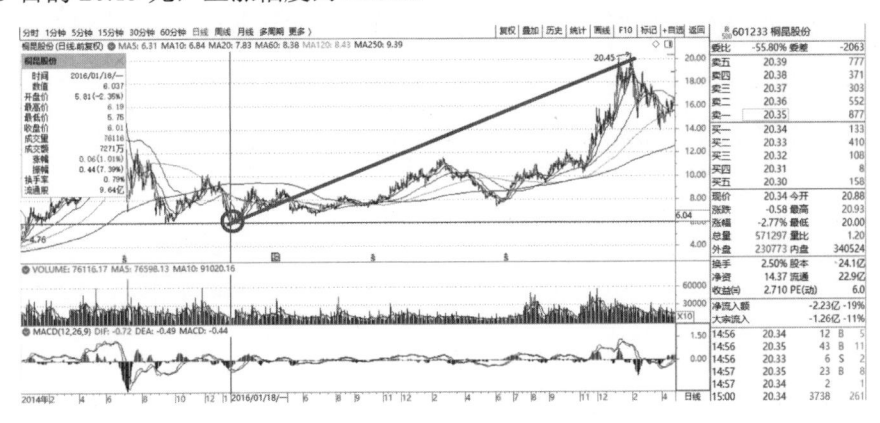

图 7-9　桐昆股份上涨走势

7.3.5　下跌之前的指标背离

如图 7-10 所示，2018 年 1 月 29 日笔者博文推演指出桐昆股份股票将下跌之前，MACD 指标已与股价发生背离。

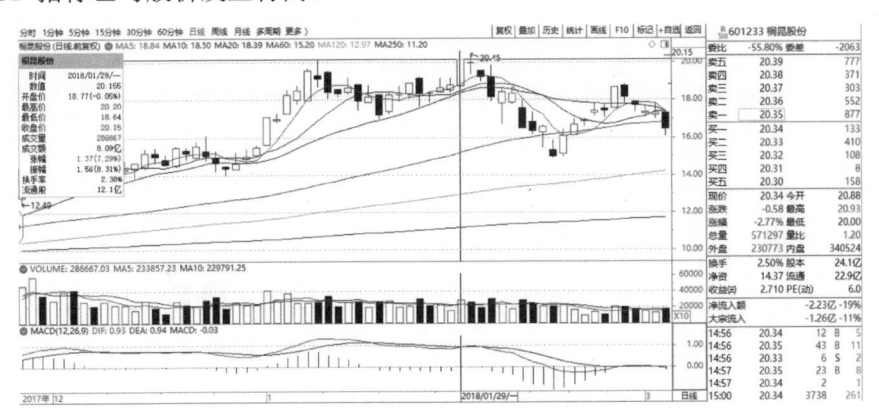

图 7-10　桐昆股份 MACD 与股价背离

101

通过 MACD 与股价背离理论分析可知，顶部背离后股票下跌概率大大增加。

7.4 本章总结

本章通过讲解桐昆股份股票的上涨和下跌的案例，重点解释了上升浪和下跌浪的构造及相关顶和底的形状，希望对读者炒股方法的形成有所启发。

笔者分别运用了 4 个指标对股票的上涨和下跌进行了讲解。读者可结合本书各章讲的其他技术指标（比如筹码等），对其进行深入分析。

第 8 章

大跌前不能买

股票的盈利和亏损是一个问题的两个方面，大跌之前卖出股票就是盈利，大跌之前买入股票就是亏损。

本章通过 ST 节能（000820）、泰达股份（000652）和成飞集成（002190）阶段顶部的推演，讲解如何提前推演股票的大跌，从而不买即将大跌的股票，避免亏损。如果账户有即将大跌的股票，则要及时卖出，守住利润。

8.1 提前推演案例 1——大跌判断

如图 8-1 所示，2017 年 4 月 24 日笔者博文推演指出 ST 节能（原名神雾节能）强力调整将要开始，建议 4 月 24 日卖完。2017 年 4 月 24 日，其股价见 40.94 元，2021 年 11 月 1 日见 3.46 元，下跌约 92%。

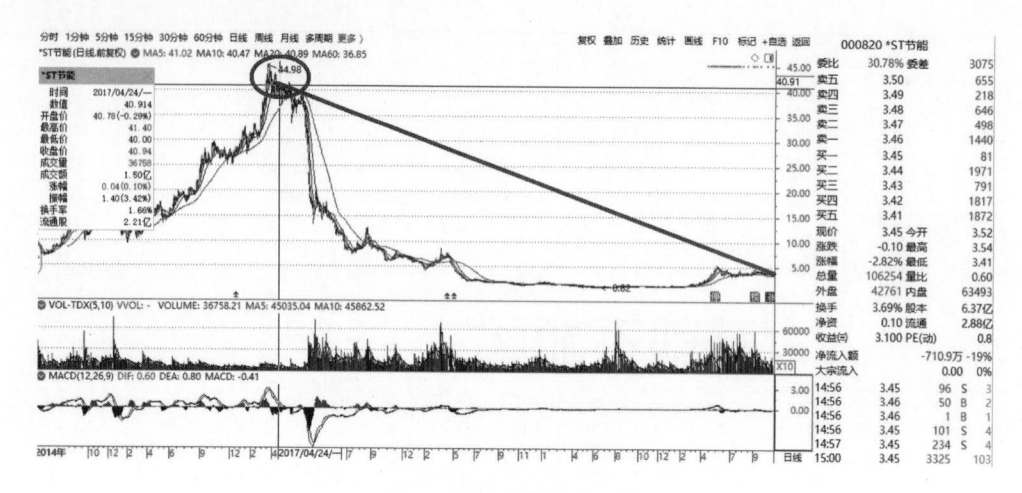

图 8-1　ST 节能下跌走势

8.2　提前推演案例 1——大跌判断方法

8.2.1　大跌之前的上涨幅度

如图 8-2 所示，ST 节能股价从 2008 年 11 月 7 日的相对低点 1.92 元上涨到 2017 年 4 月 24 日的 40.94 元，上涨幅度约 20 倍。提示其已具备了下跌的先天条件。

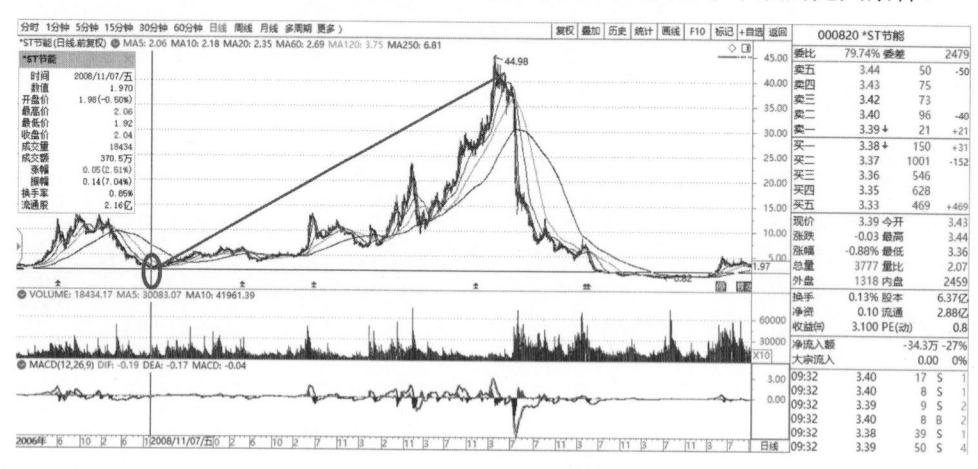

图 8-2　ST 节能上涨幅度

8.2.2 大跌之前的日线 MACD 走势

如图 8-3 所示，2017 年 4 月 24 日之前，ST 节能股票到达阶段顶部后开始下跌，日线 MACD 也开始同步下跌。

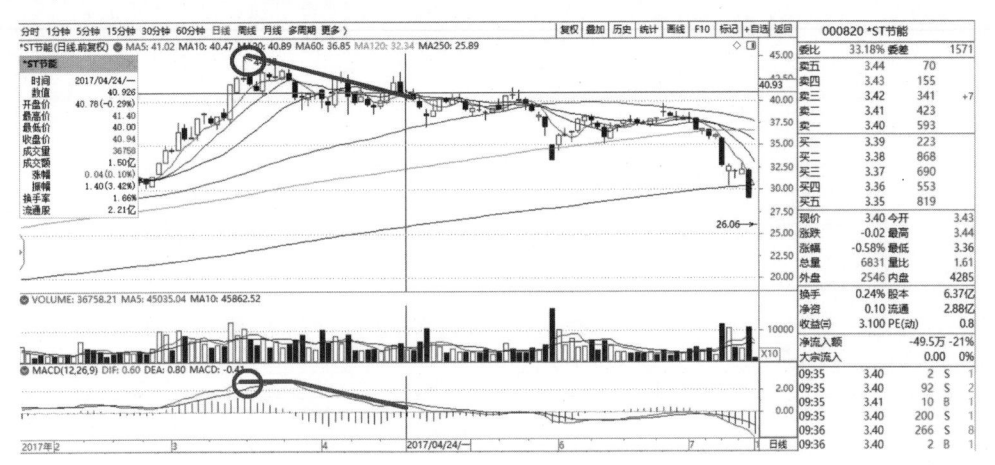

图 8-3　ST 节能 MACD 日线走势

8.2.3 大跌之前的周线 MACD 走势

如图 8-4 所示，2017 年 4 月 24 日之前，周线 MACD 的 DIF 已向下逼近 DEA。

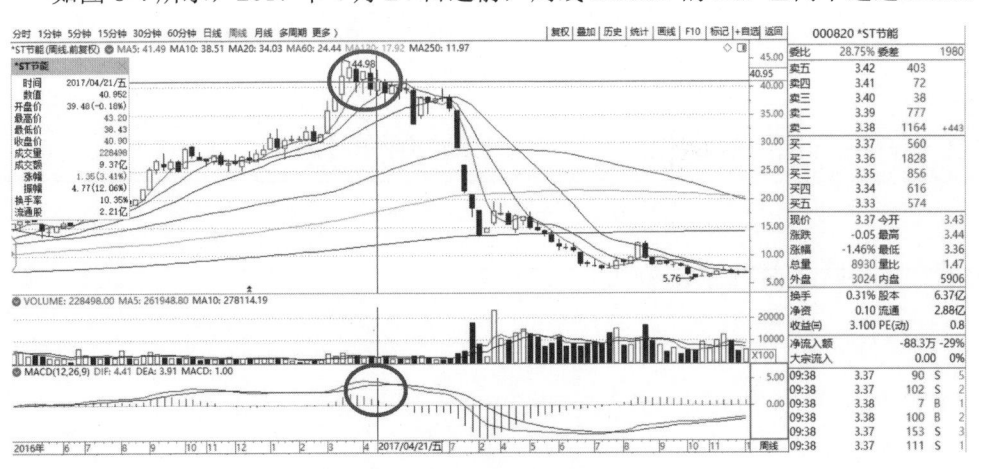

图 8-4　ST 节能 MACD 周线走势

8.3 提前推演案例 2——大跌判断

如图 8-5 所示，2015 年 6 月 12 日笔者博文推演泰达股份股票为阶段顶部，建议 6 月 15 日之前卖完。2015 年 6 月 15 日，其股价见 14.70 元，截至 2018 年 10 月 19 日盘中见 2.28 元，下跌约 84%。

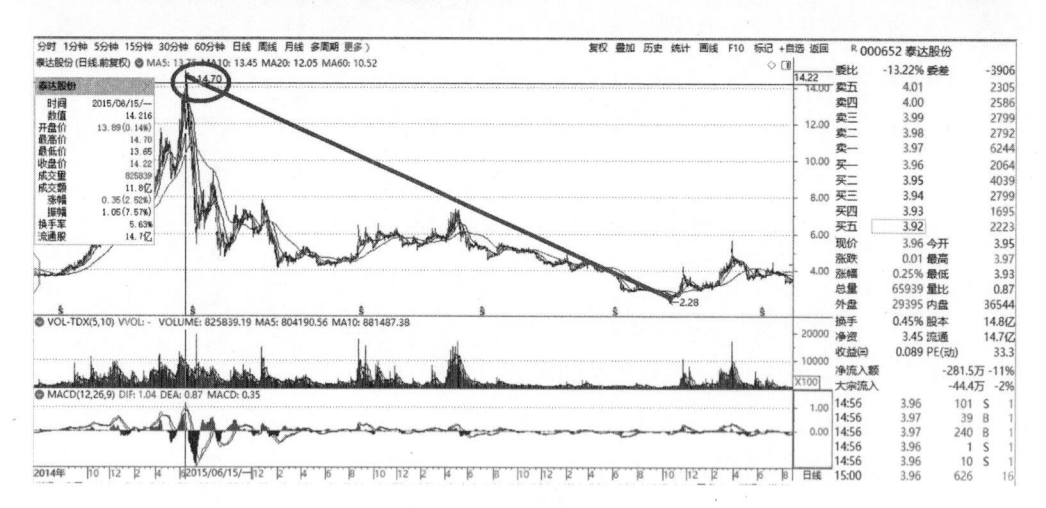

图 8-5　泰达股份下跌走势

8.4 提前推演案例 2——大跌判断方法

8.4.1 大跌之前的上涨幅度

如图 8-6 所示，泰达股份股价从 2013 年 6 月 25 日的相对低点 2.89 元上涨到 2015 年 6 月 15 日的 14.70 元，上涨幅度约达 409%。提示该股具有下跌内在动力。

第 8 章 大跌前不能买

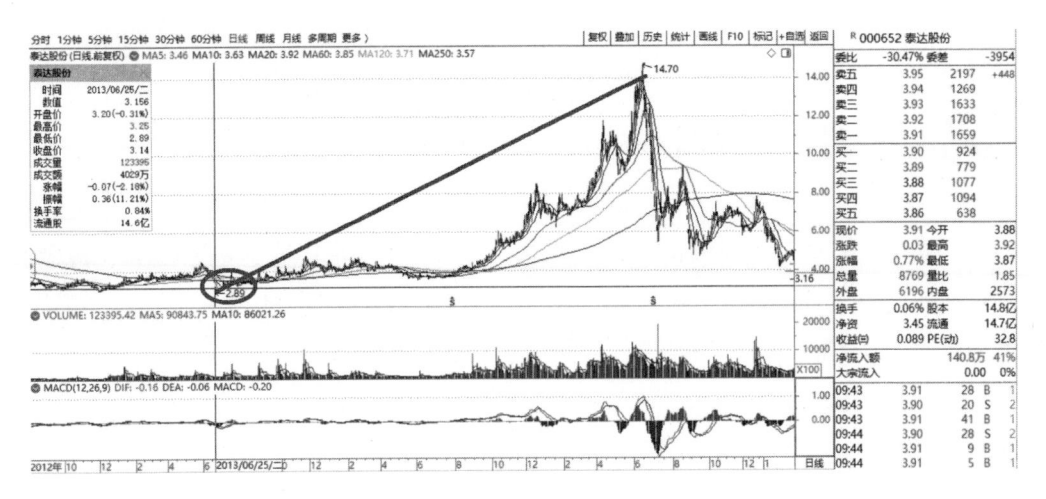

图 8-6 泰达股份上涨走势 1

8.4.2 周线上升 5 浪

如图 8-7 所示，泰达股份从 2013 年 6 月 25 日开始上涨的周线，到 2015 年 6 月 12 日已走出了 5 浪结构，而 MACD 的 DIF 也走出了 5 浪，浪形结构提示该股具有下跌动能。

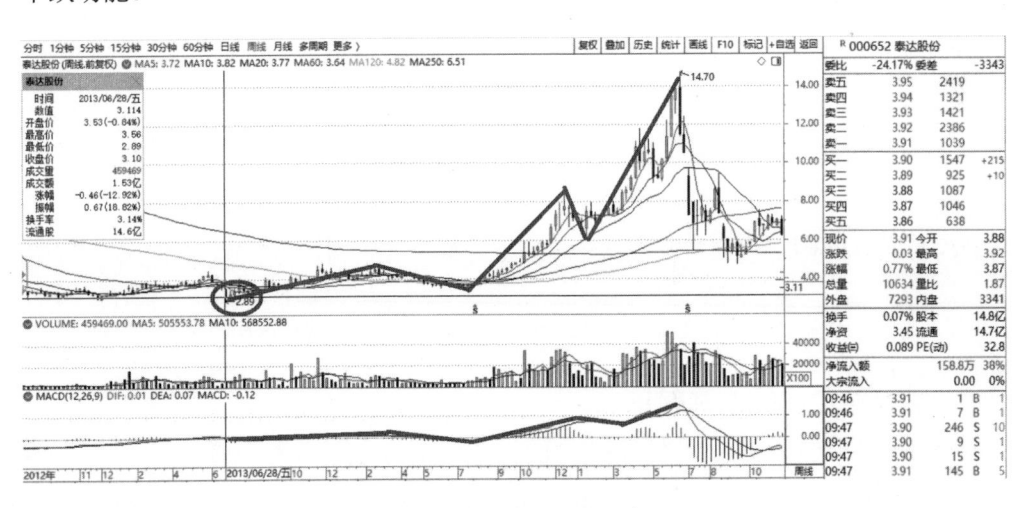

图 8-7 泰达股份周线上涨

8.5 提前推演案例 2——第 2 次大跌判断

如图 8-8 所示，2020 年 3 月 2 日笔者博文推演泰达股份股票为阶段顶部，指出强力调整随时开始，建议 3 月 12 日前卖完。2020 年 3 月 10 日，其股价见 14.63 元，截至 2021 年 11 月 3 日见 3.91 元，下跌幅度约 73%。

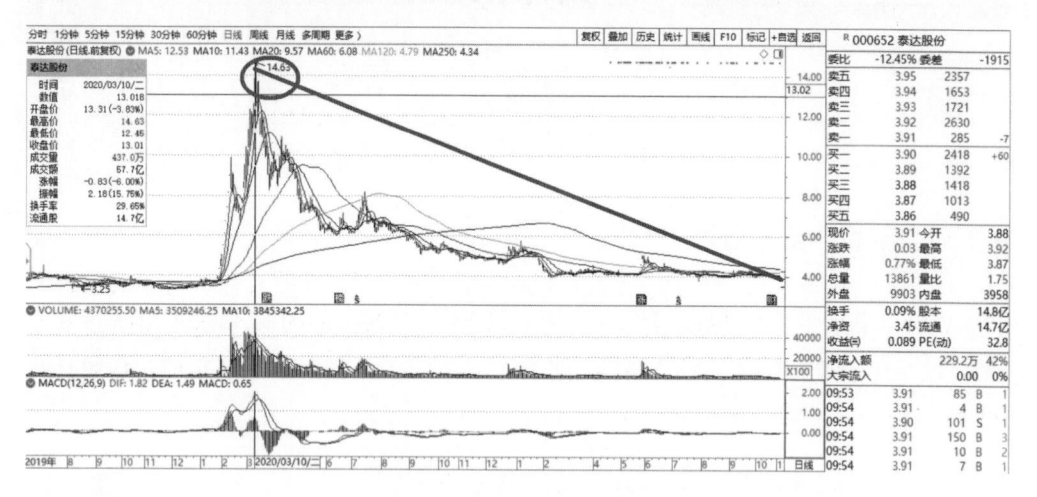

图 8-8 泰达股份下跌走势 1

8.6 提前推演案例 2——第 2 次大跌判断方法

8.6.1 大跌之前的上涨幅度

如图 8-9 所示，泰达股份股价从 2020 年 1 月 17 日的 3.59 元上涨到 2020 年 3 月 2 日的 11.28 元，上涨幅度达 214%，提示该股已具有下跌潜力。到 2020 年 3 月 10 日时，时价 14.63 元，上涨幅度约高达 308%。

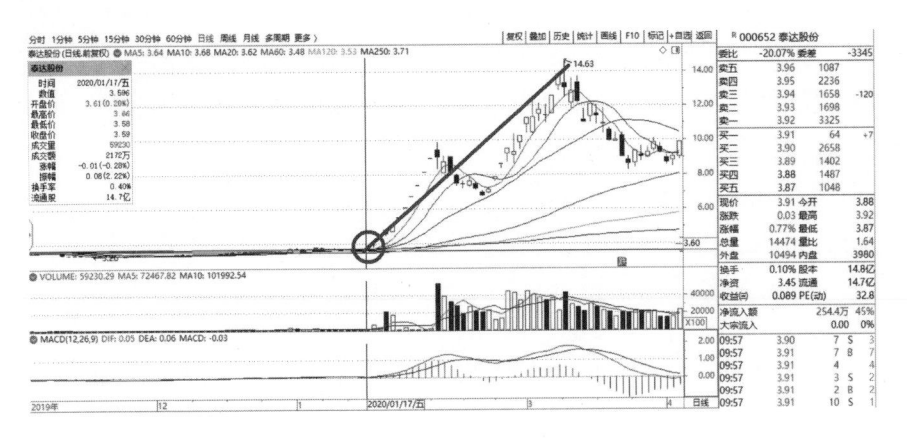

图 8-9　泰达股份上涨走势 2

8.6.2　顶部相似

如图 8-10 所示，2015 年 6 月 15 日泰达股份的顶部股价 14.70 元与 2020 年 3 月 10 日的顶部股价 14.63 元相似。

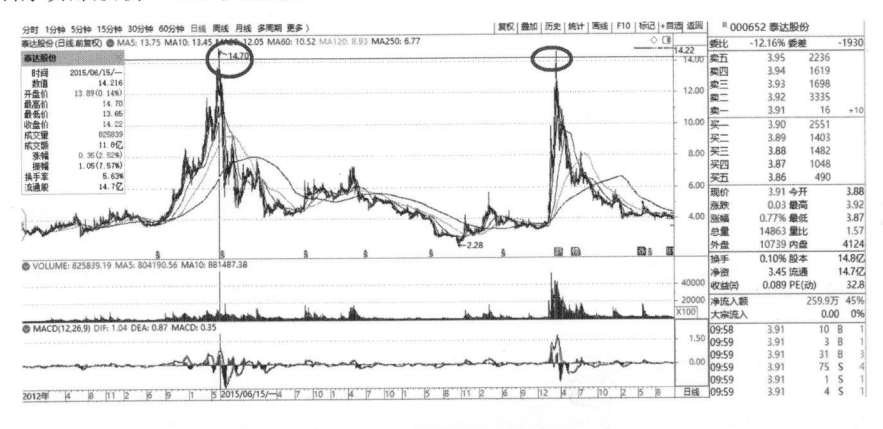

图 8-10　泰达股份顶部相似

2015 年 6 月 15 日开始的大跌是已经发生的事件，根据顶部相似原理，股民可以在 2020 年 3 月 2 日时退出，在 3 月 12 日前卖完；截至 2020 年 3 月 2 日，大跌随时开始，也是大概率的事。

8.6.3　大跌之前的成交量

如图 8-11 所示，2020 年 3 月 2 日泰达股份涨停，成交额达到 50 亿元，换手率

109

达到 30%，说明主力的涨停是虚拉升出货。读者可以思考，这么高的涨幅，这么大的成交额，是谁在卖出呢？一定是有很多筹码的股民，而这不是小散（小投资者、散户），那自然就是主力了。2020 年 3 月 2 日到 3 月 12 日，主力正是通过高换手率及盘中的诱多冲高，达到了出货的目的。

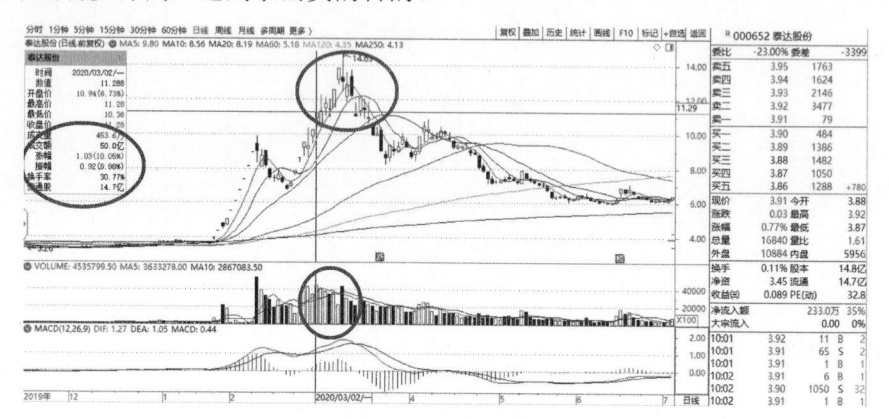

图 8-11　泰达股份成交量

8.7　提前推演案例 3——大跌判断

如图 8-12 所示，2015 年 5 月 27 日笔者博文推演当时的股票为成飞集成阶段顶部，指出应于 5 月 28 日卖出。2015 年 5 月 28 日，股价见 73.93 元，截至 2021 年 11 月 3 日盘中见 27.54 元，累计下跌幅度约 63%。

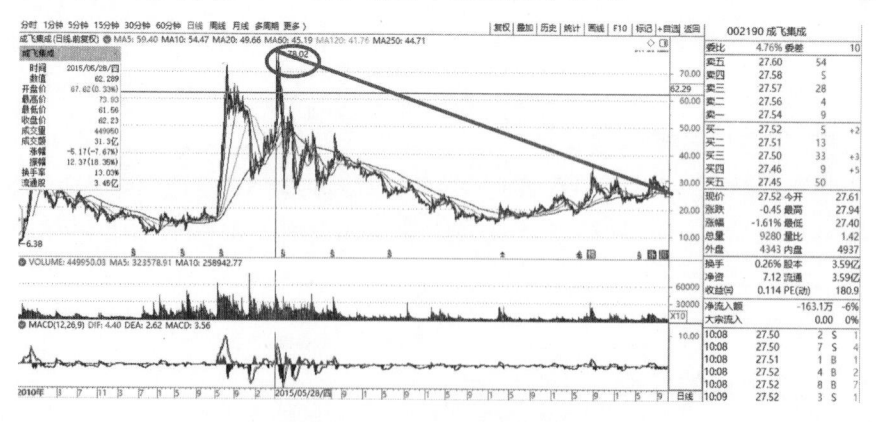

图 8-12　成飞集成下跌走势

8.8 提前推演案例 3——大跌判断方法

8.8.1 大跌之前的成交量

如图 8-13 所示，2015 年 5 月 27 日成飞集成涨停，成交额 24.4 亿元，换手率高达 10.84%，这是在相当大的涨幅之后出现的放大成交额，唯一原因是主力通过涨停吸引眼球，通过放大成交额，制造出买盘热烈的假象，从而卖出筹码，实现盈利。

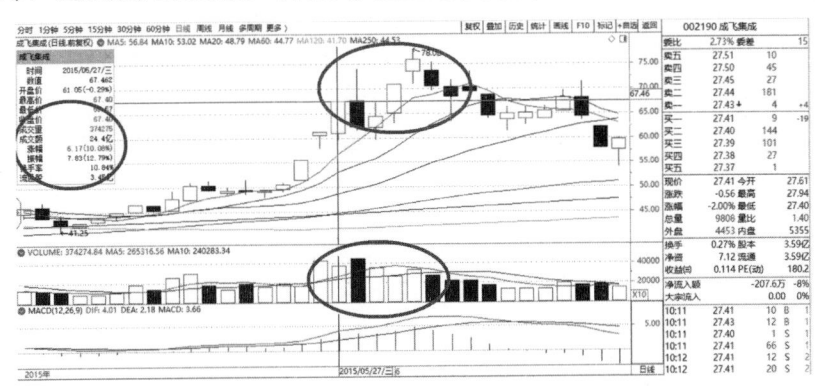

图 8-13 成飞集成成交量

8.8.2 顶部相似

如图 8-14 所示，2015 年 5 月 27 日成飞集成涨停，股价 67.40 元，与 2014 年 7 月 9 日的顶部股价 71.74 元相似。但是由于是涨停，因此，5 月 28 日到达次高点后开始的下跌是大概率事件。

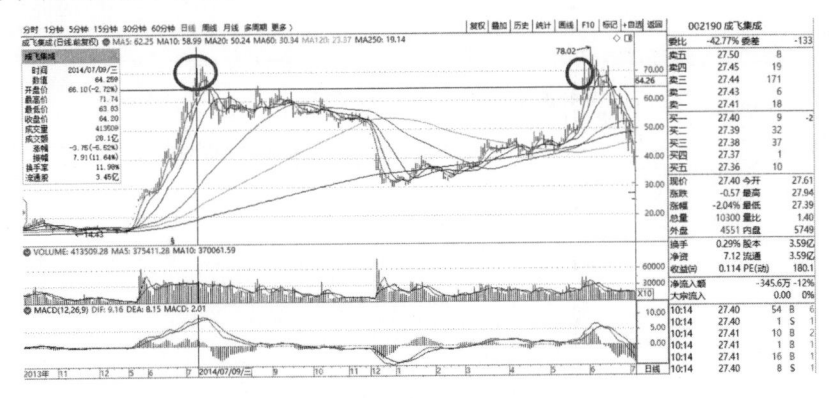

图 8-14 成飞集成顶部相似

8.9 本章总结

本章通过对 ST 节能、泰达股份和成飞集成 3 只股票的大跌进行分析，为各位读者演示了相关的技术方法，读者可继续通过本书相关章节讲的其他技术方法做进一步分析。

在阶段顶部没有到达之前，股票一定会上涨，账户中有股票的股民，不论主力盘中如何震荡，应坚决不能卖出，以获得更大利润。对于顶部大跌的股票，股民则一定不可买入，否则就是深套。

第 9 章

大涨前必须买

股票的盈利和亏损是一个问题的两个方面，大涨之前买入股票就是盈利，大涨之前卖出股票就是亏损。

本章通过泰达股份（000652）和成飞集成（002190）阶段底部的推演，讲解如何提前推演股票的大涨，从而买入即将大涨的股票，享受财富增长。如果股民的账户有即将大涨的股票，则绝不可卖出，避免错失利润。

9.1 提前推演案例 1——大涨判断

如图 9-1 所示，2014 年 7 月 30 日笔者博文指出应以 4.02 元买入泰达股份股票。2015 年 6 月 15 日盘中见 14.70 元，盈利约达 266%。

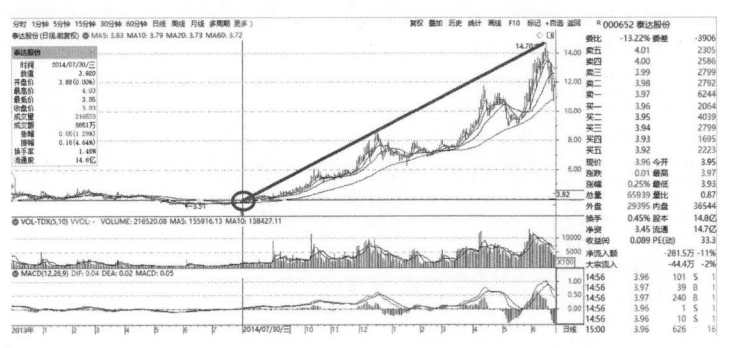

图 9-1　泰达股份上涨趋势 1

9.2 提前推演案例 1——大涨判断方法

9.2.1 上升 5 浪

如图 9-2 所示，泰达股份从 2014 年 7 月 30 日开始，完成了标准的 5 浪上升周期。

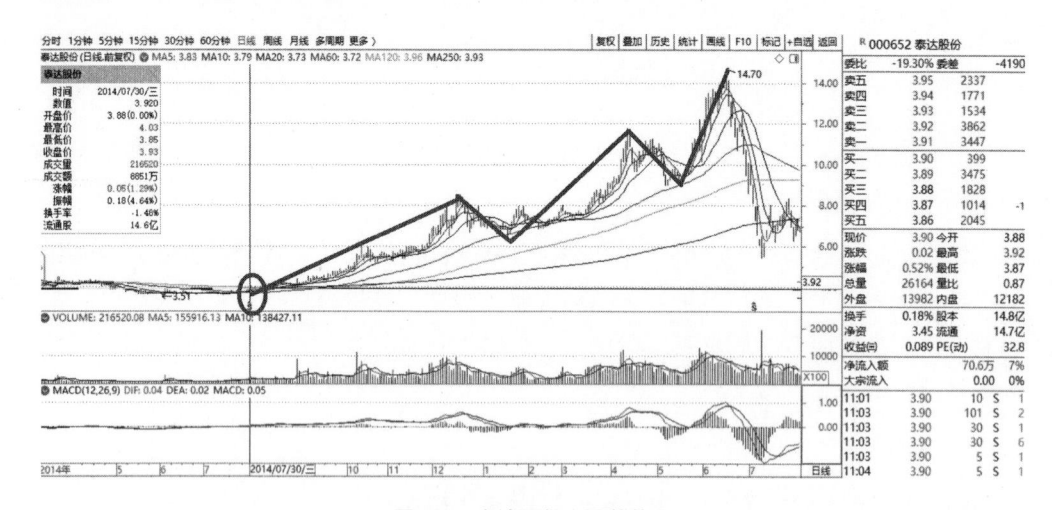

图 9-2 泰达股份上涨趋势 2

在实际操作中，就是在 2014 年 7 月 30 日买入泰达股价股票后任由主力涨跌，坚决持股不卖，直到 5 浪结束、顶部信号出现时再卖出。

9.2.2 大涨之前的下跌幅度

如图 9-3 所示，泰达股份股价从 2007 年 7 月 26 日的阶段顶部 24.25 元，经过 7 年的下跌（中间有停盘），到 2014 年 7 月 30 日发出大涨的判断时，股价下跌到 4.02 元，下跌幅度约 83%。提示该股已具有上涨的内在动力需求。

第 9 章 大涨前必须买

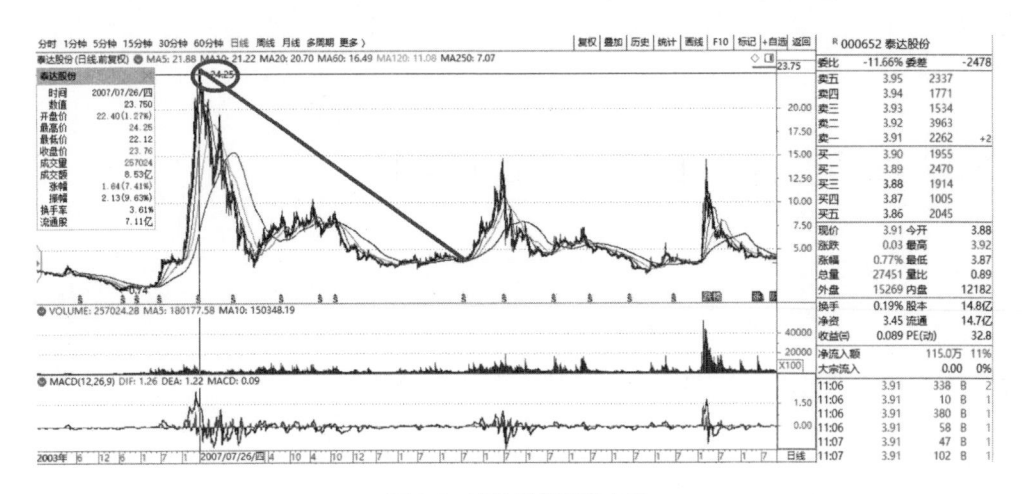

图 9-3 泰达股份下跌走势

9.2.3 上涨过程回调是否卖出

如图 9-4 所示，泰达股份股价从 2014 年 7 月 30 日的 4.02 元上涨到 2014 年 12 月 17 日的 8.52 元，上涨幅度约 112%，之后泰达股份股价回调到最低的 6.20 元，回调幅度约 27%。读者需要思考的是，2014 年 12 月 16 日是否卖出该股？今天复盘看 2014 年 12 月 16 日之后回调了，所以会说要卖出该股。在实际操作中，除非卖出后有时间及时买回，否则不建议卖出，不论是否回调，都不能卖出。因为它的上升浪并没有走完，到 12 月 16 日只是上涨的 1 浪。当然这与每位读者的操作周期有关，有时候阶段顶部的回调是需要忍耐的。

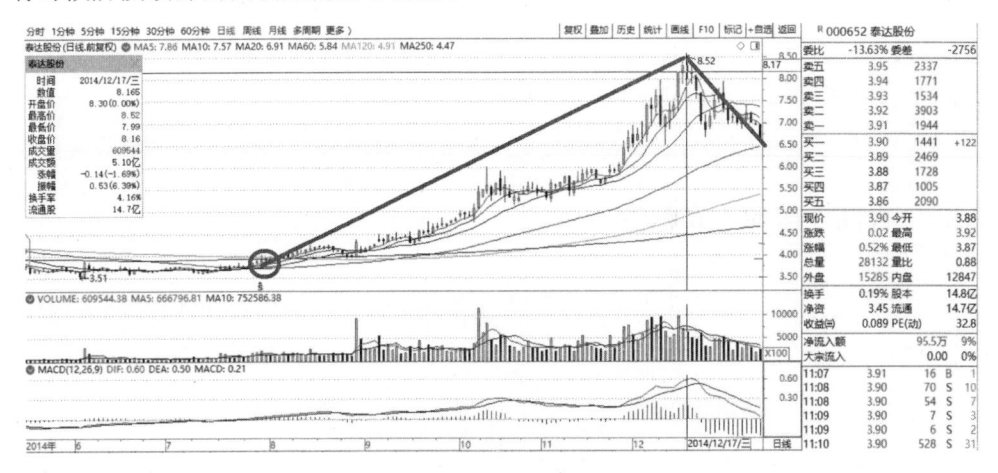

图 9-4 泰达股份回调走势

115

9.3 提前推演案例 2——上涨判断

如图 9-5 所示，2014 年 12 月 23 日笔者博文推演成飞集成股票为阶段底部，大涨将要开始，时价 31.40 元。截至 2015 年 5 月 28 日盘中见 73.93 元，上涨约 135%。

图 9-5　成飞集成上涨走势

9.4 提前推演案例 2——上涨判断方法

9.4.1 日线 4 浪底

如图 9-6 所示，2014 年 12 月 23 日成飞集成形成了明显的日线 4 浪下跌，第 5 浪上升随时开始。

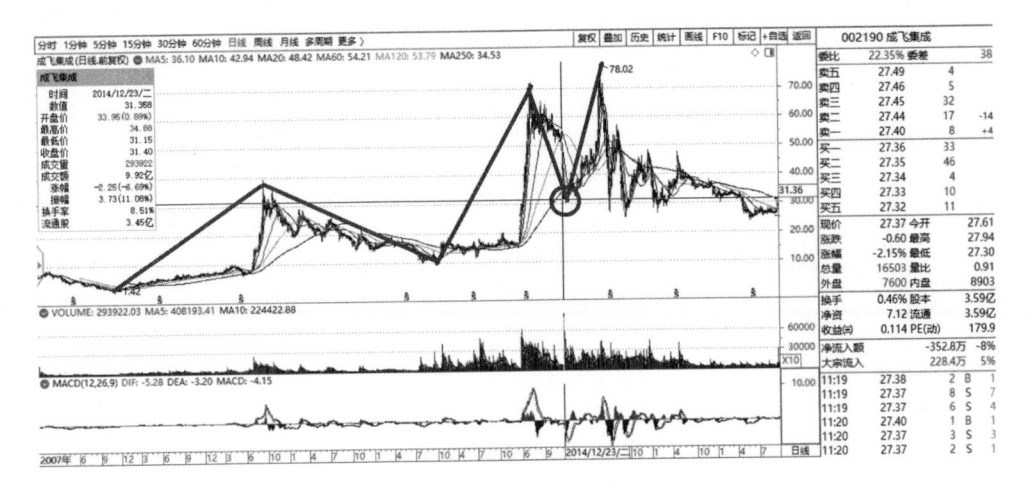

图 9-6 成飞集成日线浪

9.4.2 周线 4 浪底

如图 9-7 所示，2014 年 12 月 23 日成飞集成形成了明显的周线 4 浪下跌，第 5 浪上升随时开始。

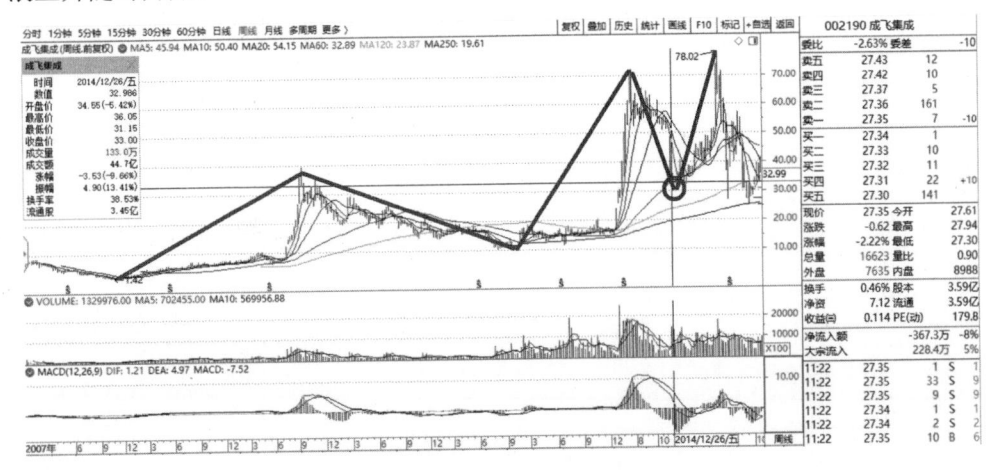

图 9-7 成飞集成周线浪

9.4.3 月线 4 浪底

如图 9-8 所示，2014 年 12 月 23 日成飞集成形成了明显的月线 4 浪下跌，第 5 浪上升随时开始。

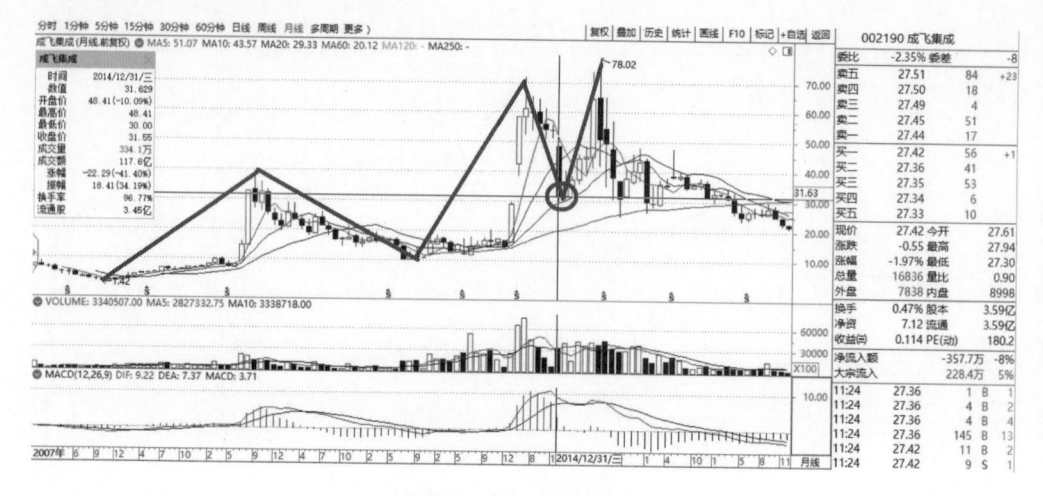

图 9-8　成飞集成月线浪

9.4.4　季线 4 浪底

如图 9-9 所示，2014 年 12 月 23 日成飞集成形成了明显的季线 4 浪下跌，第 5 浪上升随时开始。

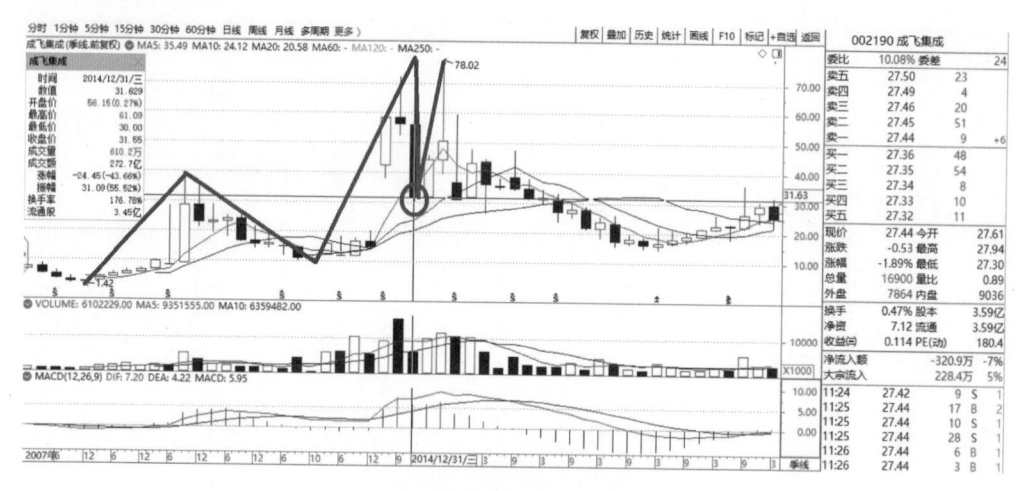

图 9-9　成飞集成季线浪

9.4.5　日线筹码

如图 9-10 所示，2014 年 12 月 23 日成飞集成日线筹码的 2 个筹码峰均在股价上方,日线 4 浪底筹码聚集。

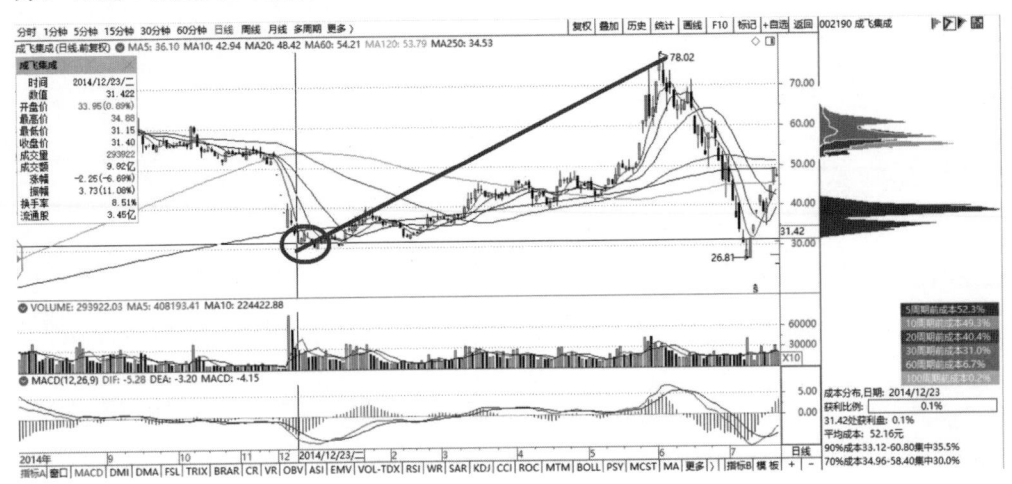

图 9-10 成飞集成日线筹码

9.5 本章总结

本章通过对泰达股份和成飞集成 2 只股票的大涨进行分析,为各位读者演示了相关技术方法,读者可以继续通过本书相关章节讲的其他技术方法做进一步分析。

关于成飞集成的大涨,笔者讲解分析了日线筹码,读者可以分析其他周期的筹码分布推演出上涨的结论。需要注意的是由于做的是 4 浪买入,因此在 5 浪时必须及时卖出。

第 10 章 抄底和逃顶

本章通过中国国航（601111）的实盘案例讲解抄底和逃顶的重要性。抄底和逃顶是实现利润的基本方法，不会抄底，意味着账户没有股票；不会逃顶，意味着账户没有利润。

10.1 抄底判断

如图 10-1 所示，2017 年 2 月 17 日笔者博文推演：以 2017 年 2 月 17 日收盘价计算，中国国航股票将在 2017 年 12 月 31 日前上涨 30%到 50%或更多。

图 10-1 中国国航上涨到下跌走势

实际走势为：2017 年 2 月 17 日收盘价 7.23 元，2017 年 12 月 26 日见 12.09 元，上涨幅度约 67%。

如果没有在顶部及时卖出，那么截至 2021 年 11 月 2 日股价跌到 8.21 元，利润如水东流去了。

10.2 抄底判断方法

10.2.1 底部抬高

如图 10-2 所示，笔者在 2017 年 2 月 17 日推演可以买入中国国航股票时，其底部已不断抬高，上涨趋势形成。

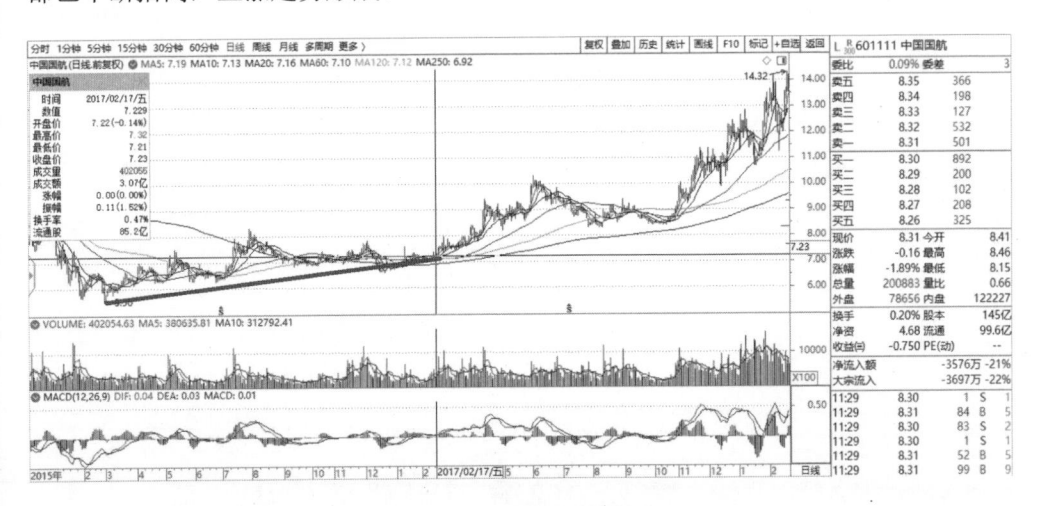

图 10-2 中国国航底部抬高

10.2.2 底部 MACD 正拐头向上

如图 10-3 所示，2017 年 2 月 17 日，中国国航日线底部 MACD 的 DIF 正拐头向上。

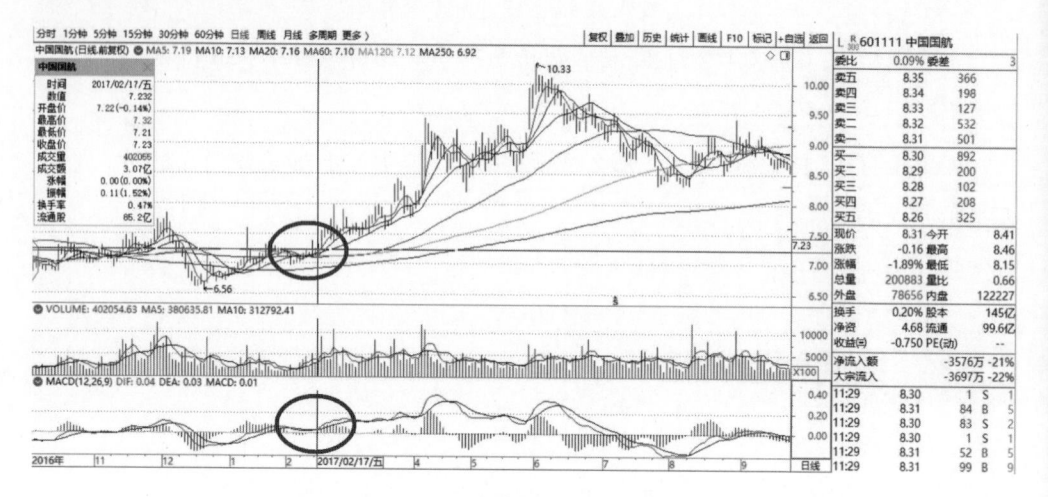

图 10-3　中国国航 MACD 日线向上

10.2.3　周线底部成交量放大

如图 10-4 所示，中国国航周线底部成交量在 2017 年 2 月 17 日已放大，底部 MACD 正准备向上。

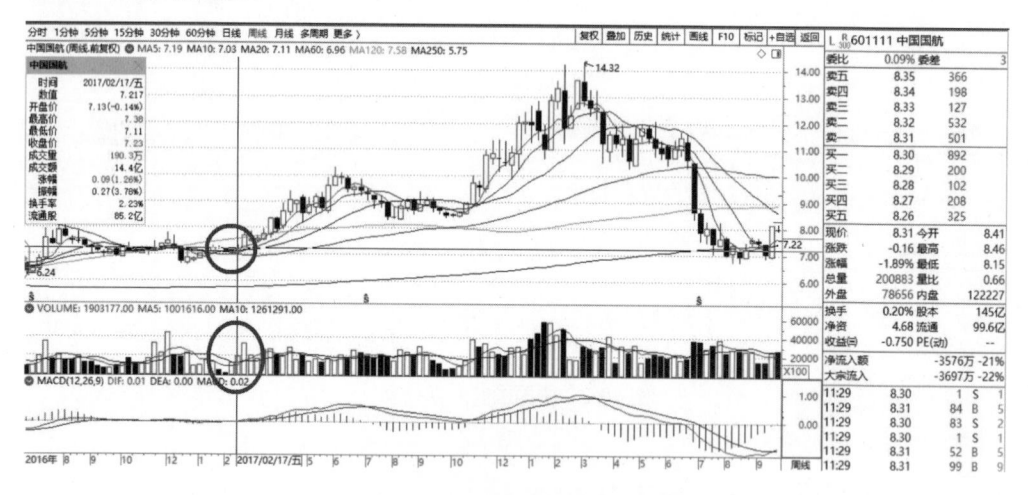

图 10-4　中国国航周线底部成交量

10.2.4　公司财务分析

如图 10-5 到图 10-9 所示，中国国航 2016 年财务报表各项指标基本良好，虽然不能由此推演出其 2017 年的财务数据，但是可以确定此股在 2017 年不会成为 ST 股票（特别处理股票）。这是抄底股票时必须要考虑的因素，应尽可能地回避 ST 股票或将要 ST 的股票，因为这类股票有可能摘帽，也有可能退市。

【主要财务指标】

财务指标	2021-09-30	2020-12-31	2019-12-31	2018-12-31	2017-12-31	2016-12-31
审计意见	未经审计	标准无保留意见	标准无保留意见	标准无保留意见	标准无保留意见	标准无保留意见
净利润(元)	-103.2167亿	-144.0943亿	64.0858亿	73.3633亿	72.4031亿	68.1402亿
净利润增长率(%)	-2.1(L)	-324.846	-12.646	1.3261	6.2562	0.5906
扣非净利润(元)	-105.7386亿	-147.4088亿	61.7387亿	66.2001亿	72.2679亿	61.7164亿
营业总收入(元)	574.5743亿	695.0375亿	1361.8069亿	1367.744亿	1213.629亿	1126.7708亿
营业总收入增长率(%)	18.5813	-48.9621	-0.4341	12.6987	7.7086	3.4407
加权净资产收益率	-14.18	-16.86	7.09	8.17	8.96	10.61
资产负债率(%)	74.5392	70.4953	65.5479	58.7401	59.7265	65.8795
净利润现金含量(%)	-98.3494	-9.7726	598.2637	428.2646	364.4774	450.8995
基本每股收益(元)	-0.75	-1.05	0.47	0.53	0.54	0.55
每股收益-扣除(元)	-	-1.07	0.45	0.48	0.54	0.5
稀释每股收益(元)	-	-1.05	0.47	0.53	0.54	-
每股资本公积金(元)	1.8087	1.8087	1.8087	1.8087	1.8087	1.2617
每股未分配利润(元)	1.078	1.7889	2.8632	2.9523	2.6005	2.5563
每股净资产	4.681	5.3414	6.4377	6.4177	5.9292	5.2639
每股经营现金流量(元)	0.6989	0.097	2.6396	2.1631	1.8168	2.3481
经营活动现金净流量增长率(%)	668.8(P)	-96.3272	22.0291	19.0592	-14.1095	-3.2386

图 10-5　主要财务指标

【偿债能力指标】

财务指标	2021-09-30	2020-12-31	2019-12-31	2018-12-31	2017-12-31	2016-12-31
流动比率	0.2743	0.2454	0.3196	0.3284	0.2893	0.3026
速动比率	0.2449	0.2224	0.2926	0.3024	0.2679	0.2763
资产负债率(%)	74.5392	70.4953	65.5479	58.7401	59.7265	65.8795
产权比率(%)	292.7612	238.9294	190.2577	142.3662	148.3022	193.079

图 10-6　偿债能力指标

【运营能力指标】

财务指标	2021-09-30	2020-12-31	2019-12-31	2018-12-31	2017-12-31	2016-12-31
存货周转率	29.6462	38.2684	56.9623	67.4614	62.3516	51.1247
流动资产周转率	2.7231	3.1201	5.6107	6.1492	6.0558	5.8006
固定资产周转率	0.6597	0.7871	1.0925	0.8584	0.7902	0.7558
总资产周转率	0.2011	0.2404	0.5063	0.5706	0.5278	0.5147
每股现金流量增长率(%)	668.9(P)	-96.3271	22.0288	19.0595	-22.6251	-3.239

图 10-7　运营能力指标

【盈利能力指标】

财务指标(%)	2021-09-30	2020-12-31	2019-12-31	2018-12-31	2017-12-31	2016-12-31
营业利润率	−25.547	−26.6171	6.7398	7.1845	9.5798	6.987
营业净利率	−20.5307	−22.7646	5.3253	5.9957	7.117	6.8901
营业毛利率	−9.907	−8.8158	16.8415	15.8236	17.3768	22.6083
成本费用利润率	−19.9282	−21.5709	6.9623	7.5613	10.339	9.7684
总资产报酬率	−5.0951	−6.5035	3.0941	4.0859	4.8706	4.5596
加权净资产收益率	−14.18	−16.86	7.09	8.17	8.96	10.61

图 10-8　盈利能力指标

【发展能力指标】

财务指标(%)	2021-09-30	2020-12-31	2019-12-31	2018-12-31	2017-12-31	2016-12-31
营业收入增长率	18.5813	−48.9621	−0.4341	12.6987	7.7086	3.4407
总资产增长率	−1.169	−3.4606	20.7362	3.3931	5.171	4.8781
营业利润增长率	−8.0(L)	−301.5606	−6.5961	−15.4805	47.6779	−5.6003
净利润增长率	−2.075	−324.846	−12.646	1.3261	6.2562	0.5906
净资产增长率	−16.4219	−17.0293	0.3107	8.2389	25.0365	15.1388

图 10-9　发展能力指标

10.3　顶部分析

如图 10-10 所示，中国国航 2018 年 2 月 26 日的股价与 2015 年 6 月 26 日的股价基本相同，双顶相似，提示大跌即将开始。

图 10-10　中国国航顶部相似

10.4 本章总结

　　本章以中国国航底部特征为例,讲解了如何抄底。读者可结合其他各章讲解的技术指标、方法等进行进一步分析。

　　本章中国国航顶部相似可推演出的大跌走势,告诉读者即使抄底买入了一只股票,如果不会分析阶段顶部,其利润最终也会消失。

高级篇

第 11 章

峰顶与谷底

研究峰顶与谷底是推演股票阶段顶部和阶段底部必须掌握的内容，本章通过神开股份（002278）实盘案例，讲解峰顶与谷底。

11.1 大跌判断

如图 11-1 所示，2016 年 1 月 3 日笔者博文推演：以 2015 年 12 月 31 日收盘价 23.26 元计算，神开股份 2016 年会大跌约 50%。2016 年 3 月 11 日见 12.35 元，下跌约 47%。截至 2021 年 11 月 3 日收盘见 5.53 元，下跌约 76%。

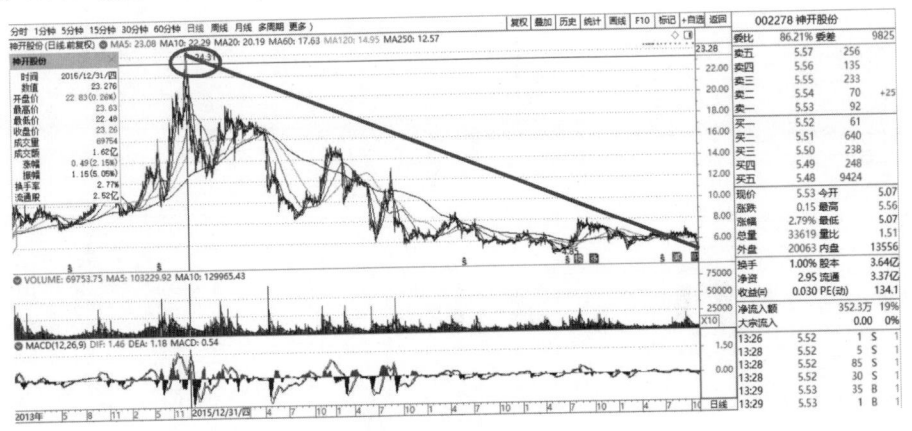

图 11-1 神开股份下跌走势

11.2 峰顶

11.2.1 股价峰顶的形成

如图 11-2 所示，神开股份股价峰顶形成过程就像爬山，从山下一步一步向上走，最终形成峰顶。

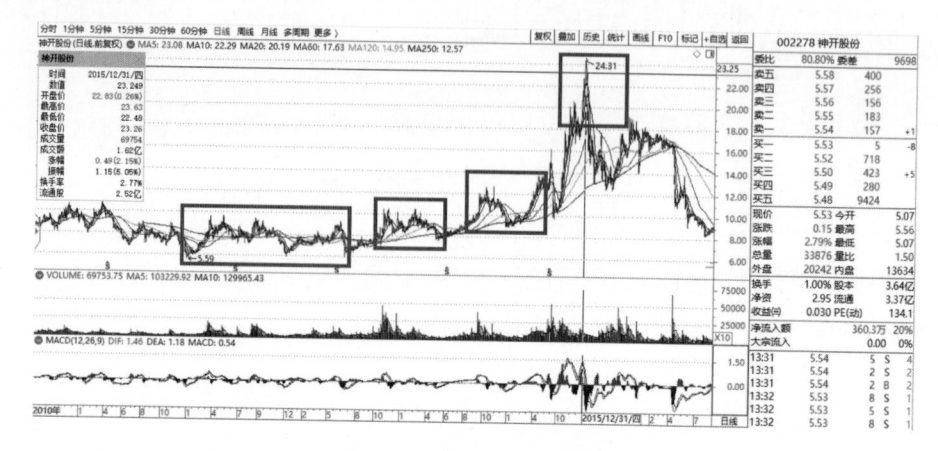

图 11-2 神开股份上涨走势

11.2.2 股价峰的分时线

如图 11-3 所示，2015 年 12 月 31 日神开股份形成股价峰之前，有 3 天的十字线，平均换手率近 3%，MACD 的 DIF 正走向死叉 DEA。

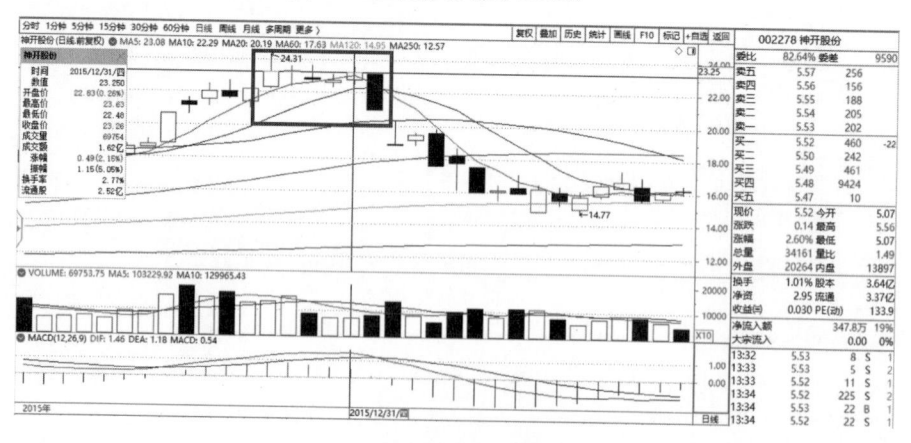

图 11-3 神开股份股价峰的分时线

第 11 章 峰顶与谷底

如图 11-4 到图 11-7 所示的神开股份 2015 年 12 月 31 日的前 3 天分时线走势，主力基本都先打压，之后冲高回落。打压之后冲高带给股民的错觉是有强力买多的力量支撑股价不会下跌，尤其是 12 月 31 日最后几分钟还冲高收阳，更是诱惑股民进场。

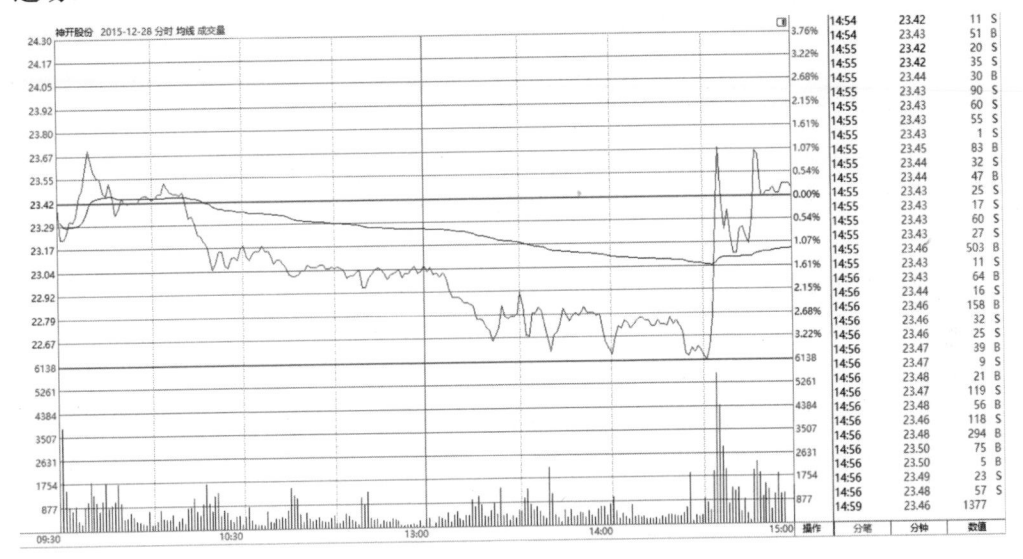

图 11-4　神开股份分时线 1

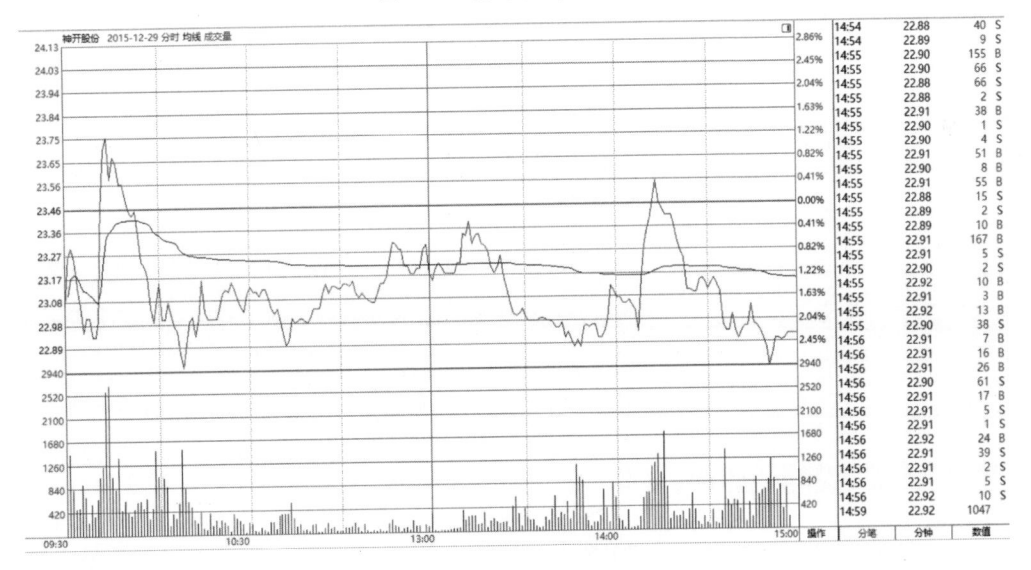

图 11-5　神开股份分时线 2

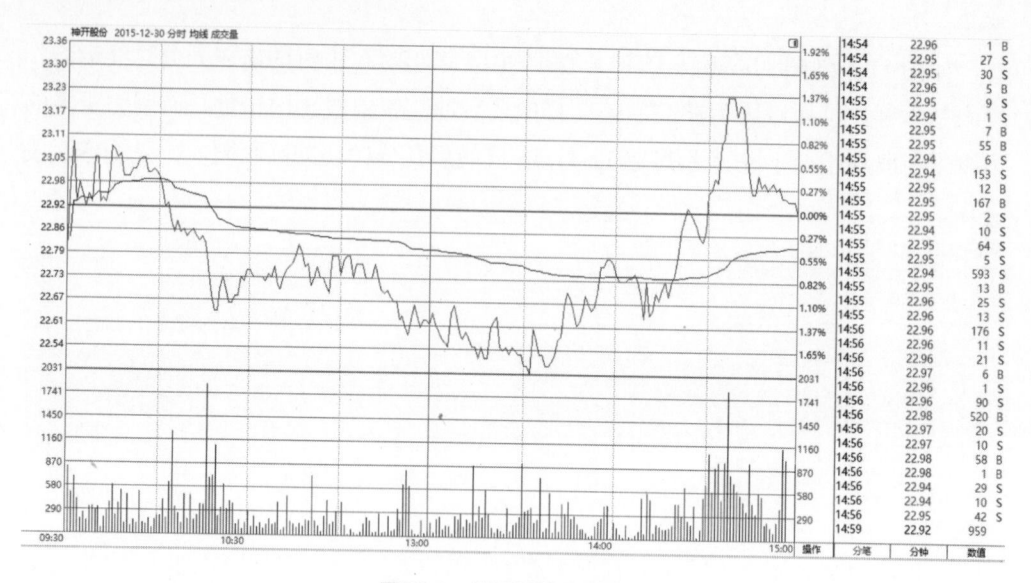

图 11-6　神开股份分时线 3

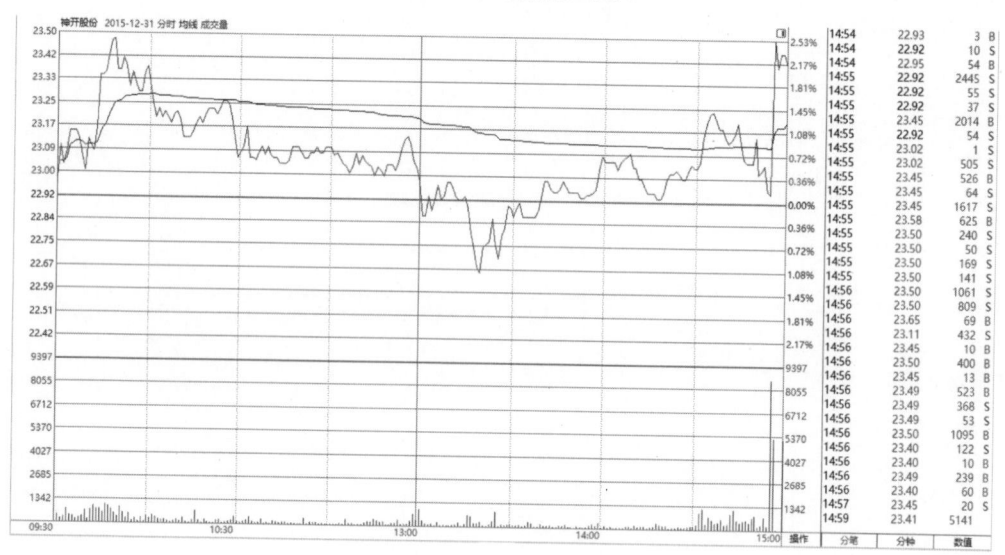

图 11-7　神开股份分时线 4

11.2.3　股价峰形成时的背离

如图 11-8 所示，神开股份 2015 年 11 月 10 日到 2015 年 12 月 31 日股价是上涨过程，但 MACD 却是下跌过程，形成峰值顶部背离，提示下跌一触即发。

图 11-8　神开股份股价与 MACD 背离

11.3　谷底

如图 11-9 到图 11-11 所示，2012 年 1 月 6 日神开股份股价下跌形成最低价 5.59 元之后，2012 年 12 月 4 日形成 5.90 元，2013 年 6 月 25 日再次形成 5.90 元。之后股价不再下跌，主力用 1 年半的时间形成股价谷底。

图 11-9　神开股份谷底 1

131

图 11-10　神开股份谷底 2

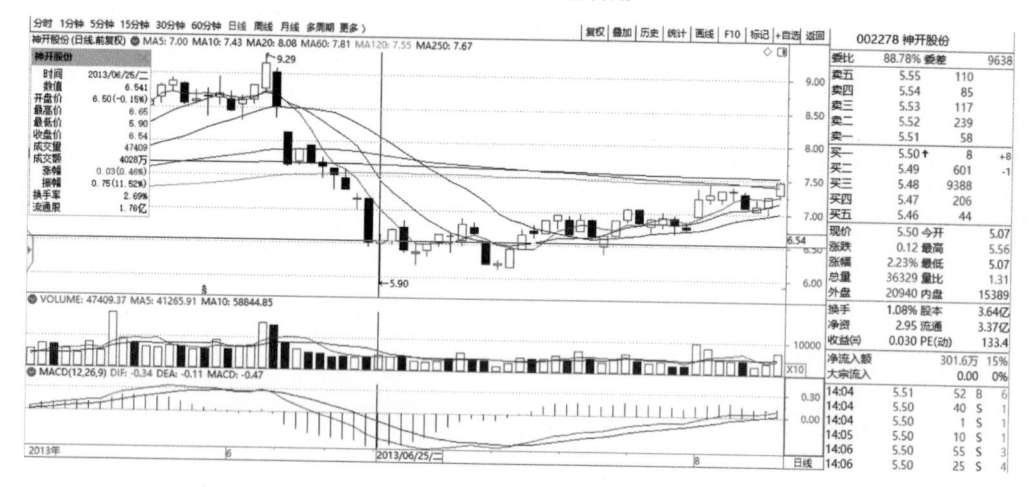

图 11-11　神开股份谷底 3

11.3.1　第 1 个谷底的分时线

如图 11-12 所示，神开股份 2012 年 1 月 6 日形成新谷底前，主力用了 5 天时间不断通过分时线的上下震荡诱惑股民割肉卖出股票，与前期上涨相比成交量明显缩小说明是小散卖出，而不是主力卖出。

如图 11-13 到 11-18 所示，神开股份从 2013 年 12 月 28 日到 2014 年 1 月 6 日，主力分时线的上下震荡都是围绕着股价 9.00 元大幅震荡，目的只有一个，即迫使小散卖出筹码，主力在低位买入。

第 11 章　峰顶与谷底

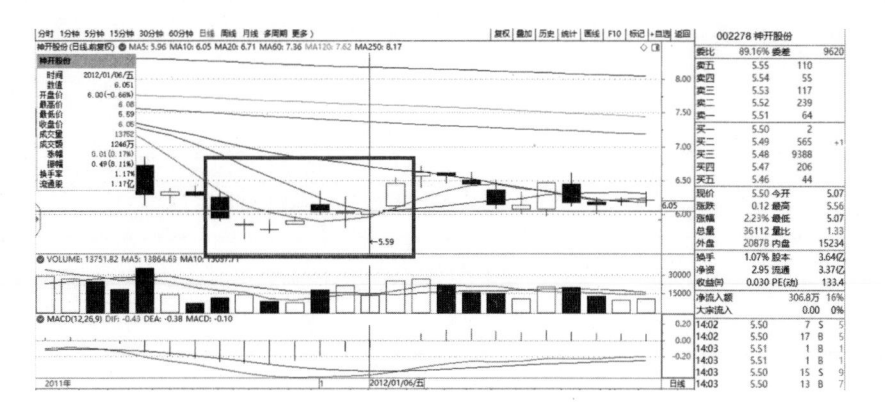

图 11-12　神开股份 K 线 1

图 11-13　神开股份分时线 5

图 11-14　神开股份分时线 6

133

图 11-15　神开股份分时线 7

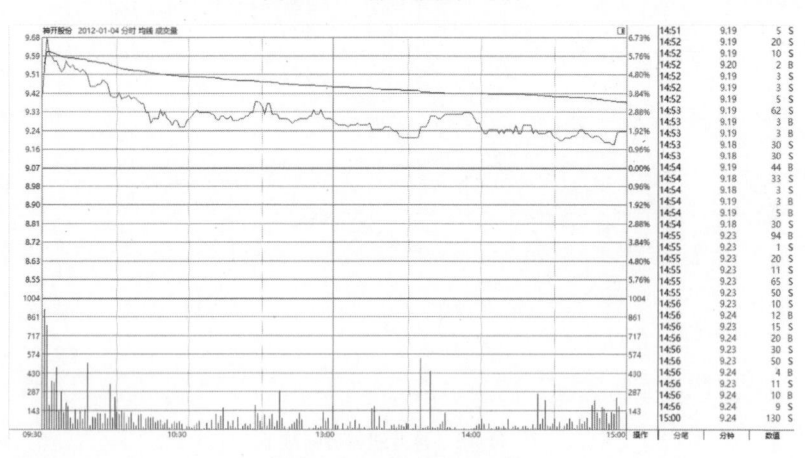

图 11-16　神开股份分时线 8

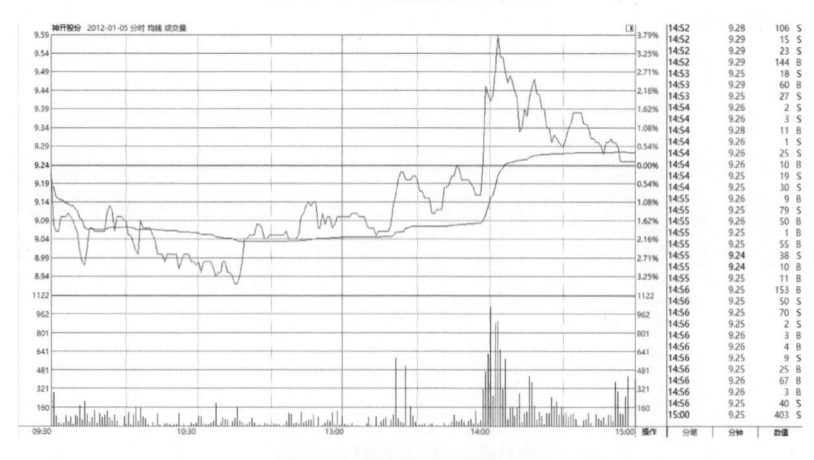

图 11-17　神开股份分时线 9

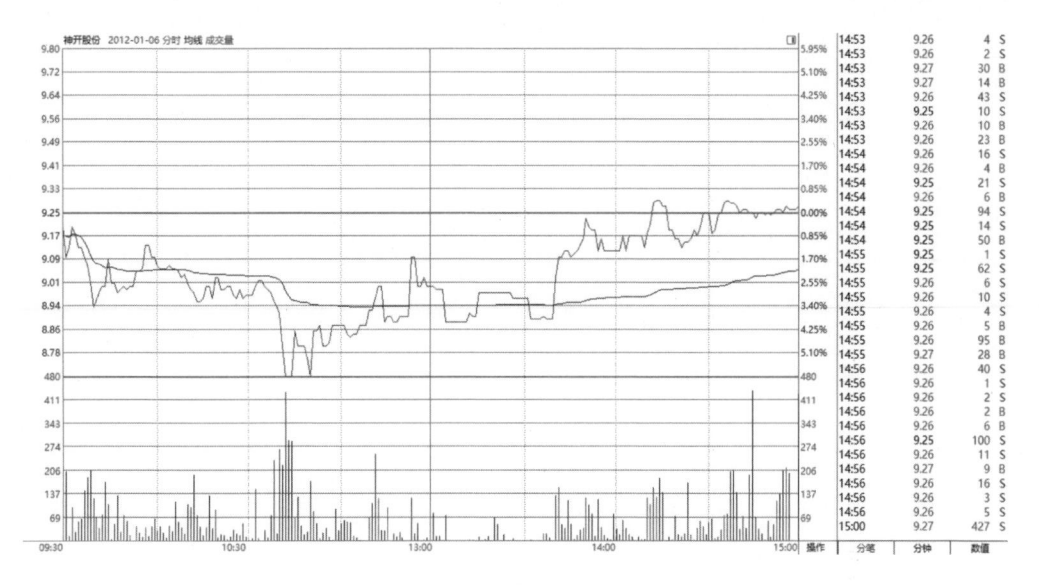

图 11-18　神开股份分时线 10

11.3.2　第 2 个谷底的分时线

如图 11-19 到图 11-21 所示，神开股份 2012 年 12 月 4 日形成第 2 个谷底，前一天成交量非常低，并且在最后 1 小时大跌时用少量筹码砸盘，主力砸盘后再低价用大成交量吸筹。

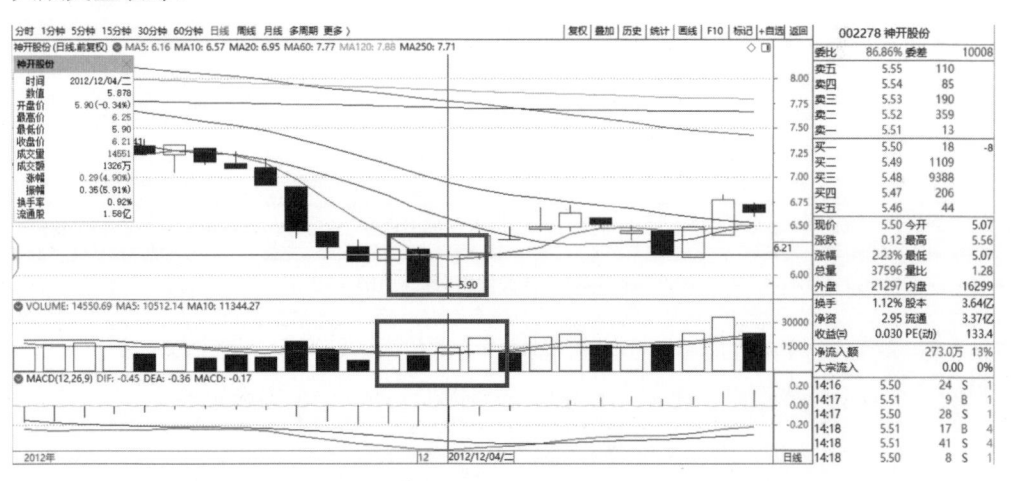

图 11-19　神开股份 K 线 2

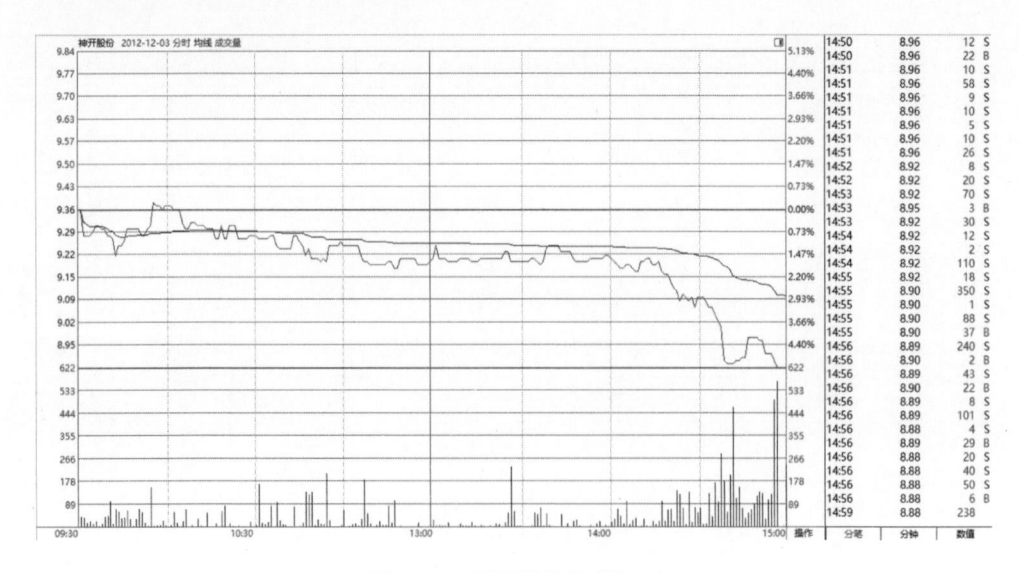

图 11-20　神开股份分时线 11

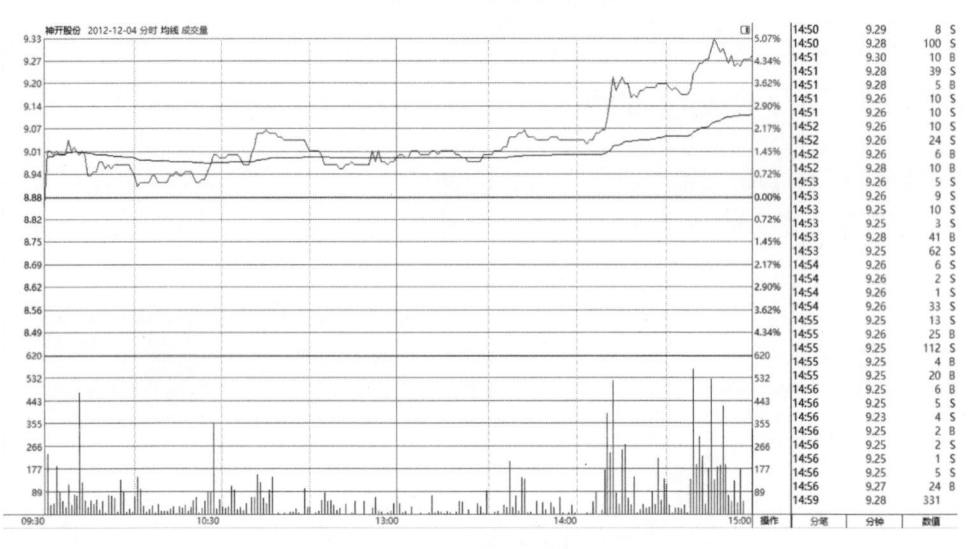

图 11-21　神开股份分时线 12

2012 年 12 月 4 日最后 1 小时拉升时成交量放大，但股价只涨到前一天开盘价，说明是小散不赚钱卖出，而主力则趁机继续吸筹，为下一步大涨做准备。

11.3.3　第 3 个谷底的分时线

如图 11-22 到图 11-24 所示，神开股份 2013 年 6 月 25 日形成股价底部，6 月 24

日主力收盘放量下跌大阴线，开盘即放量下砸，迫使小散割肉卖出筹码。6 月 24 日股价最高 7.17 元，6 月 25 日 11:00 到 11:30 又一次放量大跌，不看后面走势，截至 11:30，股价跌至 5.90 元，累计下跌幅度约 17.7%，恐慌心理强烈念头的股民要卖出。主力在下午拉升给了卖出机会，但是到收盘时会发现，前一天开盘买入的股票，如果没有割肉卖出还浮亏近 9%，因此，未来几天卖出是大概率事件。

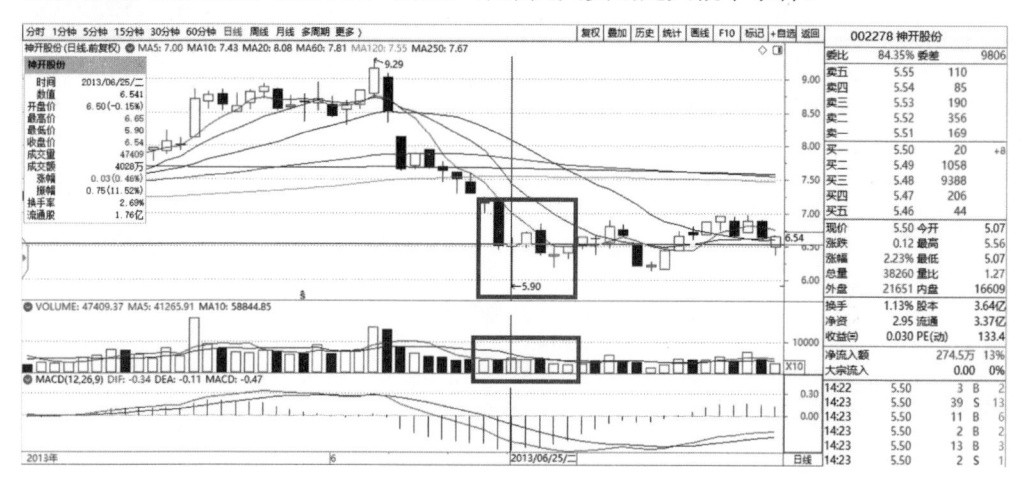

图 11-22　神开股份 k 线 3

图 11-23　神开股份分时线 13

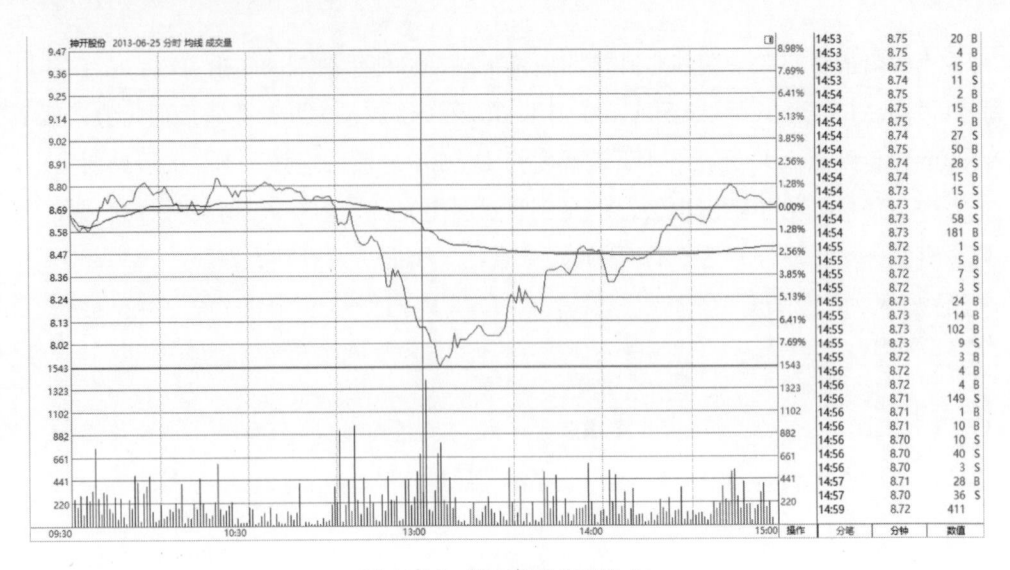

图 11-24　神开股份分时线 14

11.3.4　3 个谷底综合图

如图 11-25 所示，仔细分析神开股份 3 个谷底形成时的日线，可以发现每次都是在低成交量时形成谷底，说明主力不卖了。3 次谷底形成前的阶段上涨，顶部股价又都基本一致，主力正是通过箱体震荡不断降低持仓成本，同时使股民产生未来也是箱体震荡的错觉，从而在下次到达阶段顶部时卖出，之后主力开始大涨，形成股价峰顶。

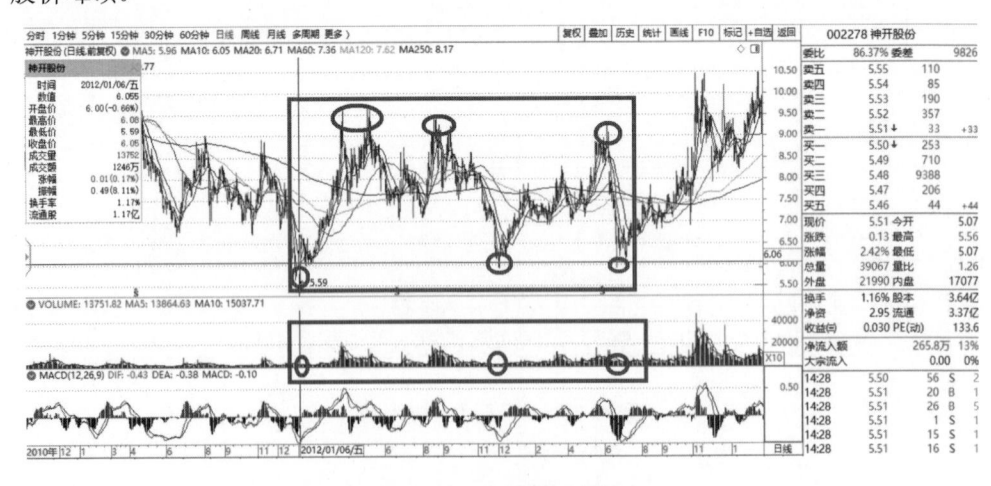

图 11-25　神开股份谷底 4

11.4 本章总结

本章通过对神开股份峰顶和谷底的讲解，向读者传授股价峰顶和谷底形成过程中的机理，以及分时线操盘手法，让读者体会如何判断股价峰顶和谷底。读者也应结合本书各章讲的相关技术方法分析股价峰顶和谷底形成前的征兆。

第 12 章　诱多与诱空

所有股票在大跌之前主力都是在诱多，所有股票在大涨之前主力都是在诱空。本章通过外高桥实盘案例详细讲解诱多与诱空。

12.1　大跌判断

如图 12-1 所示，2013 年 9 月 26 日笔者博文推演当时的外高桥股票为阶段顶部，应立即卖完。2013 年 9 月 26 日 9:45 股价为 58.30 元，截至 2021 年 12 月 3 日盘中见 12.73 元，累计下跌幅度约 78%。

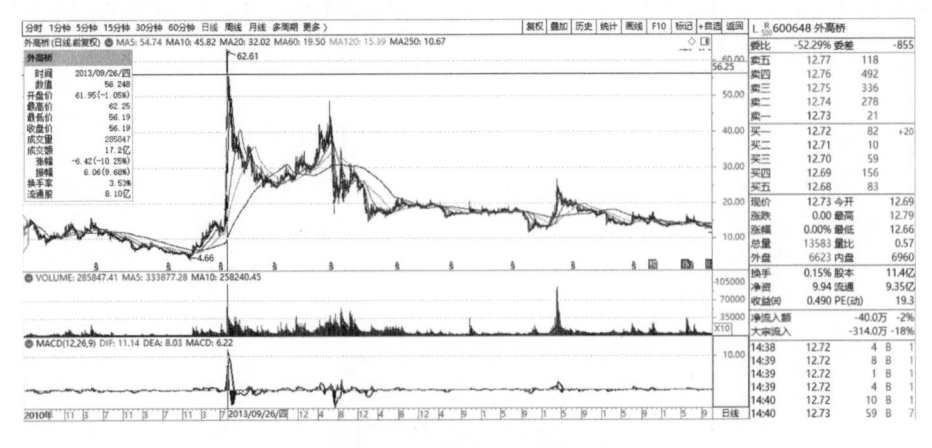

图 12-1　外高桥下跌走势 1

12.2 大跌判断方法

12.2.1 大跌前3个涨停诱多

如图12-2所示，2013年9月23日、24日和25日外高桥主力通过3个连续涨停给股民带来一种错觉，即有更多利好或更多资金进场，这样就诱导股民做出错误判断。

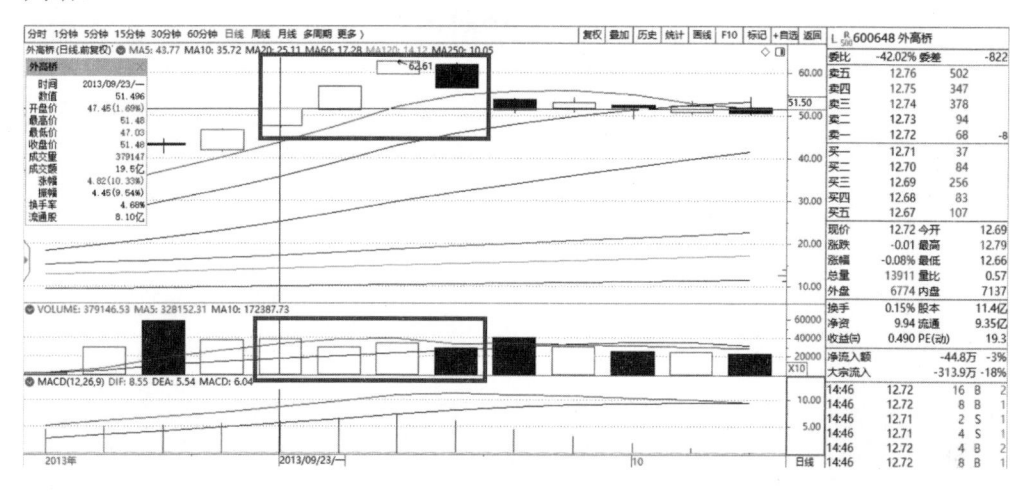

图12-2 外高桥涨停诱多

2013年9月23日到9月25日的3天涨停成交额为平均每天20亿元左右，3天换手率达到了15%，如果不考虑十大股东筹码，3天换手率基本达到了市场上的50%左右。这么高的换手率预示到底是谁在卖出？显然只有一个推理，那就是主力。

12.2.2 大跌前3天分时线破绽

如图12-3到图12-5所示，2013年9月23日、24日和25日3天涨停的分时线都是在巨量下涨停，主力通过不断打开涨停板诱惑股民进去接盘。尾盘收涨停，就是让收盘后股民后悔没有买入。

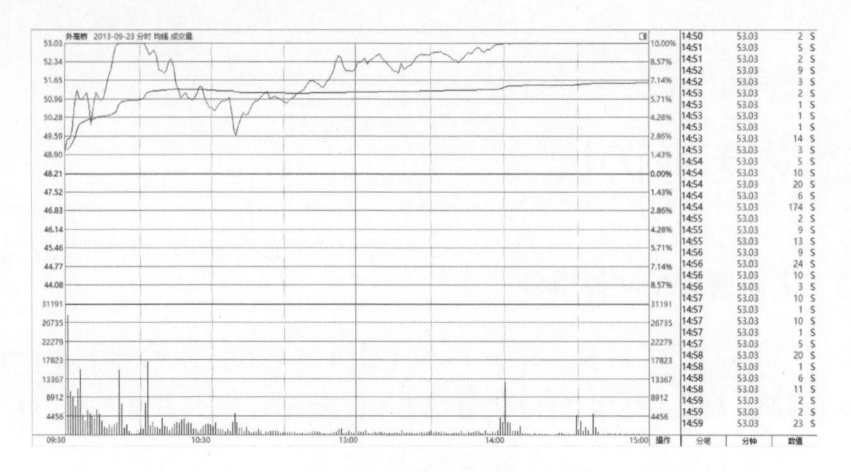

图 12-3　外高桥分时线 1

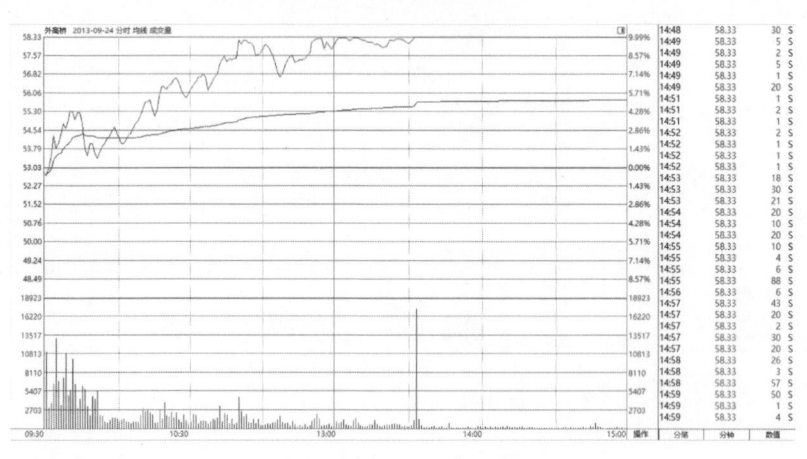

图 12-4　外高桥分时线 2

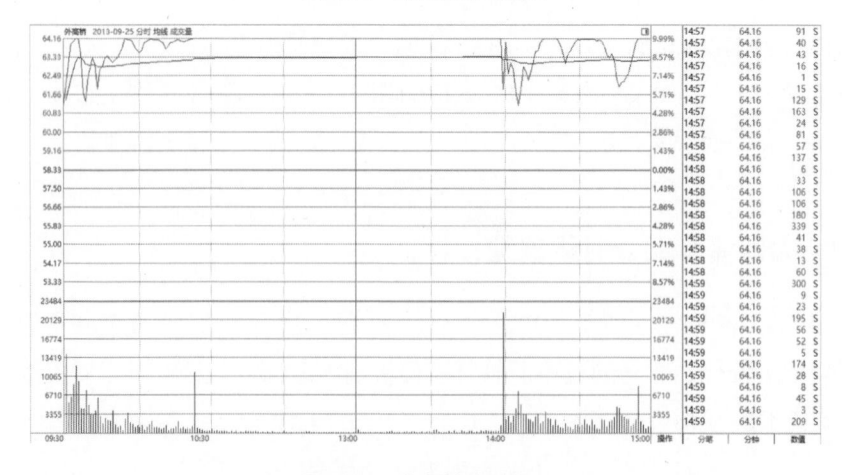

图 12-5　外高桥分时线 3

142

12.2.3 大跌当日分时线确认

如图 12-6 所示，在 2013 年 9 月 23 日、24 日和 25 日连续 3 天涨停之后涨停板打开了。如果说前 3 天的涨停是因为有利好，那么 2013 年 9 月 26 日的低开低走到底是出了什么利空呢？2013 年 9 月 26 日开盘，笔者看到这股分时线后，推演出了顶部诱多。

图 12-6　外高桥大跌分时线

12.3　大涨前的诱空

12.3.1　第 1 次诱空

如图 12-7 所示，外高桥从 2011 年 4 月 18 日开始下跌，时价 15.96 元，到 2012 年 12 月 4 日时价 4.66 元，下跌幅度约 71%。

如图 12-8 所示，外高桥 2012 年 11 月 2 日开始下跌，到当年 12 月 4 日，股价从 6.50 元下跌到 4.66 元，下跌幅度约 28%。从成交量可以看出换手率只有 3% 左右，说明这是主力高度控盘下的连续诱空，迫使股民割肉。

图 12-7 外高桥下跌走势 2

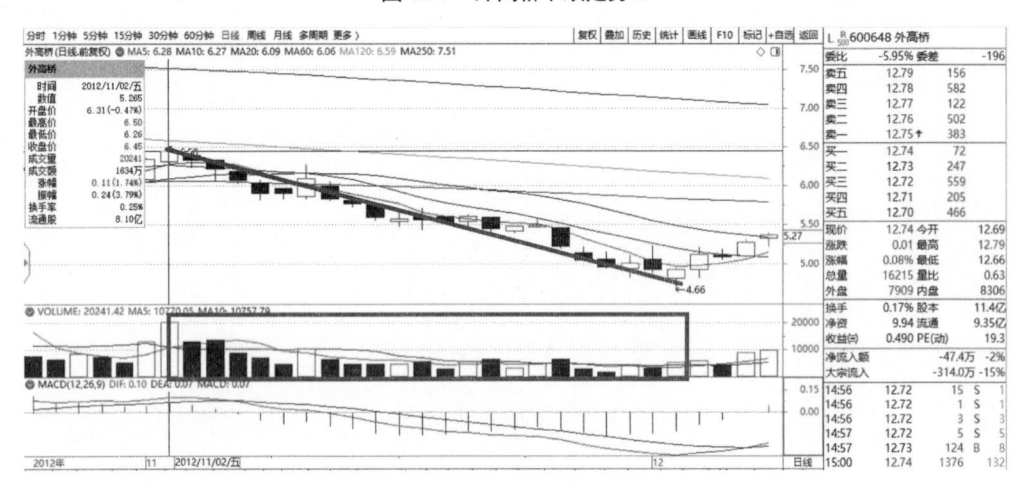

图 12-8 外高桥诱空 1

12.3.2 第 2 次诱空

如图 12-9 所示，外高桥 2013 年 7 月 4 日开始先后 4 天强力下跌，之后又是 11 天小阳小阴，停盘前一天收阴，诱空股民卖出廉价筹码。

如图 12-10 到图 12-13 所示，外高桥 2013 年 7 月 4 日高开低走，7 月 5 日低开低走，7 月 8 日低开低走和 7 月 9 日再次低走收阴，4 个交易日大幅收阴，基本把不坚定的股民洗了出去。

第 12 章 诱多与诱空

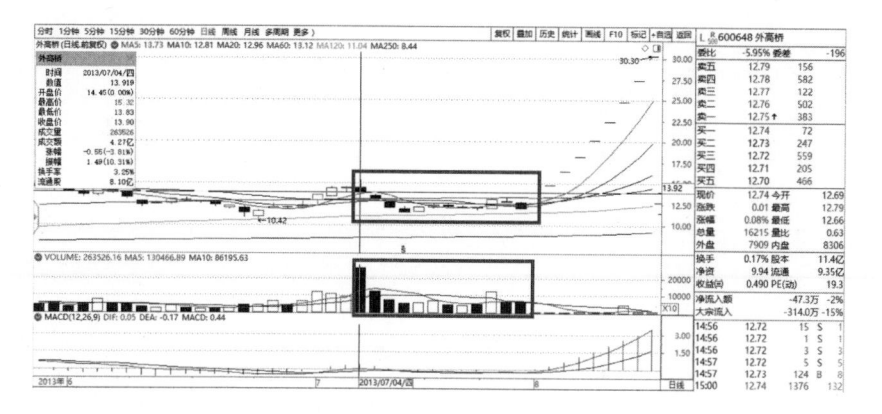

图 12-9 外高桥诱空 2

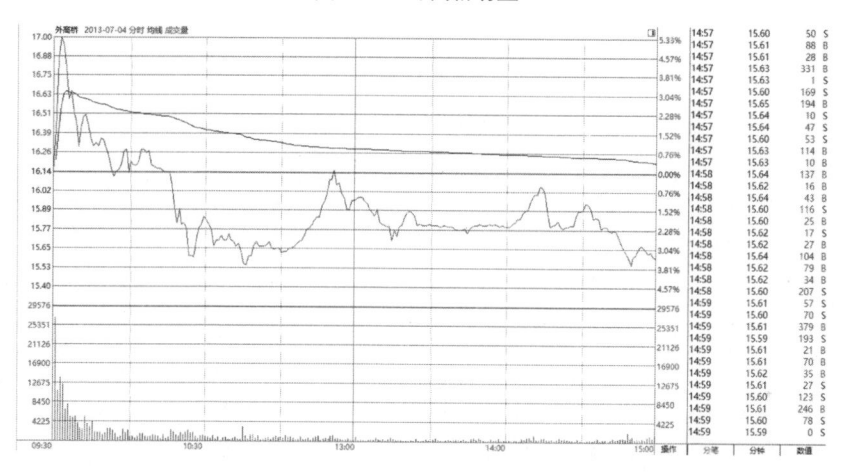

图 12-10 外高桥分时线 4

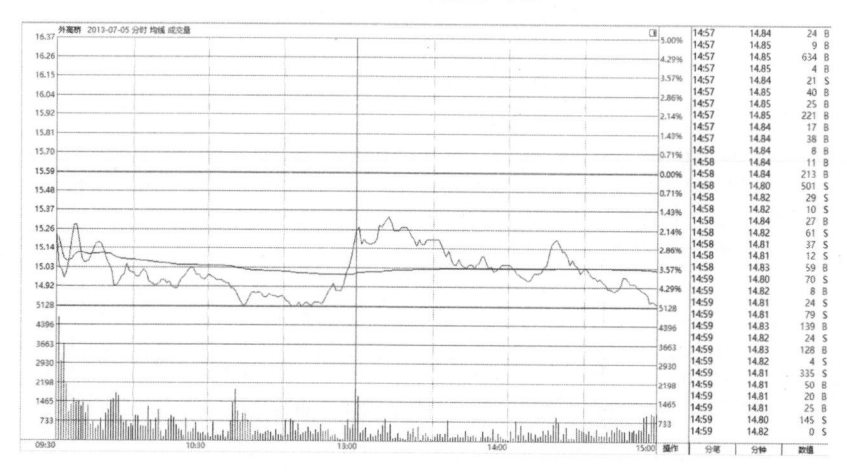

图 12-11 外高桥分时线 5

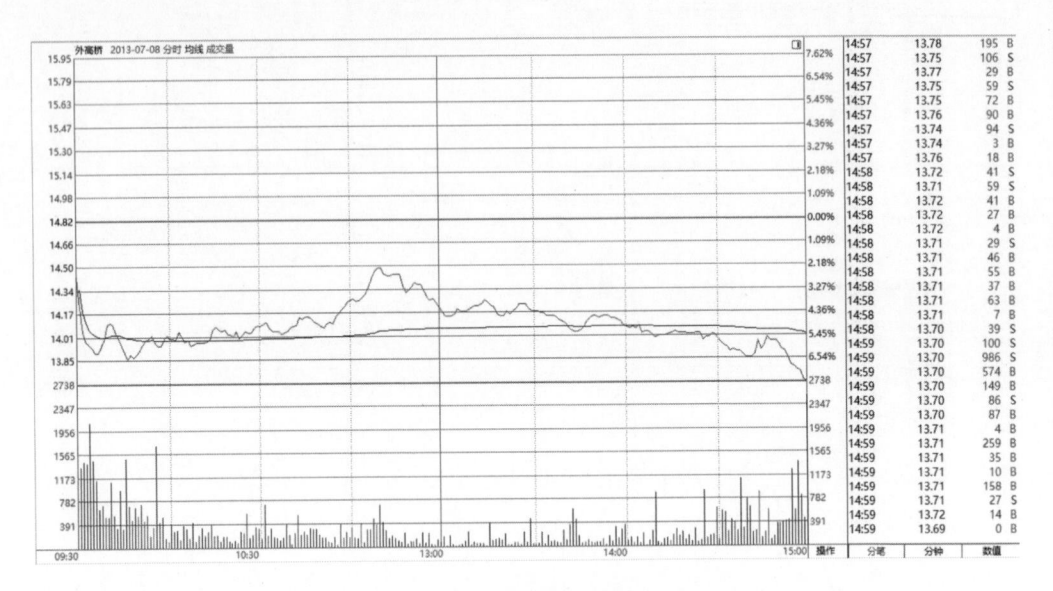

图 12-12　外高桥分时线 6

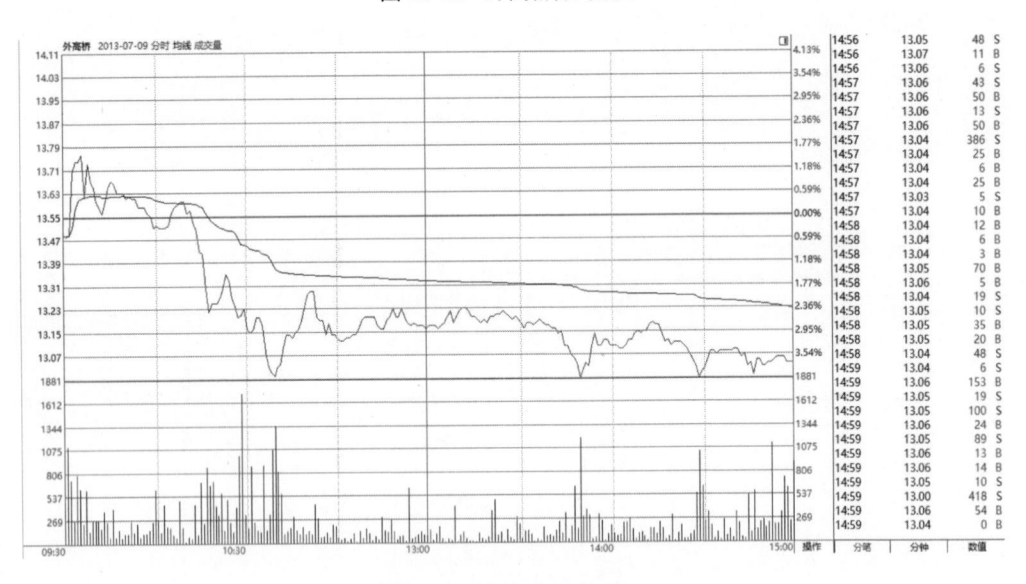

图 12-13　外高桥分时线 7

如图 12-14 所示，尽管外高桥 2013 年 7 月 4 日到 7 月 9 日连续收阴，但是 7 月 9 日的收盘价却高于 6 月 25 日的最低价 10.42 元，而且 7 月 5 日、8 日和 9 日 3 天大跌的成交量却很低，说明不是主力出货，而是主力诱空。

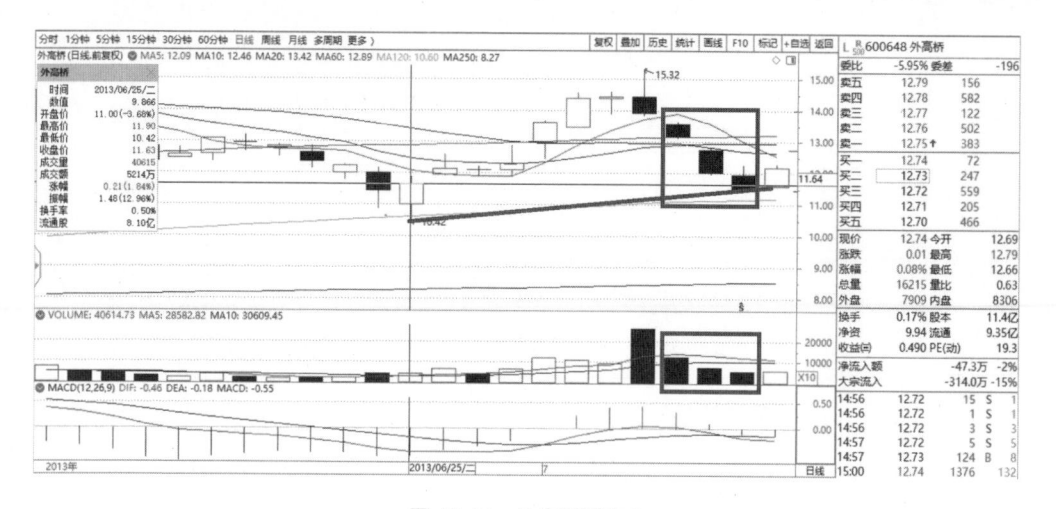

图 12-14　外高桥诱空 3

12.3.3　第 3 次诱空

如图 12-15 和图 12-16 所示，2013 年 7 月 19 日，外高桥主力故意做出光头阴线，迫使不明股道的股民割肉或卖出廉价筹码。

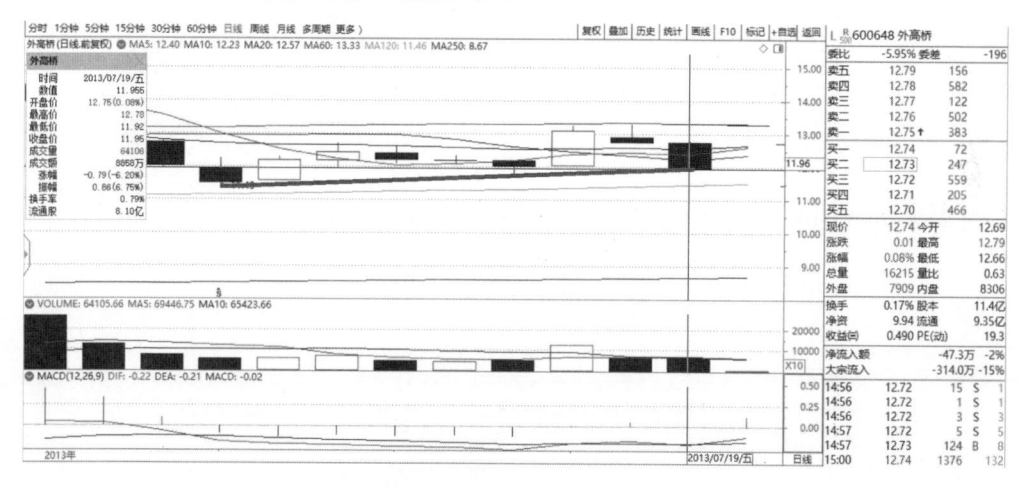

图 12-15　外高桥诱空 4

如图 12-17 所示，外高桥从 2013 年 7 月 9 日到 7 月 19 日主力的小阳小阴线并没有让股价下跌，股价反而还在抬高，说明上涨即将开始。买入此股的股民应踏实持股，等待停盘后大涨。

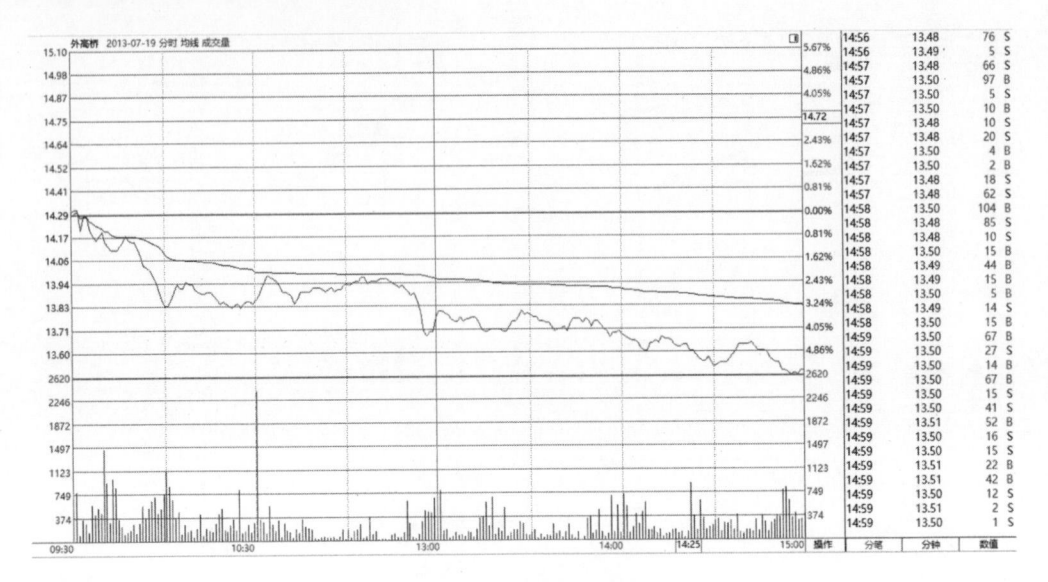

图 12-16　外高桥分时线 8

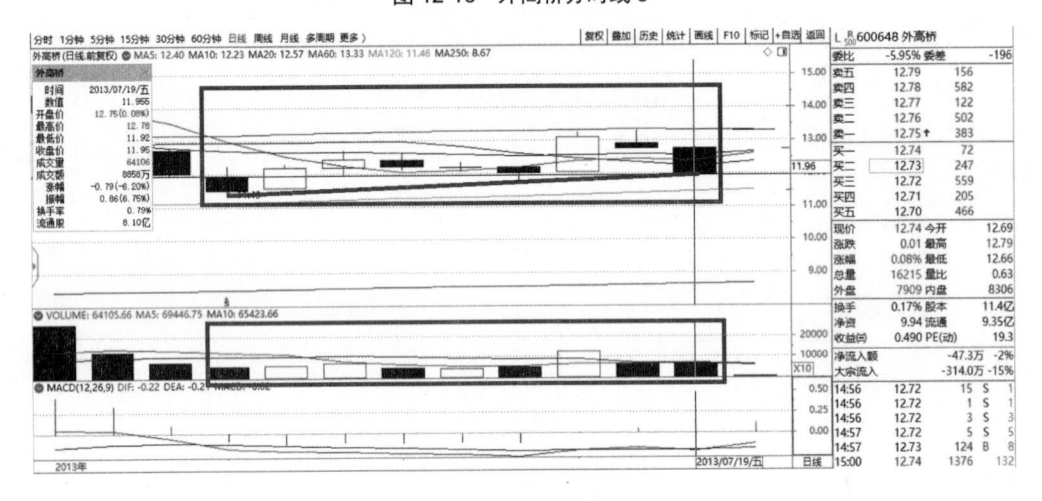

图 12-17　外高桥底部抬高

12.4　本章总结

　　如图 12-18 所示，本章通过讲解外高桥大跌前的诱多和大涨前的诱空，向读者传授如何通过分时线分析主力大跌前的诱多和大涨前的诱空动作的技巧，从而使读者在实际投资股票时能做出理智的决策，而不是被主力诱骗。读者应结合前部各章所讲的技术方法进行进一步分析。

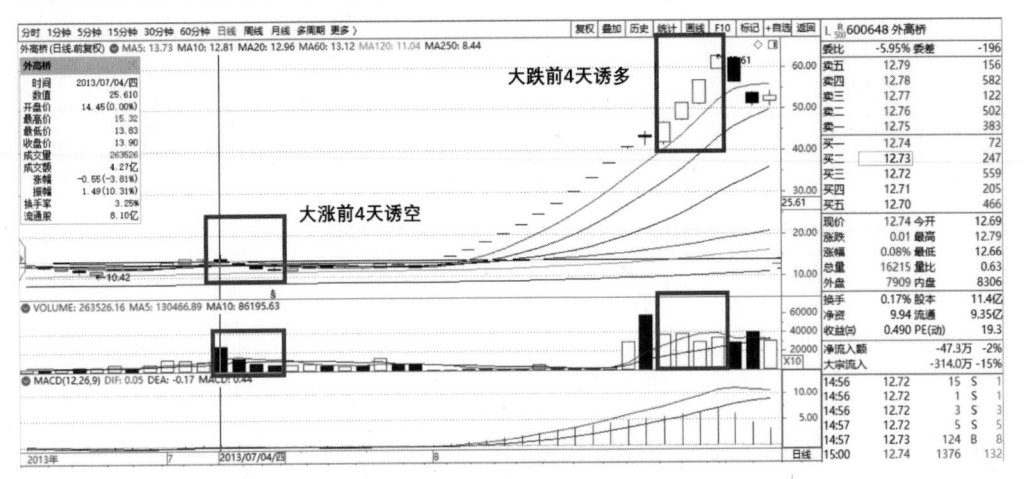

图 12-18　外高桥诱空与诱多

第 13 章

洗盘与出货

洗盘的目的是把不坚定的股民洗出去而后继续上涨,被洗出去的股民看到上涨后会后悔卖早了,从而在主力出货时继续买筹码,而主力出货后则是大跌。本章通过文峰股份(601010)实盘案例讲解洗盘与出货。

13.1 大跌判断

如图 13-1 所示,2015 年 4 月 13 日笔者博文推演文峰股份股票为阶段顶部,建议 4 月 14 日卖完。2015 年 4 月 14 日见 18.98 元,截至 2021 年 11 月 3 日收盘见 2.92 元,下跌约 85%。

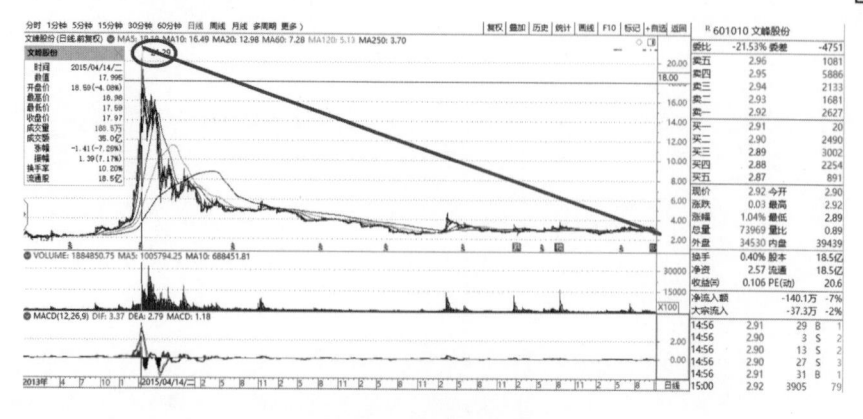

图 13-1 文峰股份大跌

13.2 大跌判断方法

13.2.1 大跌前的大阴线

如图 13-2 所示，2015 年 4 月 13 日文峰股份股票下跌约 8%，成交额巨大说明卖出的筹码很多，而前一天的涨停说明卖出筹码的大部分是主力。

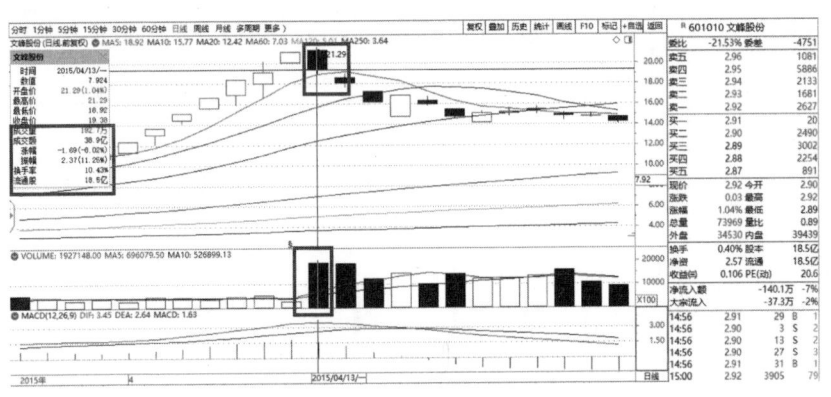

图 13-2 文峰股份大跌前阴线

13.2.2 大跌前的阴线分时线

如图 13-3 所示，文峰股份 2015 年 4 月 13 日开盘几乎跌停，之后盘中强力反弹 6%，吸引股民进去接盘，尾盘下降当天买入的股民几乎全部被套牢。

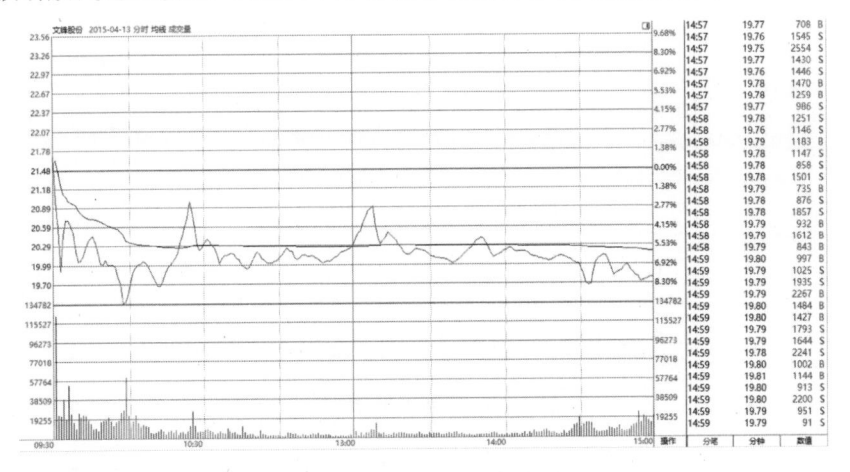

图 13-3 文峰股份大跌前分时线

13.2.3 大跌前的阳线诱多

如图 13-4 到图 13-7 所示，文峰股份 2015 年 4 月 8 日和 4 月 9 日主力都是盘中打压，之后强力拉升封涨停，4 月 10 日开盘直接封涨停。4 月 10 日是星期五，主力抓住股民星期五收盘研究涨停板的思维，特意做出涨停板，诱惑股民下个星期一接盘。

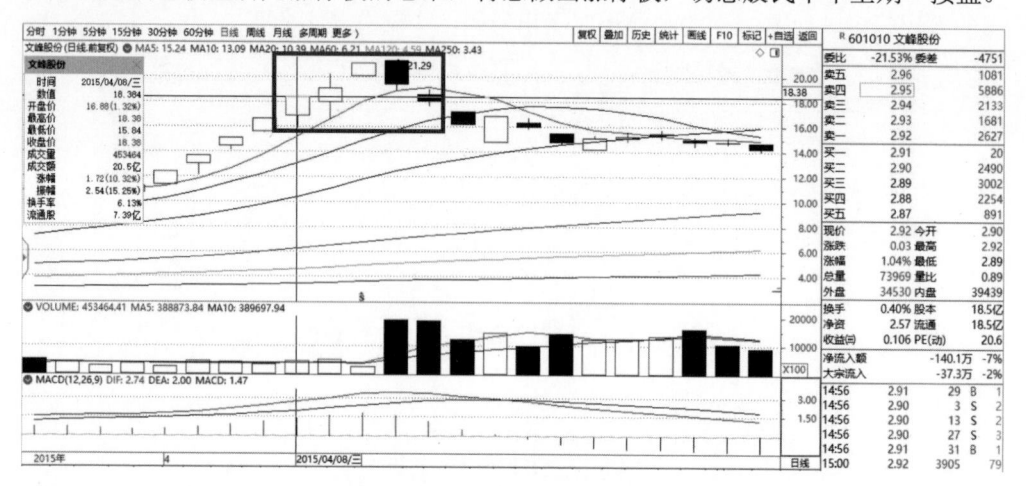

图 13-4 文峰股份大跌前阳线

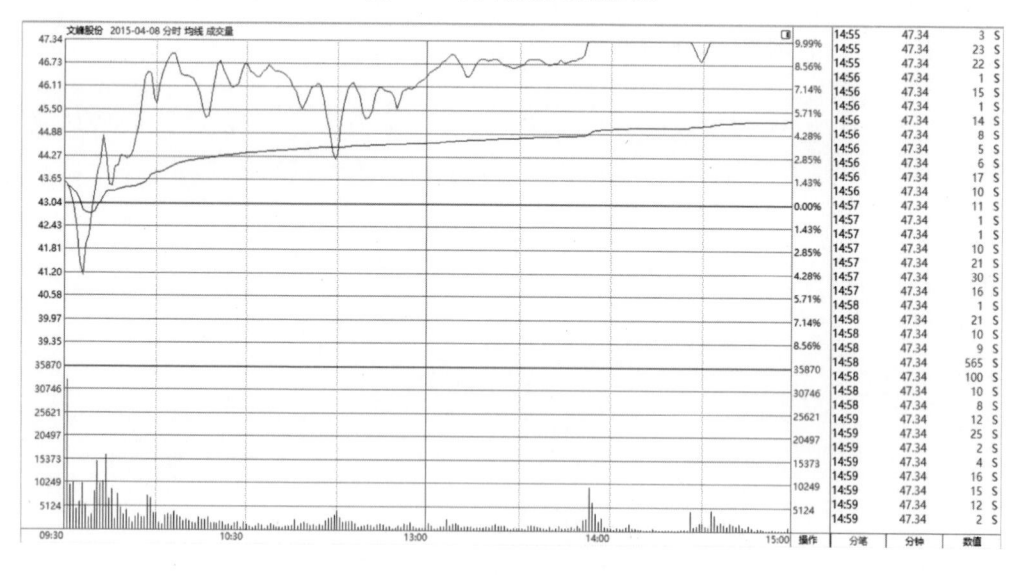

图 13-5 文峰股份分时线 1

主力通过这三天走势的分时线诱导股民得出错误的判断，即盘中打压要立即买入,当天就可赚 10%。这样,在 2015 年 4 月 13 日低开打压拉升时,才会使股民上当接盘并顺利卖出筹码。

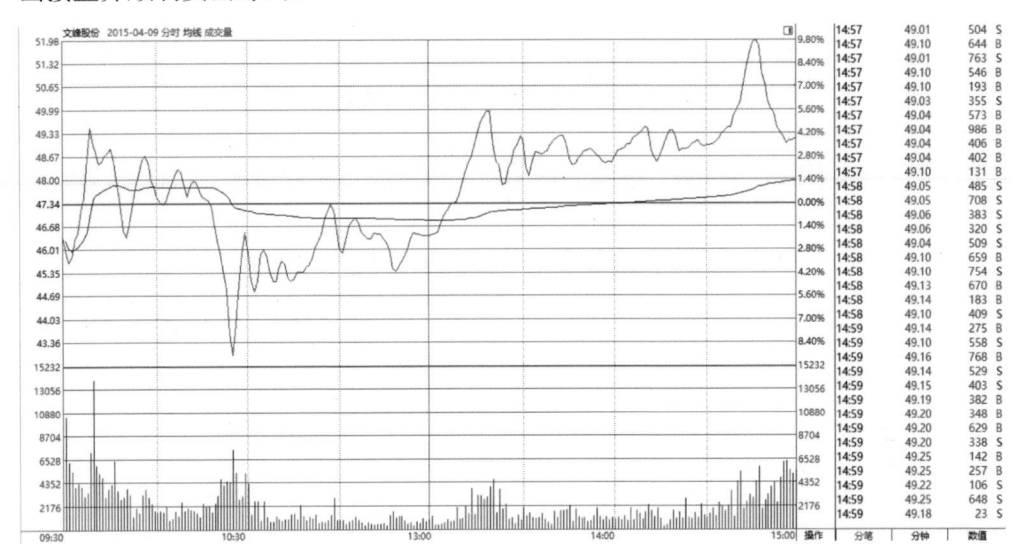

图 13-6　文峰股份分时线 2

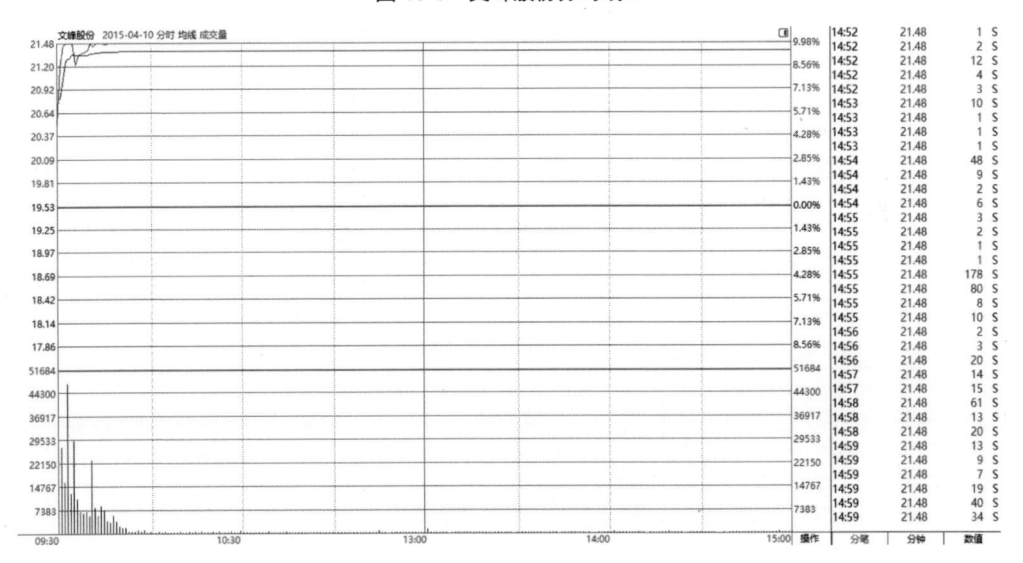

图 13-7　文峰股份分时线 3

如图 13-8 所示,在 2015 年 4 月 13 日,主力诱导股民打压拉升接盘后,4 月 14 日再次用同一手法将股民套死了,两天被套 18%,股民基本就不割肉止损了。后期走势可以看出没有及时割肉止损的股民已被套牢。

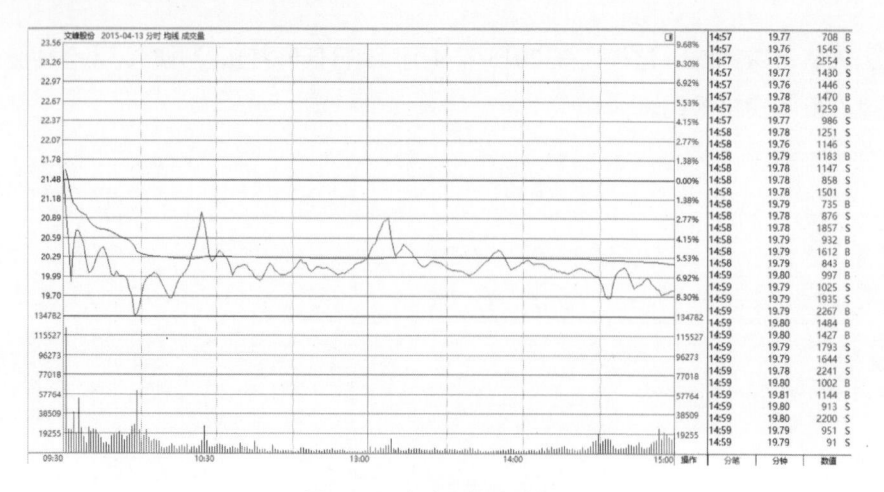

图 13-8　文峰股份分时线 4

13.3　大涨过程的洗盘

13.3.1　第 1 次洗盘

如图 13-9 到图 13-13 所示，文峰股份在 2015 年 2 月 4 日、5 日、6 日和 9 日的 4 天里，不论盘中是否反弹最终都是低走收阴，这样就给股民带来了错觉：认为要大跌了。仔细分析会发现 4 天尽管跌了 10%，但是成交额却很小，换手率加起来不到 1%。试想如果真的要大跌，考虑到主力的敏锐感，主力还会不抓紧卖出吗？由此反推这是洗盘不是出货。

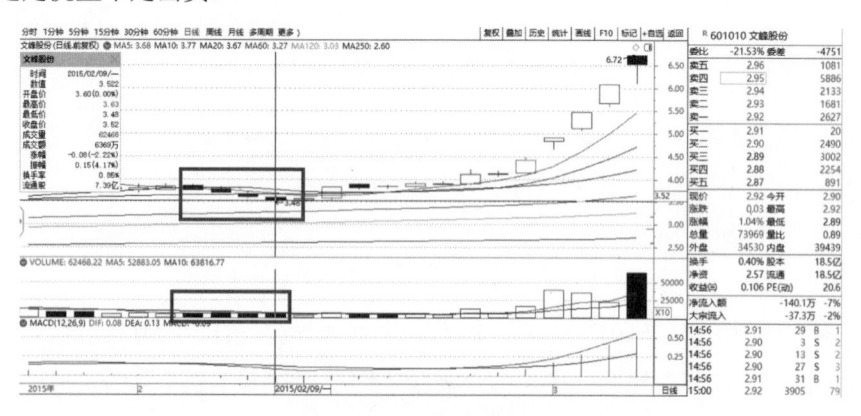

图 13-9　文峰股份洗盘 1

第 13 章 洗盘与出货

图 13-10 文峰股份分时线 5

图 13-11 文峰股份分时线 6

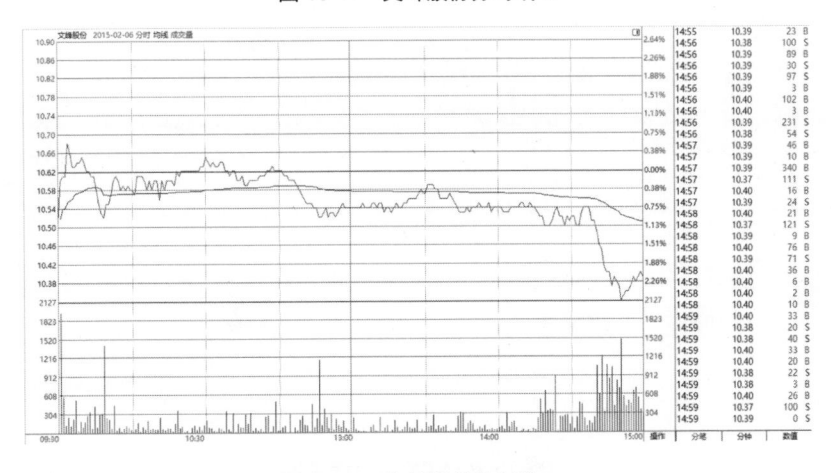

图 13-12 文峰股份分时线 7

155

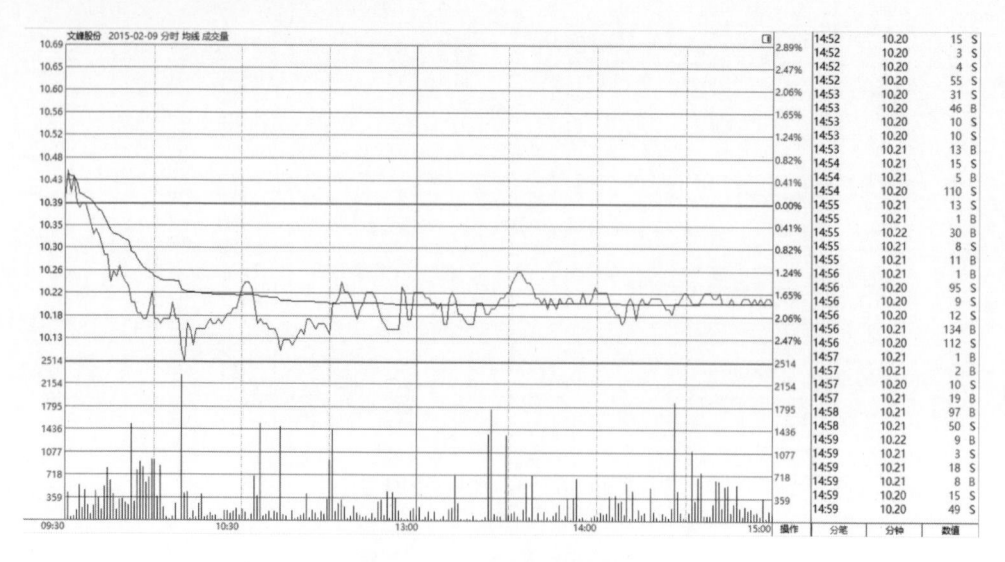

图 13-13　文峰股份分时线 8

13.3.2　第 2 次洗盘

如图 13-14 到图 13-18 所示，文峰股份在 2015 年 3 月 9 日到 3 月 12 日这 4 天的小阴小阳线有一个共同特点，即盘中来回震荡，但是当天收盘不论是上涨或是下跌，幅度都很小，基本维持在 2%左右，而 4 个交易日整体看来也基本没有涨也没有跌，成交额的换手率每天基本维持在 2%。如果是主力出货，那么这点成交额显然不够，因此判断是洗盘。

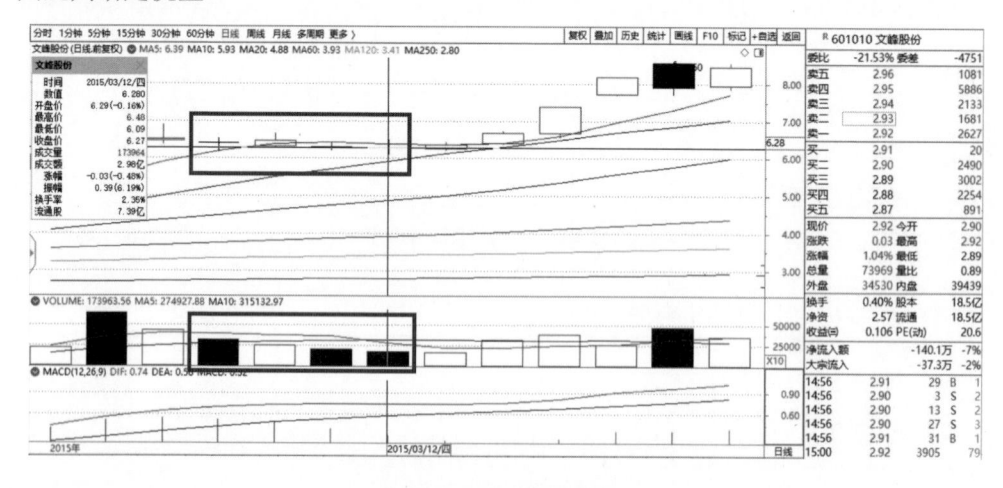

图 13-14　文峰股份洗盘 2

第 13 章　洗盘与出货

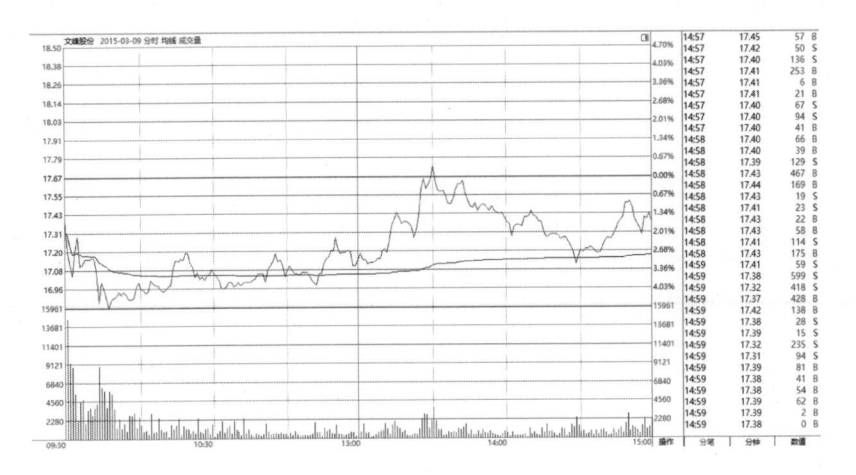

图 13-15　文峰股份分时线 9

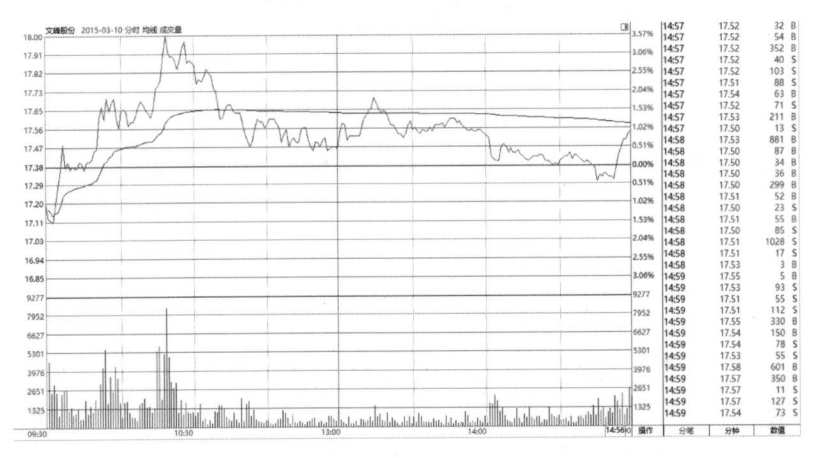

图 13-16　文峰股份分时线 10

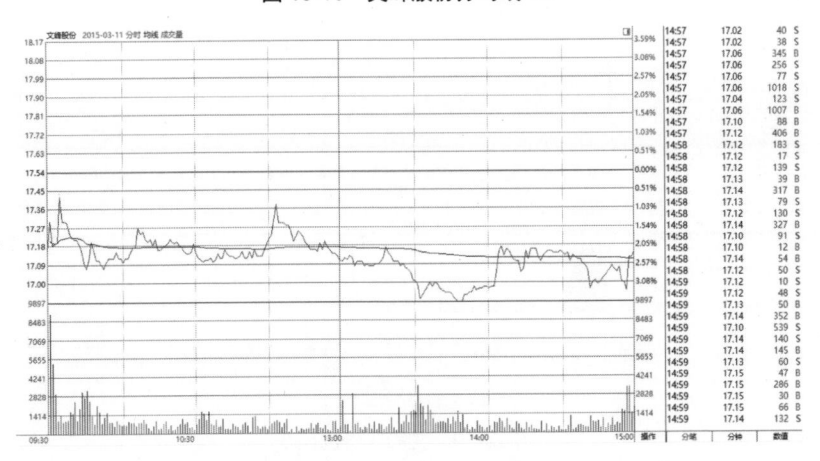

图 13-17　文峰股份分时线 11

图 13-18　文峰股份分时线 12

13.3.3　第 3 次洗盘

如图 13-19 到图 13-22 所示，文峰股份在 2015 年 3 月 31 日之前的 3 天里，主力通过分时线的震荡以 11:30 为分界线，要么是早上冲高下午回落，要么是早上回落下午冲高。然而 3 天后的收盘价和 3 天前的收盘价几乎一样，说明主力不想让股价下跌，其目的是通过震荡洗出前期的获利筹码，也为最后一次拉升做准备。

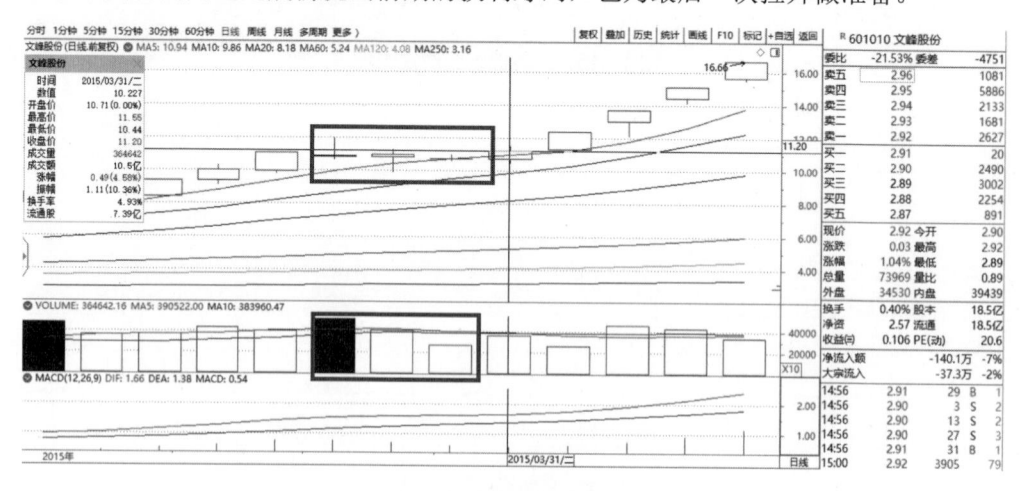

图 13-19　文峰股份洗盘 3

第 13 章　洗盘与出货

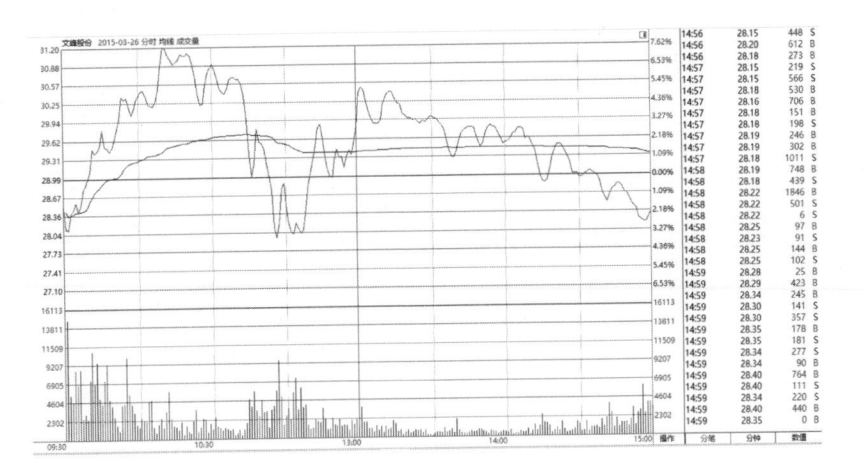

图 13-20　文峰股份分时线 13

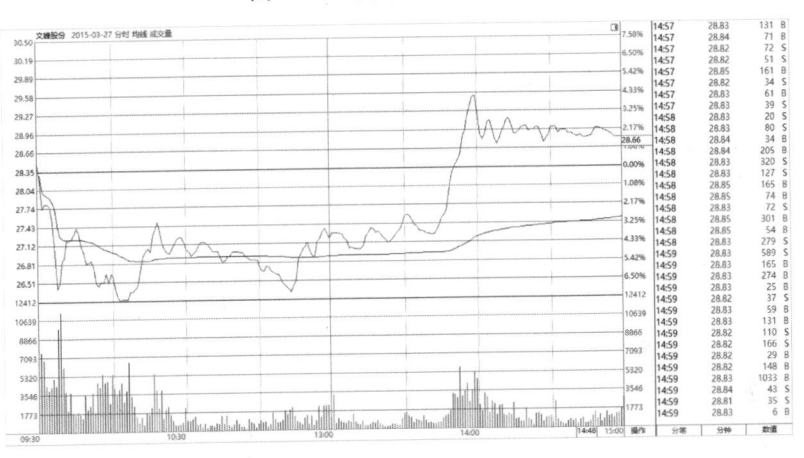

图 13-21　文峰股份分时线 14

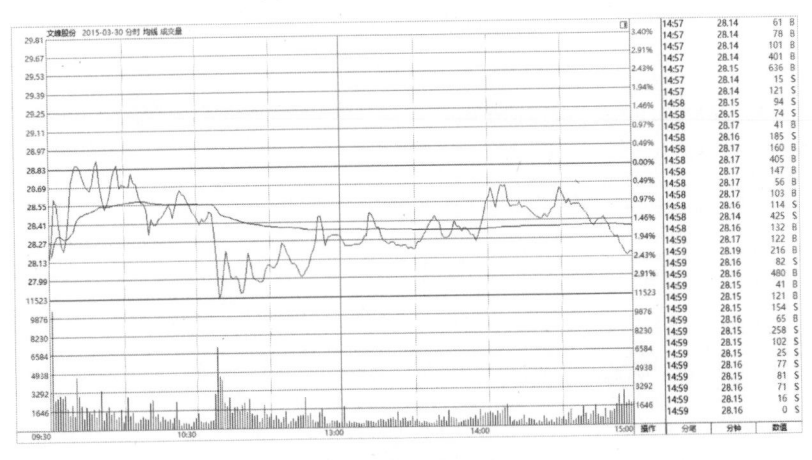

图 13-22　文峰股份分时线 15

159

13.3.4　3次洗盘综合图

如图13-23所示，通过结构分析可知，文峰股份主力第1次洗盘是针对主力吸筹后拉升前做准备，之后的两次洗盘则对应的是2浪和4浪回调。

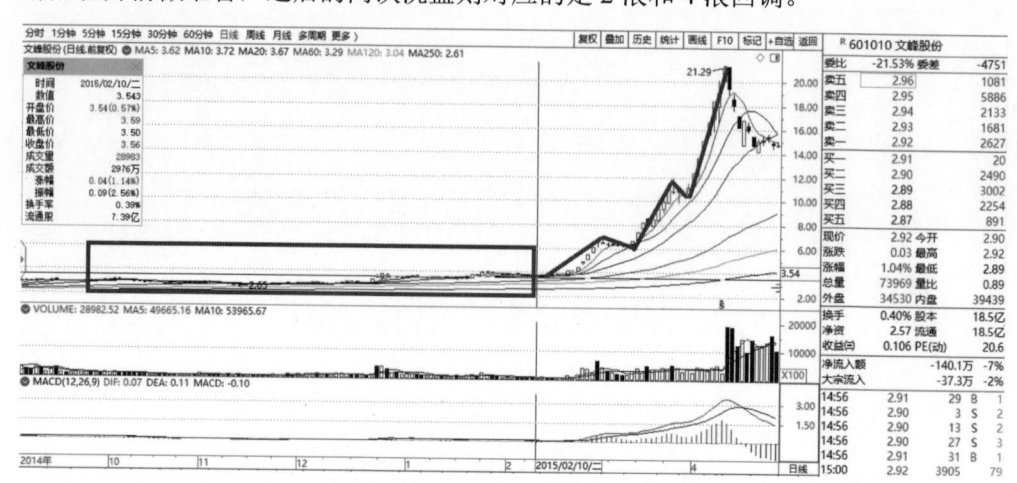

图13-23　文峰股份3次洗盘走势

13.4　本章总结

本章通过实盘案例文峰股份大跌和大涨前的收盘线及分时线的讲解，指导读者如何判断洗盘与出货，读者也应结合本书其他章节的技术方法分析出洗盘与出货。

第 14 章

轨道线支撑与压力

不论是股票的价格还是任何其他技术指标，只要在股票交易软件上有数值变化，就有相对高点和低点。

任意两个或几个相对高点或低点连线均可形成直线，将该直线向上或向下平行移动，可形成多条平行线。任意两条平行线构成股价或技术指标的变化轨道。

当股价或技术指标变化时，如果在某一轨道线转势上涨，这条轨道线的下轨形成支撑，叫支撑线；如果在某一轨道线转势下跌，这条轨道线的上轨形成压力，叫压力线。

本章通过两个实盘案例中船科技（600072）和福建水泥（600802），讲解轨道线的支撑和压力详细应用。

14.1 中船科技上涨判断

如图 14-1 所示，2019 年 1 月 2 日笔者博文推演中船科技股票为阶段底部，建议 1 月 3 日开盘买入，时价 6.82 元。截至 2019 年 4 月 4 日，盘中见 19.55 元，上涨约 187%。

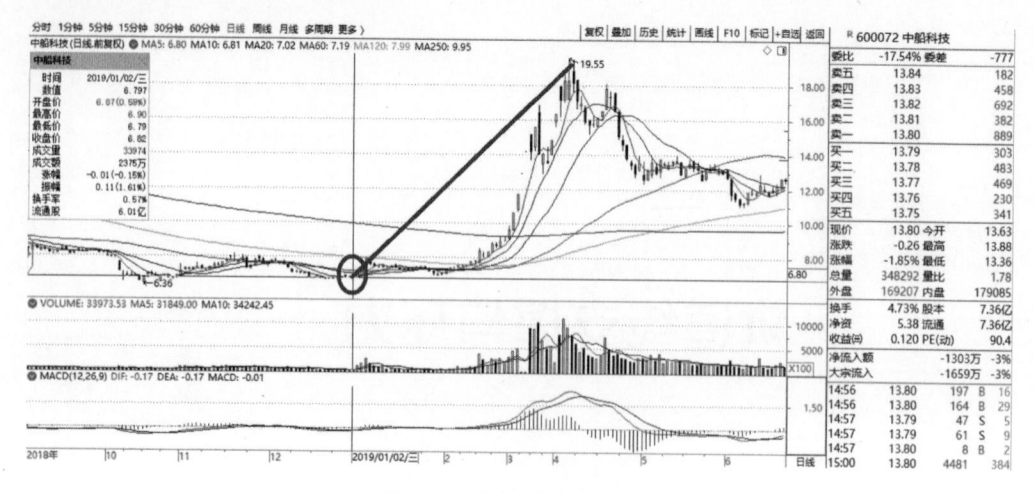

图 14-1 中船科技上涨走势

14.2 中船科技上涨判断方法

14.2.1 下跌轨道线支撑

如图 14-2 所示，中船科技在 2007 年 9 月 20 日开始下跌，每次跌到下跌轨道线附近即开始反弹上涨，2019 年 1 月 2 日股价又跌到了支撑线，提示上涨的概率增加。

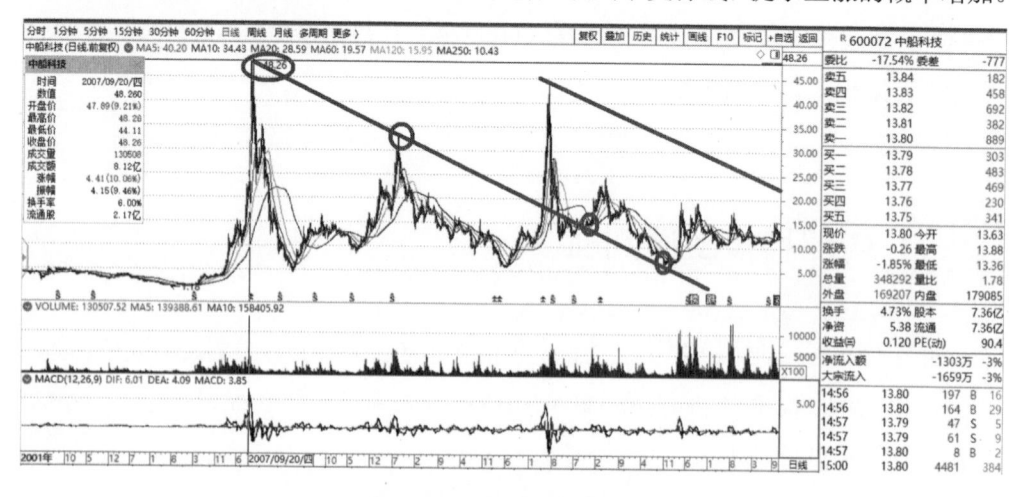

图 14-2 中船科技下跌轨道线

14.2.2 底部上涨相似

如图 14-3 所示，中船科技 2008 年 10 月的最低点和 2014 年 5 月的最低点相连，延伸可以得到与 2019 年 1 月 2 日的最低点基本相同，底部相似，上涨概率增加。

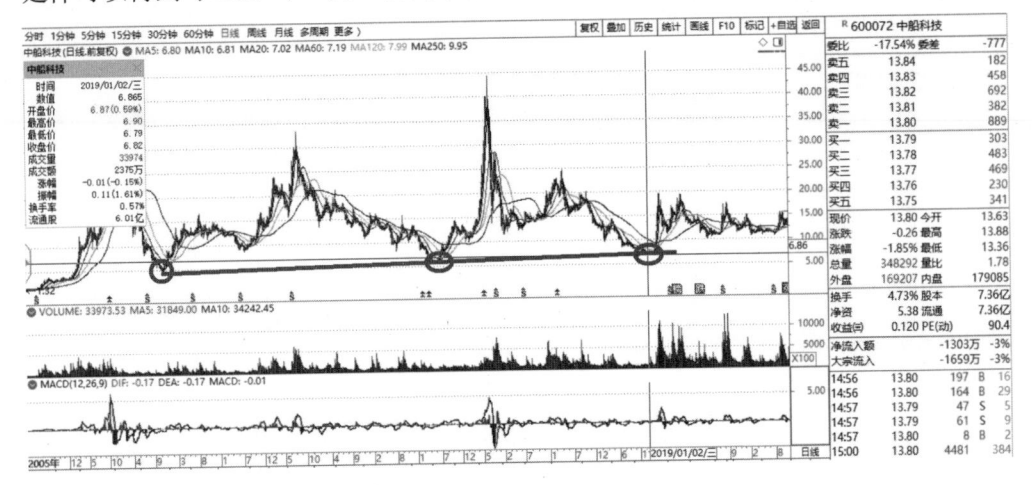

图 14-3　中船科技底部相似

14.2.3 周线股价与 MACD 背离

如图 14-4 所示，中船科技 2018 年 8 月到 2019 年 1 月 2 日，周线股价在下跌，但 MACD 的 DIF 却上穿 DEA，形成走势背离，提示上涨一触即发。

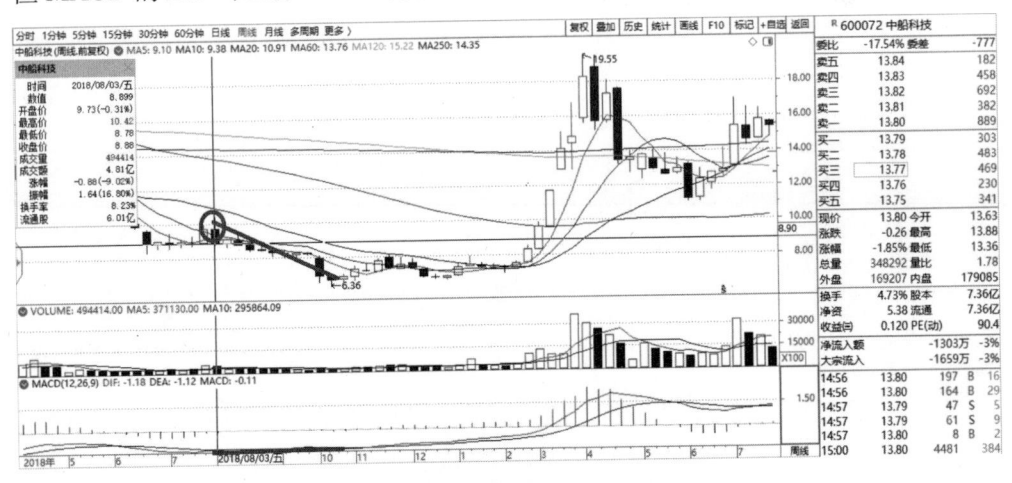

图 14-4　中船科技周线股价与 MACD 背离

14.2.4　周线斐波纳契数列 89

如图 14-5 所示，从 2017 年 4 月 14 日开始的下跌算起，到 2019 年 1 月 2 日，中船科技已下跌 88 周，数字"88"与斐波纳契数列 89 相近，提示上涨一触即发（后续章节有详细讲解斐波纳契数列）。

图 14-5　中船科技周线斐波纳契数列

14.3　福建水泥大跌判断

如图 14-6 所示，2017 年 2 月 22 日笔者博文推演福建水泥股票为阶段顶部，建议 2 月 24 日前卖完。2017 年 2 月 23 日见 12.83 元，截至 2017 年 6 月 2 日盘中见 5.73 元，下跌约 55%。

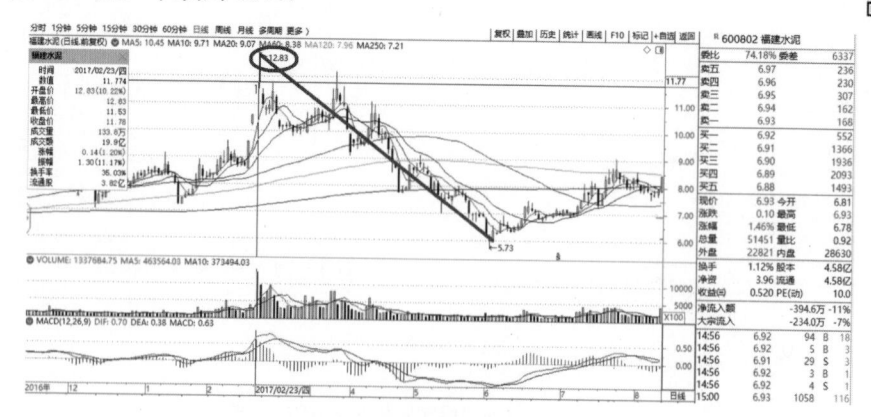

图 14-6　福建水泥下跌走势

14.4 福建水泥大跌判断方法

14.4.1 上涨压力线

如图 14-7 所示，2008 年 1 月 7 日福建水泥股价收盘 13.52 元之后开始下跌，股价在 13.52 元形成第 1 高点。2015 年 6 月 18 日福建水泥在盘中 12.93 元高点开始下跌，股价在 12.93 元形成第 2 高点。

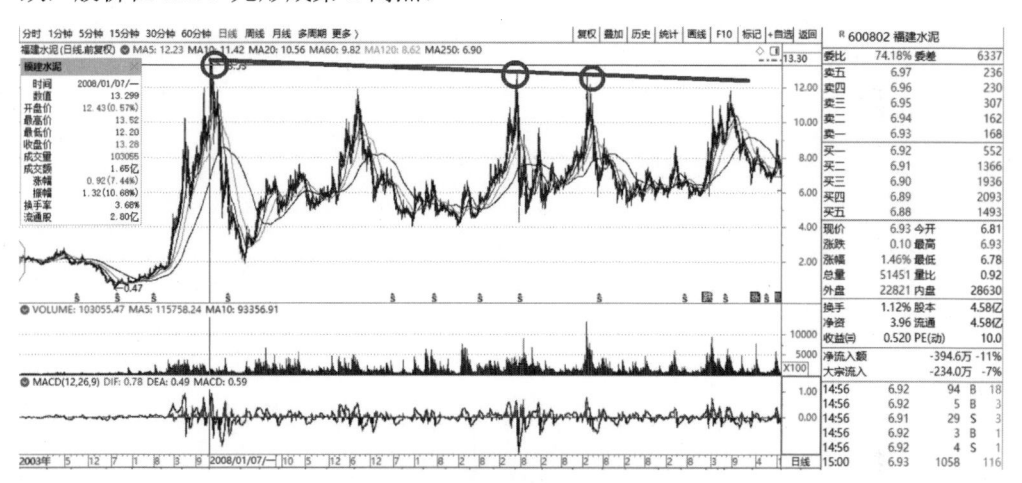

图 14-7 福建水泥上涨压力线

通过高点 1 和高点 2 可以做出一条直线,该线平行下移或上移可构成多个轨道线。2017 年 2 月 22 日福建水泥涨停，收盘 11.64 元，如果再加一个涨停即得到 12.80 元，与 2008 年 1 月 7 日和 2015 年 6 月 18 日高点连线基本一致，由此可推演出随时大跌。

14.4.2 大跌前三天涨停

如图 14-8 到图 14-11 所示，福建水泥在 2017 年 2 月 20 日、21 日、22 日 3 天连续涨停且是缩量涨停，给不明股道的股民造成一种错觉，认为此股还会大涨。但是 2017 年 2 月 22 日的涨停价就差一个涨停就到了上轨道，这就是下跌的征兆，需要提前推演出来。

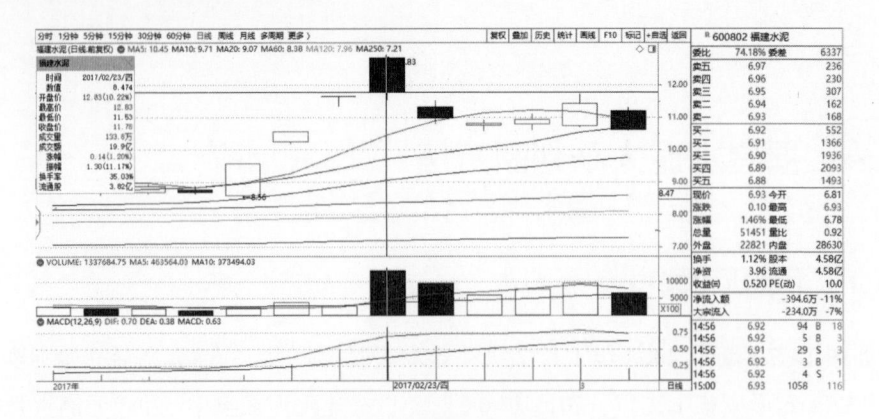

图 14-8　福建水泥 K 线

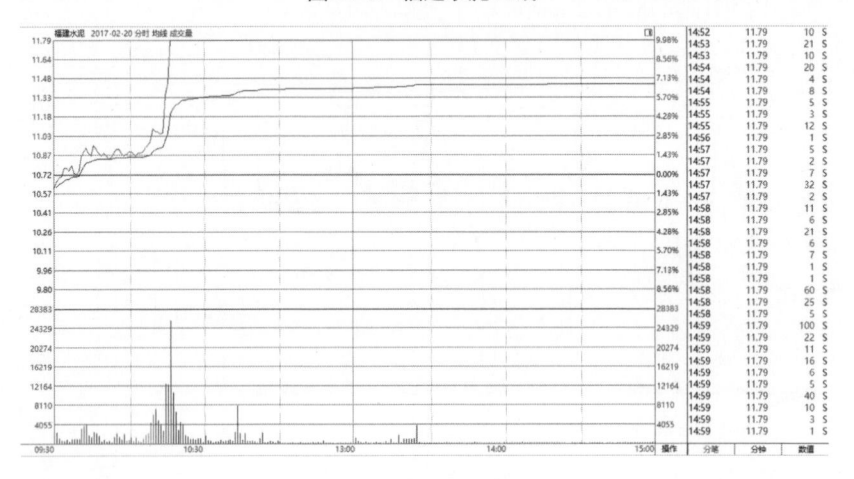

图 14-9　福建水泥分时线 1

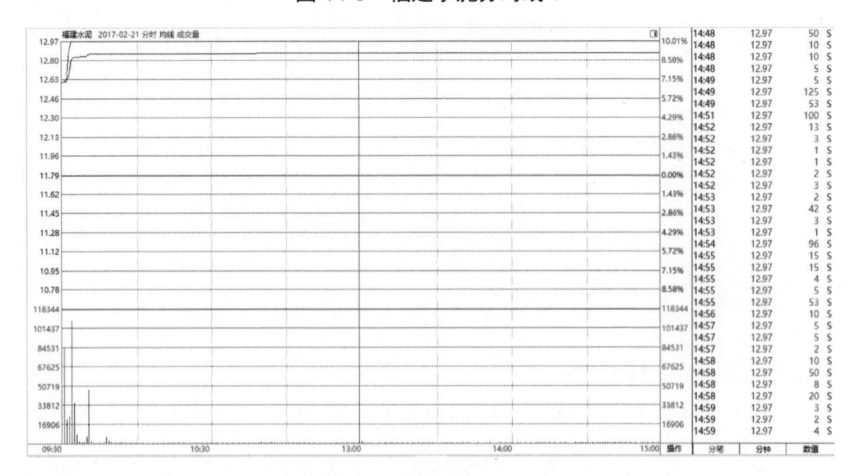

图 14-10　福建水泥分时线 2

166

第 14 章 轨道线支撑与压力

图 14-11 福建水泥分时线 3

14.4.3 大跌时的分时线

如图 14-12 和图 14-13 所示,福建水泥主力在 2017 年 2 月 23 日直接以涨停板开盘,此时股价已到了上轨,形成压力线。主力盘中打开涨停盘卖出筹码。当天成交额巨大,换手率达到 35%,主力顺利获利。

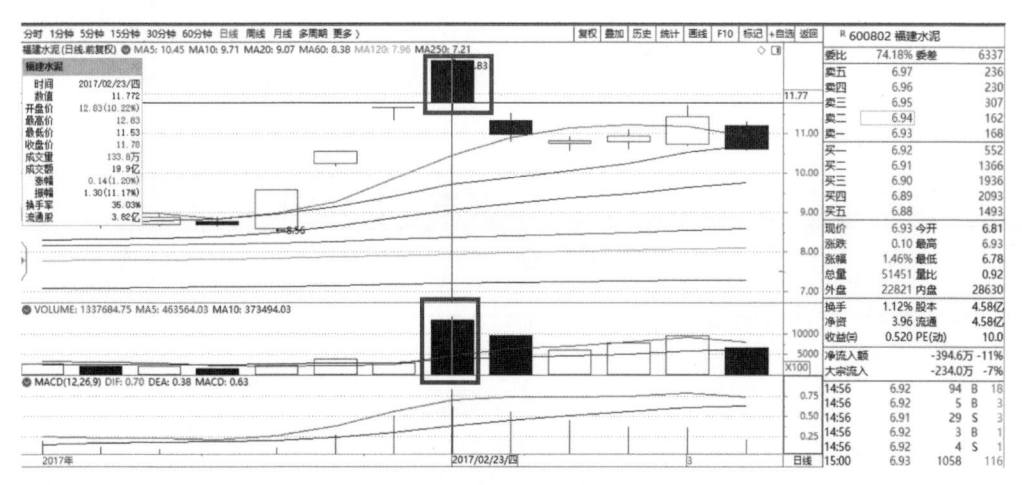

图 14-12 福建水泥大跌时 K 线

167

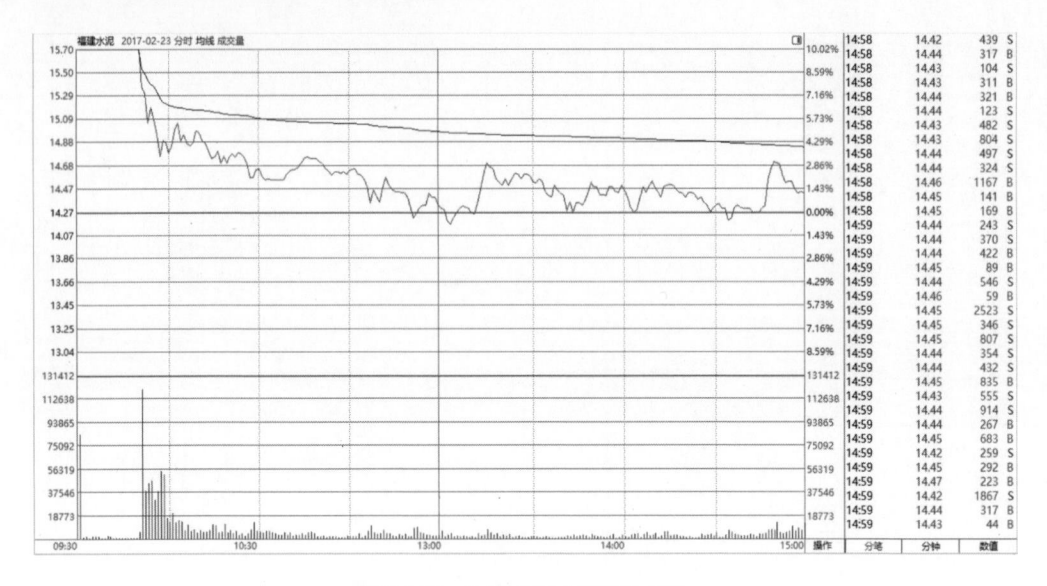

图 14-13　福建水泥大跌时分时线

14.5　上涨支撑线

如图 14-14 所示,福建水泥从 2005 年 7 月 19 日的第 1 个相对低点发展到 2008 年 11 月 4 日的第 2 个相对低点,两个相对低点后都是强力上涨,连接形成上涨支撑线。

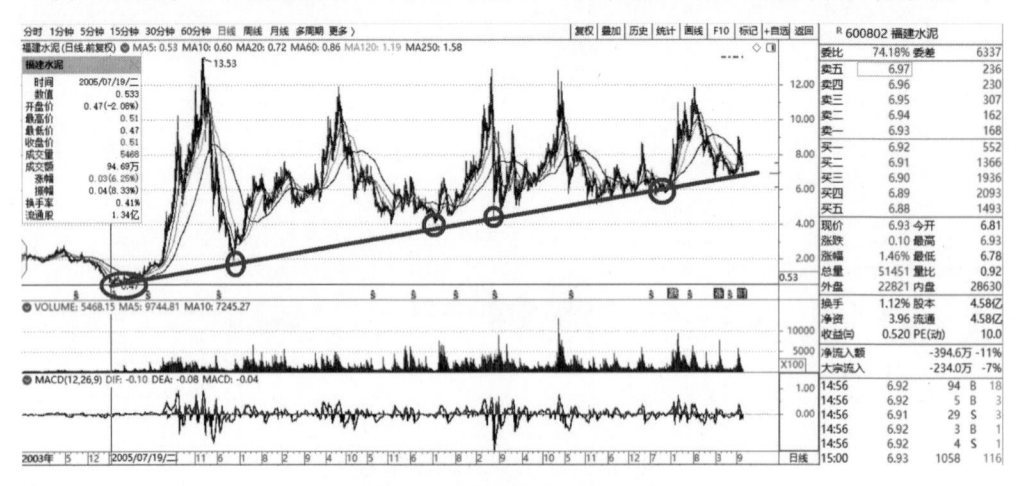

图 14-14　福建水泥上涨支撑线

从 2008 年 11 月 4 日之后的走势可以看出，每次下跌到上涨支撑线时，大概率会上涨。

14.6 福建水泥支撑线与压力线综合图

如图 14-15 所示，实盘案例福建水泥支撑线与压力线综合图为我们提供了推演上涨或下跌的一个明确依据。

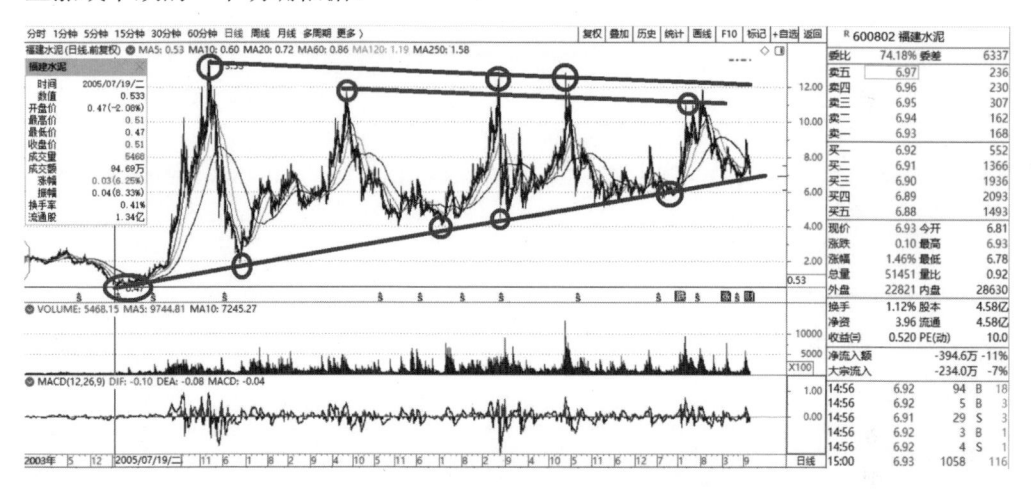

图 14-15　福建水泥支撑线与压力线综合图

14.7 本章总结

本章通过对实盘案例中船科技上涨的讲解，主要讲了下跌轨道线支撑、底部上涨相似、周线股价与 MACD 背离、周线斐波纳契数列 89 的综合应用。

通过实盘案例福建水泥大跌的讲解，指导读者如何通过轨道压力线推演大跌，让读者明白其中的下跌逻辑。

运用本书各章讲解的相关技术，读者都可以自行分析与推演中船科技和福建水泥两个案例的上涨和下跌。

第 15 章

斐波纳契数列应用

斐波纳契数列构成如下：1，1，2，3，5，8，13，21，34，55，89……

关键数字末尾是 0 或 5。

当股票价格幅度变化或时间周期变化，遇到斐波纳契数列和上述关键数字时，容易发生股价走势的相反方向变化。

本章通过讲解实盘案例华友钴业（603799）的顶部推演，指导读者斐波纳契数列和关键数字的综合的应用。

15.1 大跌判断

如图 15-1 所示，2018 年 3 月 13 日笔者博文推演华友钴业股票为阶段顶部，建议 3 月 23 日前卖完。2018 年 3 月 15 日见 74.06 元，截至 2019 年 1 月 29 日盘中见 19.66 元，下跌约 73%。

第 15 章 斐波纳契数列应用

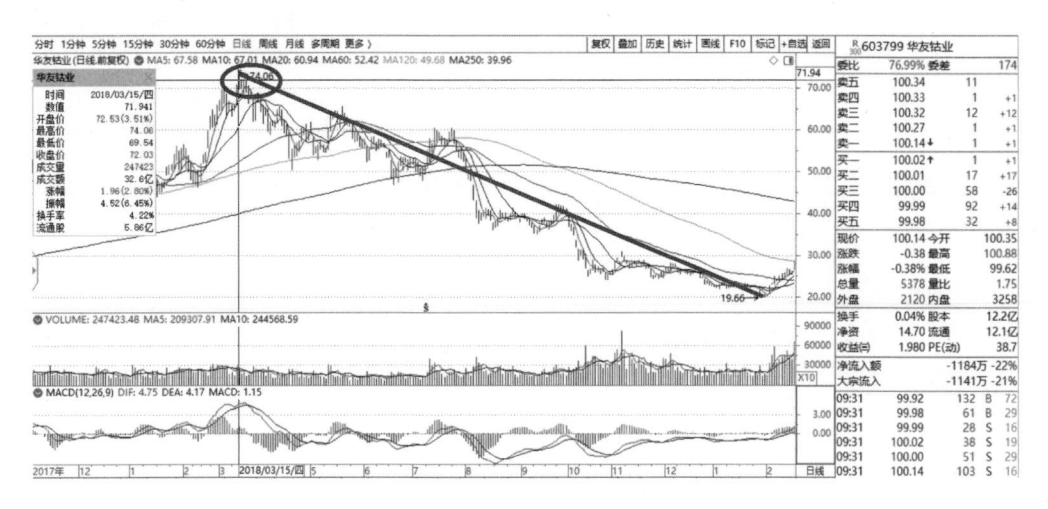

图 15-1 华友钴业下跌走势

15.2 大跌判断方法

15.2.1 5周线 13次波动

如图 15-2 所示，华友钴业从 2015 年 1 月 30 日到 2018 年 3 月 13 日，5 周线波动 13 次。13 属于斐波纳契数列，提示该股的上涨走势很可能变成下跌走势。

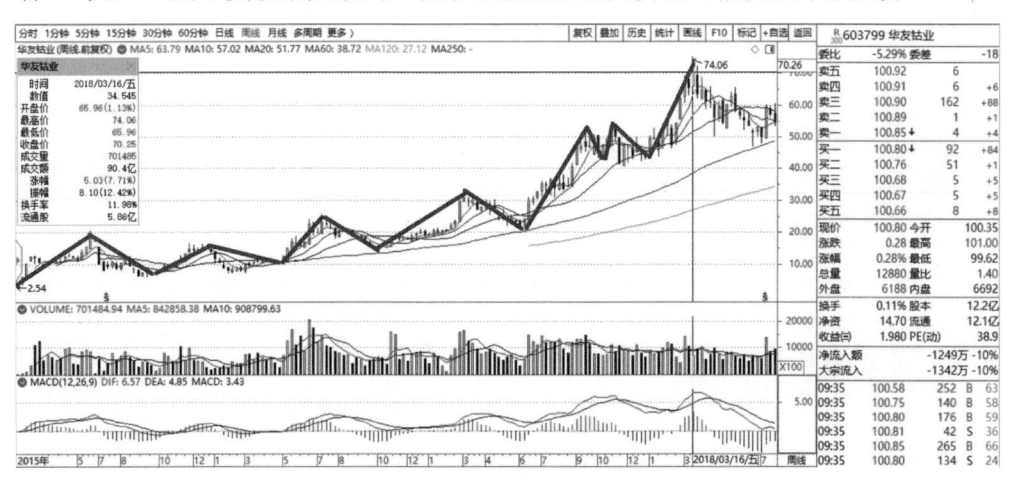

图 15-2 华友钴业周线波动

171

15.2.2　大跌之前 25 倍上涨

如图 15-3 所示，华友钴业股价从上市时的 2.54 元涨到 2018 年 3 月 12 日的 70.81 元，上涨幅度约 26.88 倍，其末尾数与 25 倍的末尾数 5 相近，提示该股的上涨走势很可能变成下跌走势。

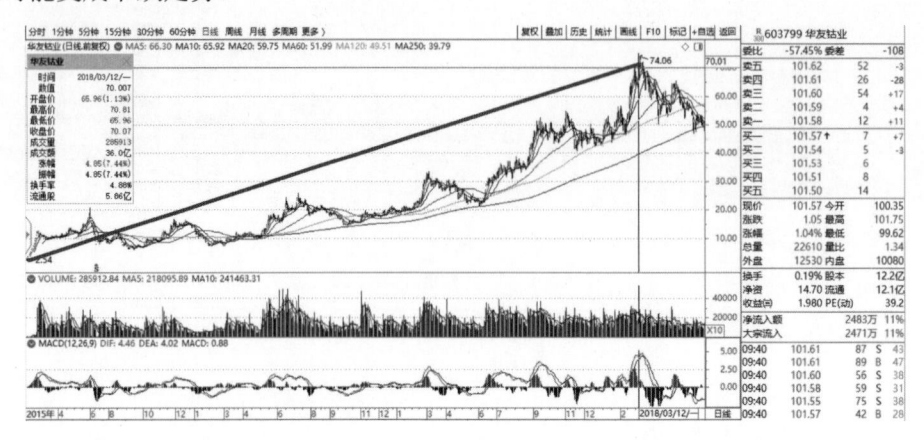

图 15-3　华友钴业上涨走势

15.2.3　大跌前一波上涨天数

如图 15-4 所示，华友钴业在 2018 年 3 月 12 日之前的一波上涨天数已达到 16 天，如果再加 5 天则变为 21 天，21 属于斐波纳契数列，提示该股上涨走势很可能变成下跌走势。

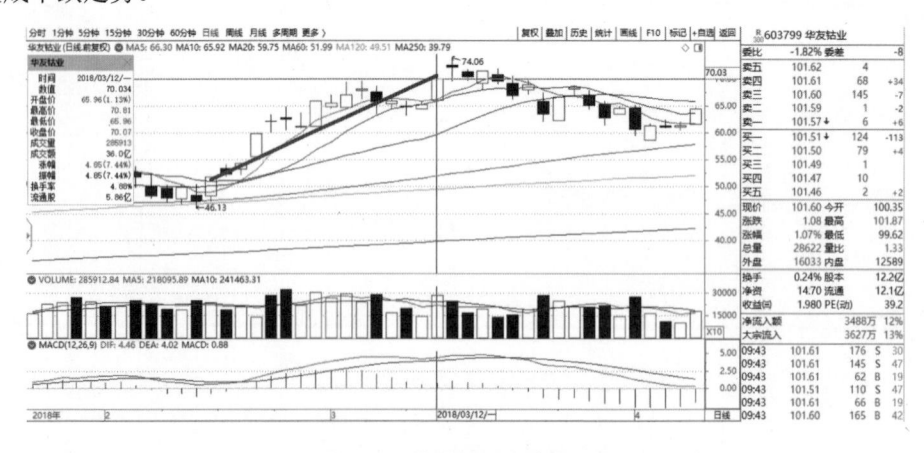

图 15-4　华友钴业大跌前上涨

15.2.4　大跌时的分时线

如图 15-5 和图 15-6 所示，2018 年 3 月 12 日华友钴业主力将股价做成长阳线以吸引股民眼球，为下一步卖出筹码做准备。

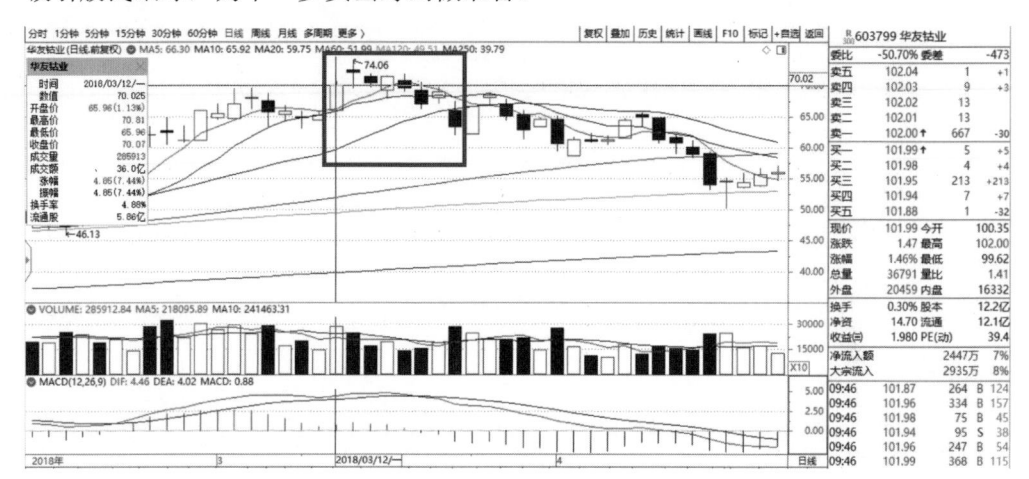

图 15-5　华友钴业大跌 K 线

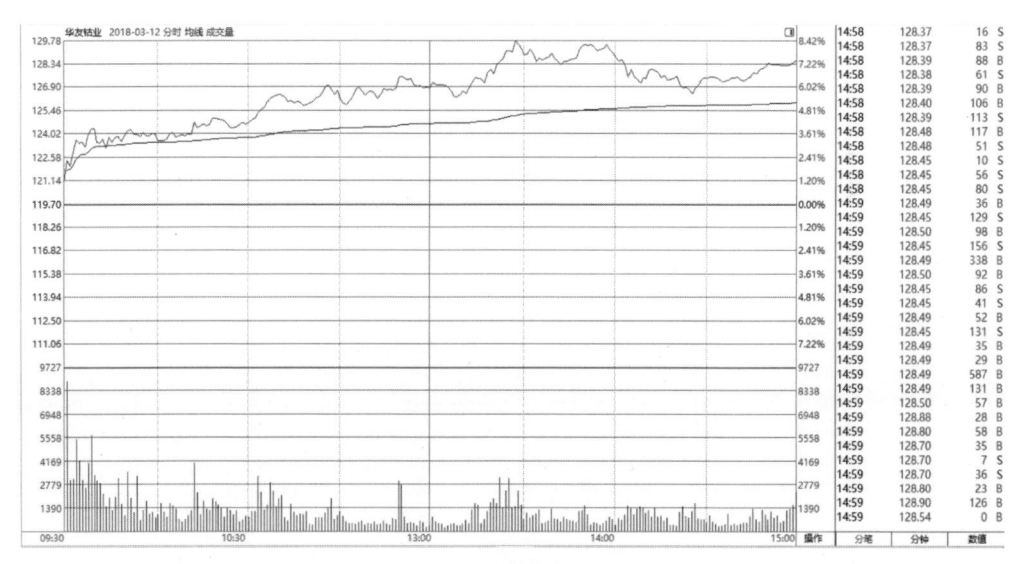

图 15-6　华友钴业分时线 1

如图 15-7 到图 15-12 所示，华友钴业股票虽然已于 2013 年 3 月 15 日收阳，但是分时线的来回震荡并且收盘低于盘中价，结合成交额放大等因素，已表明了主力的出货意图。

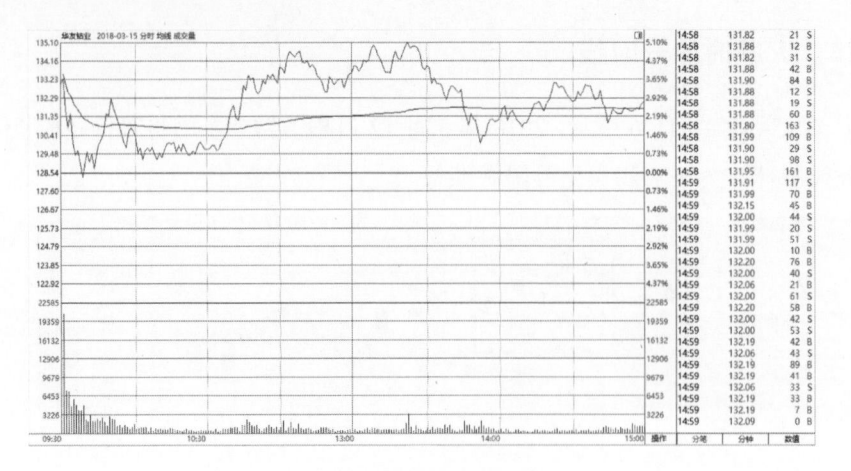

图 15-7　华友钴业分时线 2

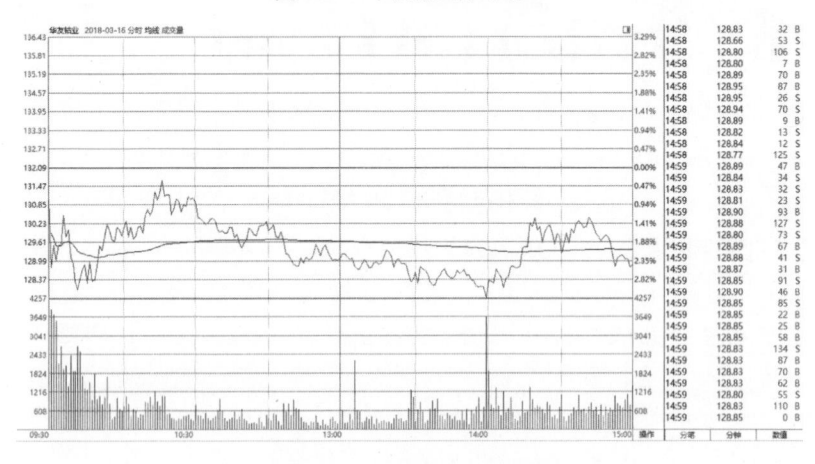

图 15-8　华友钴业分时线 3

图 15-9　华友钴业分时线 4

第 15 章 斐波纳契数列应用

图 15-10 华友钴业分时线 5

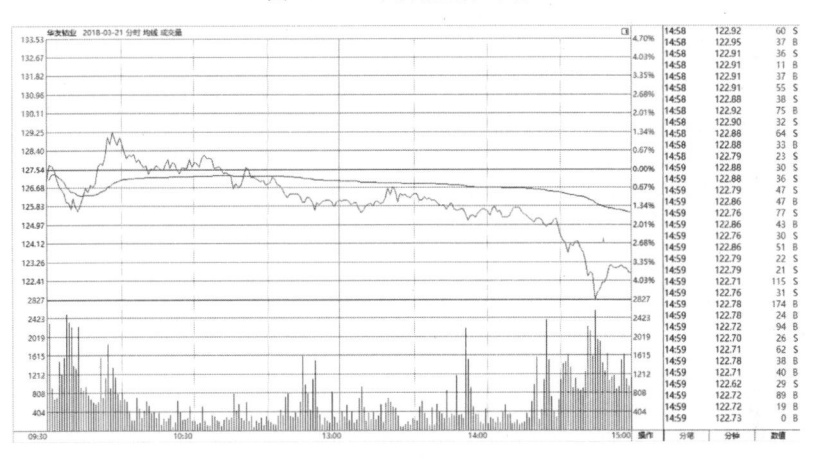

图 15-11 华友钴业分时线 6

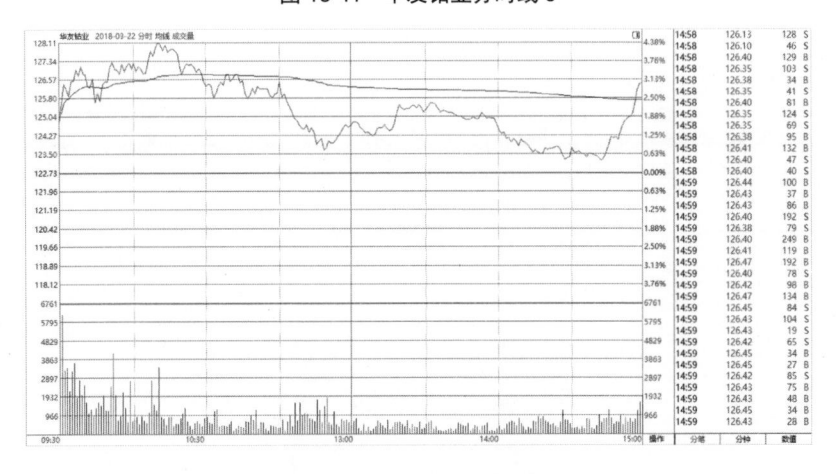

图 15-12 华友钴业分时线 7

175

2013 年 3 月 16 日分时线收阴，将 3 月 15 日买入的全部套牢。

2013 年 3 月 19 日分时线收阳，尾盘拉升，将 3 月 16 日早盘割肉的诱惑再次引入，让 3 月 15 日误认为会上涨的股民安心持股。

2013 年 3 月 20 日和 3 月 21 日两天连续收阴之后 3 月 22 日收阳，给了 3 月 15 日买入股票的股民持股的信心。

15.3　本章总结

本章通过实盘案例华友钴业的大跌讲解，指导读者斐波纳契数列和关键数字的应用，通过对大跌时的分时线分析，从心理学角度指导读者如何体会主力的作战思路。

参考本书其他各章讲的分析技术，读者可进一步分析华友钴业大跌时阶段顶部的形成过程。

第 16 章 相似定律

股市相似定律为笔者首创。主力在做股票时，存在多种相似，比如操作手法、阶段顶部和阶段底部、操盘路线，等等。前部章节多个案例的阶段顶部和阶段底部的讲解过程中已用到了相似定律。

本章通过实盘案例东晶电子（002199）的解读，指导读者如何运用相似定律推演出阶段顶部。

16.1 大跌判断

如图 16-1 所示，2019 年 5 月 31 日笔者博文推演东晶电子股票为阶段顶部，指出强力调整随时开始，时价 19.91 元。截至 2021 年 11 月 4 日盘中见 7.68 元，下跌约 61%。

图 16-1 东晶电子大跌走势

16.2 大跌判断方法

16.2.1 大跌前 4 个涨停板

如图 16-2 和图 16-3 所示，2019 年 5 月 31 日东晶电子处于涨停但成交量却在放大的状态，说明主力在出货。

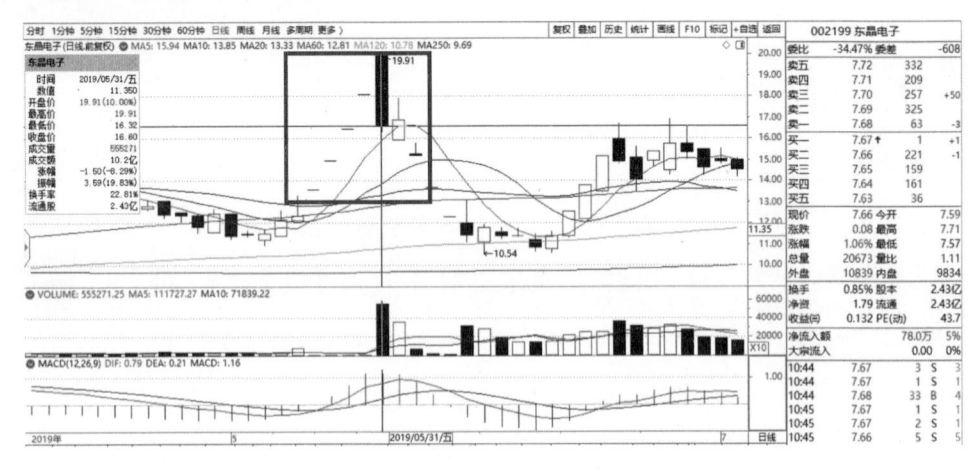

图 16-2 东晶电子 K 线 1

第 16 章 相似定律

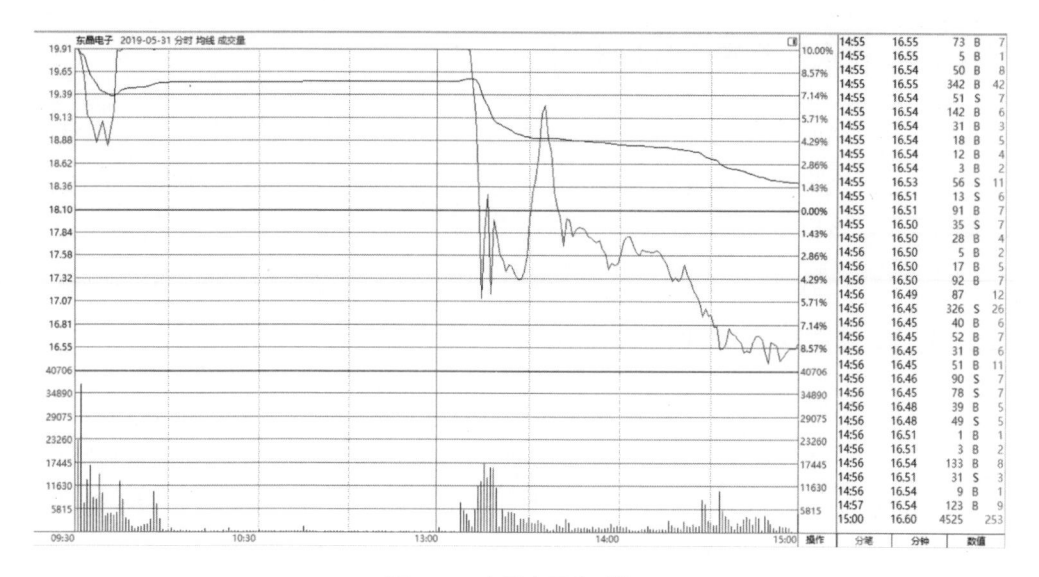

图 16-3 东晶电子分时线 1

读者要特别注意的是，需要对 2019 年 5 月 31 日之前连续的 4 个大阳线涨停板和下文的 2011 年 3 月 2 日大跌之前的连续大涨进行对比分析。

16.2.2 大跌前 4 个大阳线

如图 16-4 所示，2011 年 3 月 2 日东晶电子大跌前，主力 K 线操作为 3 个涨停板和 1 个阳线。

图 16-4 东晶电子 K 线 2

179

16.2.3 2次大跌前的操作手法相似

对比分析东晶电子2011年3月2日开始的大跌和2019年5月31日开始的大跌，它们之前的4天均是3天涨停，2011年3月2日后开始大跌，2019年5月31日后也开始大跌。这就是K线相似定律在涨停板大跌时的应用。

16.2.4 操盘路线相似

如图16-5所示，我们把2011年3月2日的高点和2013年12月10日的高点连线，并把对应于高点的上一次低点相连，得到主力第1次和第2次涨跌的操盘路线，正好与2019年5月31日的高点，以及对应的低点相切，这就是相似定律在操盘路线方面的应用。

图 16-5 东晶电子操盘路线

读者可以按照上述思路，画出低点连线，从而得到底部相似时的大涨推演。

16.3 大跌诱多之前的洗盘相似

如图16-6到图16-19所示，东晶电子2019年5月8日之前的13天连续下跌但成交量却很小，说明不是真的大跌而是洗盘。主力的操盘手法很相似，基本上是一个十字线加一根阴线，即完成13天的洗盘。数字13符合斐波纳契数列变盘点。

第 16 章 相似定律

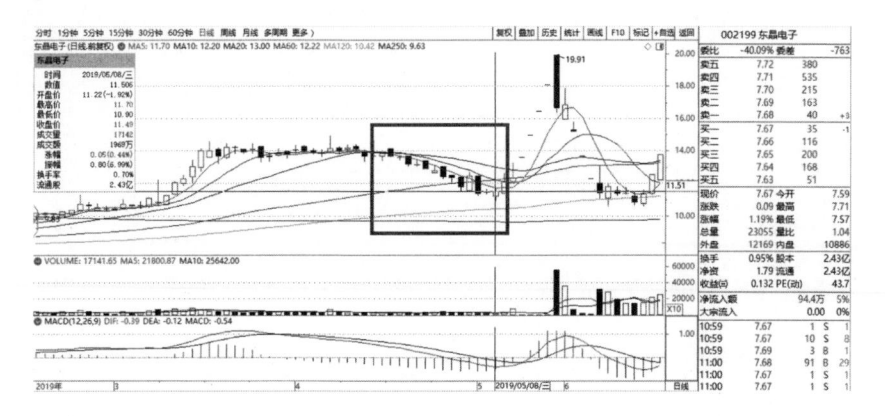

图 16-6 东晶电子大跌前 K 线

图 16-7 东晶电子分时线 2

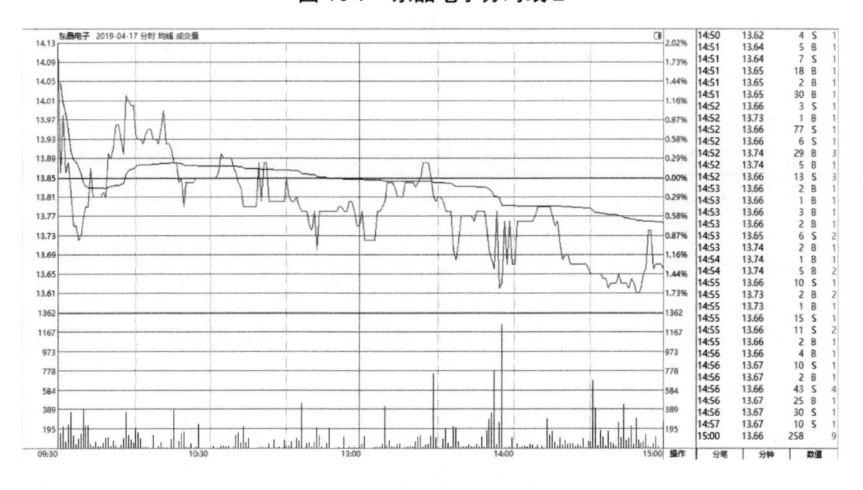

图 16-8 东晶电子分时线 3

181

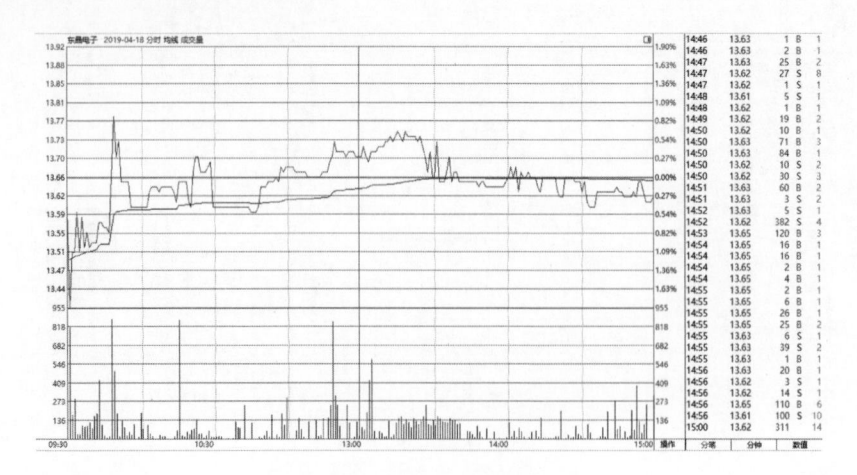

图 16-9　东晶电子分时线 4

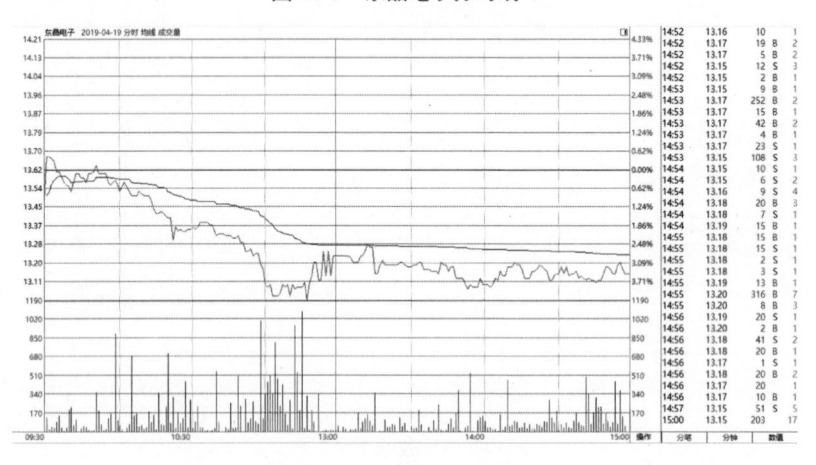

图 16-10　东晶电子分时线 5

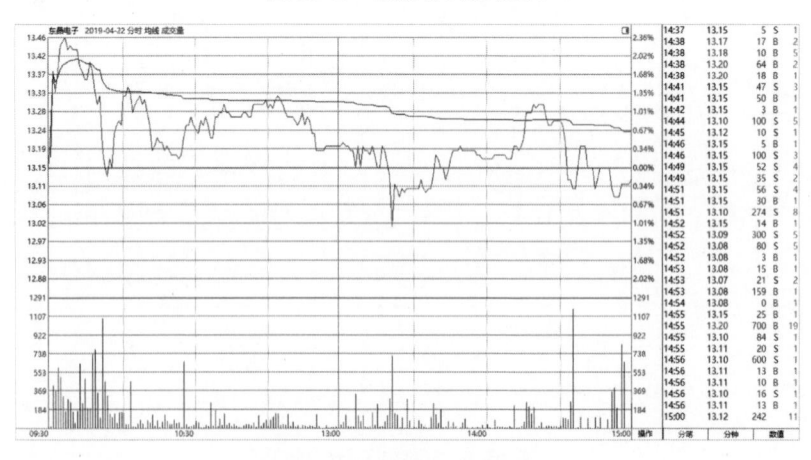

图 16-11　东晶电子分时线 6

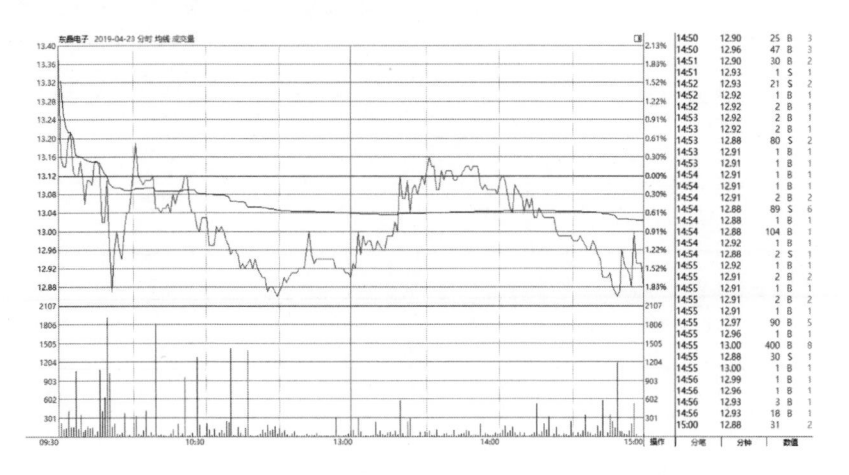

图 16-12　东晶电子分时线 7

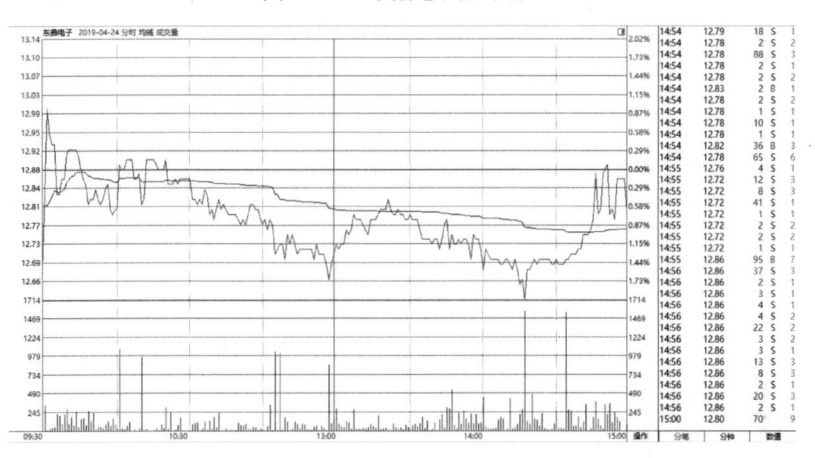

图 16-13　东晶电子分时线 8

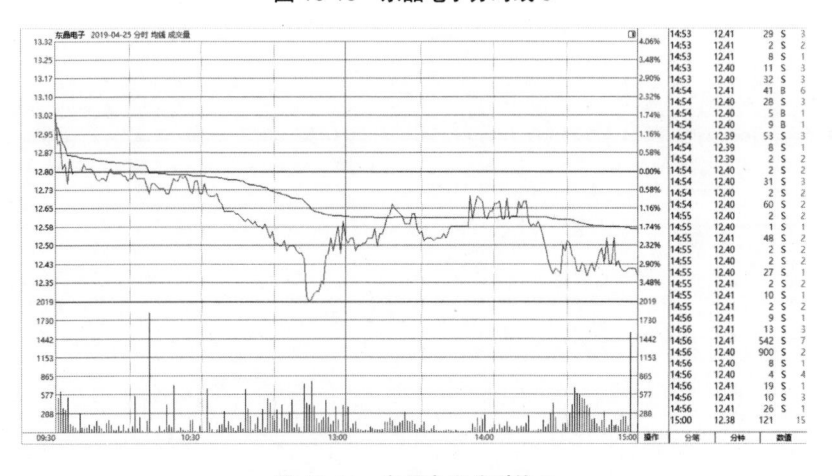

图 16-14　东晶电子分时线 9

183

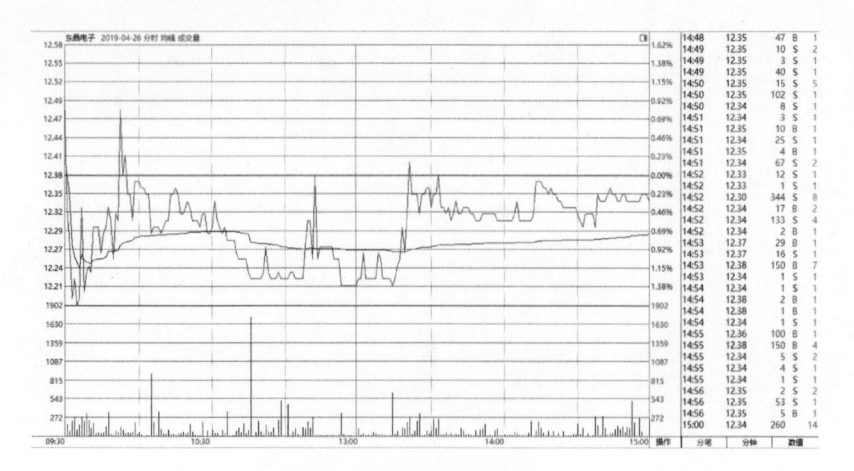

图 16-15　东晶电子分时线 10

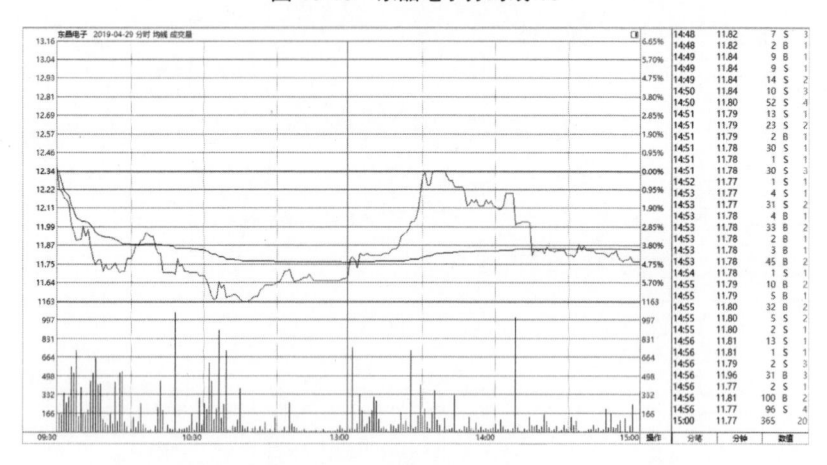

图 16-16　东晶电子分时线 11

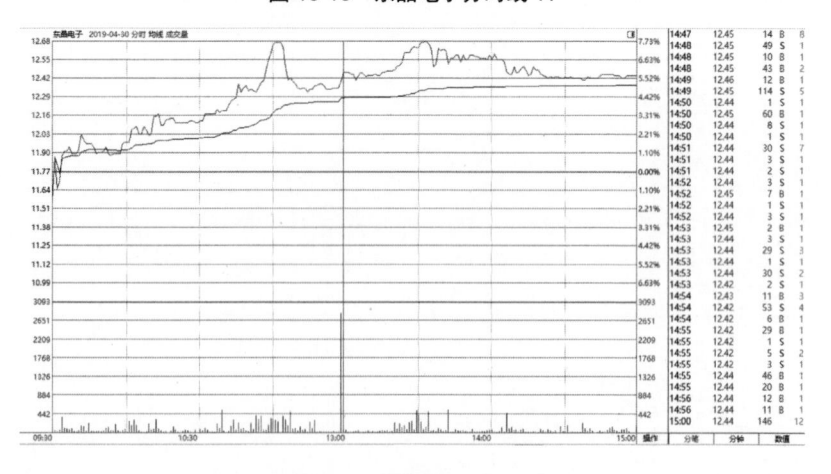

图 16-17　东晶电子分时线 12

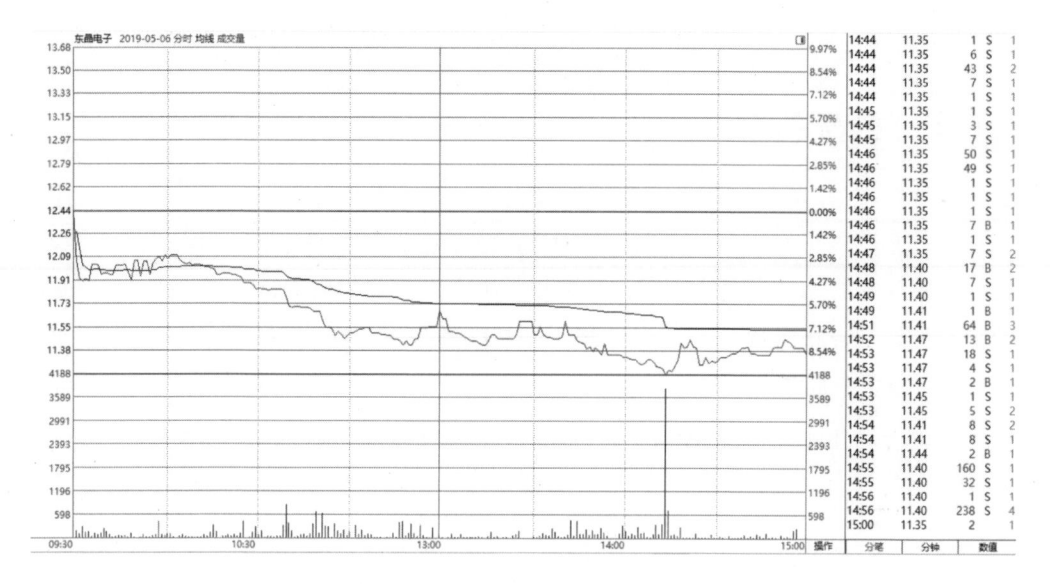

图 16-18　东晶电子分时线 13

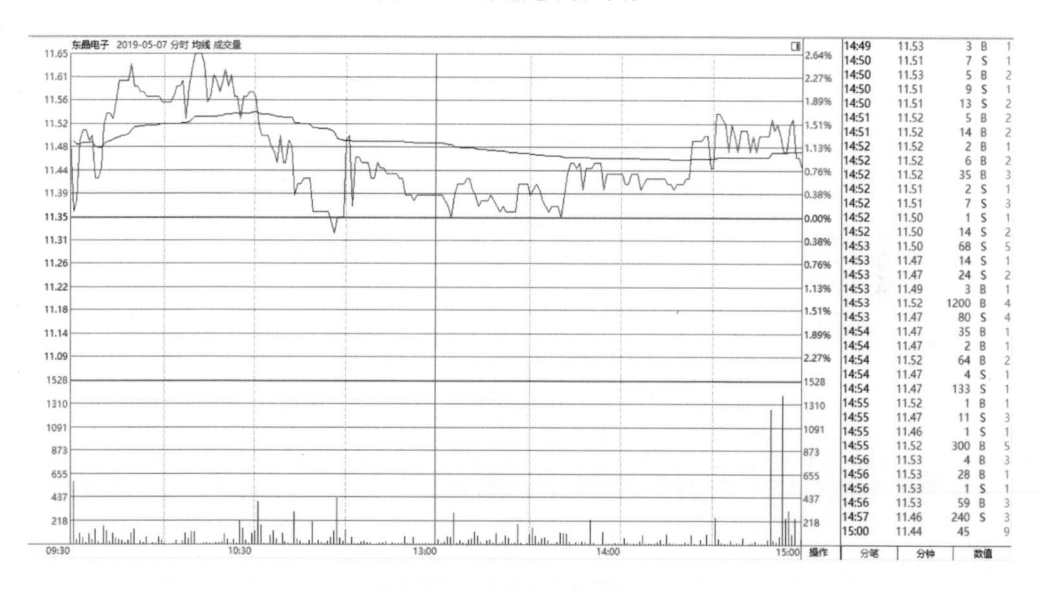

图 16-19　东晶电子分时线 14

洗盘结束前 3 天是一个大阳线结合一个大阴线，两者合起来看，股价基本没有变形成洗盘底，最后一个十字线确认洗盘结束。

16.4 本章总结

　　本章通过对实盘案例东晶电子推演顶部大跌的讲解和对大跌前 13 天分时线洗盘的分时线走势的详细分析，向读者解释了主力操盘的相似定律。13 天洗盘结束后的上涨是为了下跌出货，而数字 13 属于斐波纳契数列，进一步验证了前一章讲过的其出现后变盘的可能性。

　　运用本书其他章节讲解的技术方法，读者可进一步分析大跌时顶部的形成。

第 17 章 基本面与技术面

分析股票走势无非是从基本面与技术面进行分析，前部各章讲了多个技术面和基本面。

股票涨到了阶段顶部就会下跌，股票跌到了阶段底部就会上涨。分析股票涨跌时，技术面和基本面的各个方面都要考虑进去。

本章通过对实盘案例中潜股份（300526）的阶段顶部进行分析，进一步指导读者对相关技术面和基本面数据的综合应用。

17.1 大跌判断

如图 17-1 所示，2020 年 4 月 1 日笔者博文推演中潜股份股票为阶段顶部，指出强力调整随时开始。2020 年 4 月 3 日见 182.78 元，截至 2021 年 11 月 4 日收盘见 20.87 元，下跌约 89%。

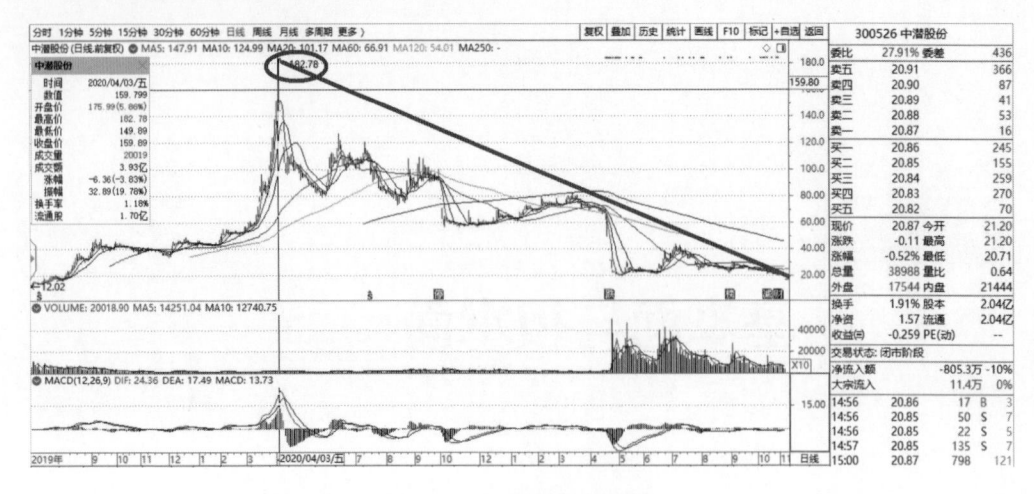

图 17-1　中潜股份下跌走势

17.2　大跌判断方法

17.2.1　经营范围

如图 17-2 所示，中潜股份主营潜水和救捞装备，2020 年 4 月开始的下跌不是因为潜水和救捞设备的市场萎缩，而是因为其股票涨到了阶段顶部。

图 17-2　中潜股份经营范围

17.2.2 股东户数分析

如图 17-3 所示，2020 年 4 月 1 日笔者博文推演中潜股份股票阶段顶部时，可以看到股东户数在 2020 年 3 月 31 日是 5103 户，这是从 2019 年 3 月 31 日的 13826 户大幅减少而来的，一般分析会认为筹码越来越集中于大机构手中，散户被成功洗出，所以还要大涨。

截止日期	股东户数(户)	变动户数(户)	变动幅度(%)	股价(元)	户均流通股(股)	较上期变化(%)
2021-10-08	2.8862万	-26	-0.09	24.24	7076.0000	0.10
2021-09-30	2.8888万	-694	-2.35	23.55	7069.0000	2.40
2021-09-17	2.9582万	-329	-1.10	24.05	6903.0000	1.10
2021-09-10	2.9911万	948	3.27	25.55	6828.0000	-3.16
2021-08-31	2.8963万	-3367	-10.41	26.75	7051.0000	11.62
2021-08-10	3.2330万	-6020	-15.70	27.17	6317.0000	18.63
2021-06-30	3.8350万	1.04万	37.08	33.40	5325.0000	-27.05
2021-06-10	2.7976万	2.16万	338.84	21.94	7300.0000	-77.21
2021-04-20	6375.0000	1828	40.20	49.29	3.2035万	-28.68
2021-03-31	4547.0000	305	7.19	69.81	4.4918万	-6.71
2021-01-29	4242.0000	-1071	-20.16	70.04	4.8147万	25.25
2020-12-31	5313.0000	-2619	-33.02	63.50	3.8442万	49.30
2020-09-30	7932.0000	177	2.28	97.70	2.5749万	-2.23
2020-09-10	7755.0000	2181	39.13	94.31	2.6337万	-28.12
2020-07-20	5574.0000	319	6.07	93.00	3.6642万	13.21
2020-06-30	5255.0000	-1020	-16.25	124.20	3.2367万	19.41
2020-06-10	6275.0000	1172	22.97	138.73	2.7106万	-18.68
2020-03-31	5103.0000	1203	30.85	164.99	3.3332万	-23.57
2020-03-20	3900.0000	-700	-15.22	104.64	4.3614万	17.95
2020-02-10	4600.0000	-305	-6.22	65.06	3.6977万	6.63
2019-12-31	4905.0000	-3371	-40.73	56.00	3.4678万	68.72
2019-09-30	8276.0000	-4066	-32.94	53.00	2.0553万	322.12
2019-06-30	1.2342万	-1484	-10.73	14.59	4869.0000	12.01
2019-03-31	1.3826万	-1088	-7.30	13.60	4347.0000	7.87

图 17-3 中潜股份股东数量

各位读者不可依据股东户数减少便认为筹码集中了，所以股票还要上涨。

笔者建议做如下思考：2019 年 3 月到 2020 年 3 月股东户数减少了、股价上升了，是因为主力不会让小散赚钱，盘中就能把很多股民洗出去。2020 年 3 月股东户数减少了，说明主力把筹码集中了，但是主力要赚钱就必须想办法把筹码卖掉。

如果分析 2020 年 12 月到 2021 年 5 月的中潜股份十大股东，读者会发现，很多机构在下跌过程中被套死了。从这里可以得到启发，买卖股票不可依据十大股东是机构或基金入驻就轻易买入或不卖出，而是要分析股票是否位于阶段底部或阶段顶部。

17.2.3 财务指标分析

如图 17-4 所示，2020 年 4 月 1 日笔者推演中潜股份股票阶段顶部时能参考的财务指标是 2019 年的数据，从图中可以看出 2019 年中潜股份的每股收益、每股净资产、每股收益率都不错。

【主要财务指标】

财务指标	2021-09-30	2020-12-31	2019-12-31	2018-12-31	2017-12-31	2016-12-31
审计意见	未经审计	保留意见	标准无保留意见	标准无保留意见	标准无保留意见	标准无保留意见
净利润(元)	-5293.7524万	-1.8583亿	2082.9911万	2269.876万	4343.8341万	3567.2633万
净利润增长率(%)	38.6(L)	-992.118	-8.2333	-47.7449	21.7694	-15.5644
扣非净利润(元)	-4979.6841万	-2.3484亿	1686.7157万	2158.5675万	3058.6109万	3468.4171万
营业总收入(元)	1859.3798万	1.708亿	5.0866亿	4.0085亿	3.8453亿	3.7073亿
营业总收入增长率(%)	-87.3552	-66.4226	26.8967	4.2435	3.7218	0.0146
加权净资产收益率(%)	-15.26	-39.34	0.12	4.25	8.55	9.77
资产负债比率(%)	50.3023	42.9419	45.4401	48.0256	38.4593	27.2395
净利润现金含量	-11.0618	-1.2064	140.4066	554.9361	182.333	16.1356
基本每股收益(元)	-0.2592	-0.9086	0.1	0.13	0.2558	0.246
每股收益-扣除(元)	-	-1.15	0.14	0.1269	0.1801	0.48
稀释每股收益(元)	-0.2592	-0.9086	0.1	0.13	0.2558	0.246
每股资本公积金(元)	0.3228	0.3228	0.6515	0.6474	0.6271	2.0297
每股未分配利润(元)	0.1033	0.3625	1.5557	1.4615	1.3887	2.4817
每股净资产	1.5683	1.8303	3.355	3.1895	3.0607	5.8154
每股经营现金流量(元)	0.0287	0.011	0.1714	0.7346	0.4619	0.0678
经营活动现金净流量增长率(%)	-94.3917	-92.335	-76.7817	59.0401	1276.0022	-94.7004

图 17-4 中潜股份主要财务指标

笔者建议做如下思考：根据 2019 年很好的财务数据并不能推演出 2020 年 3 月之后的财务也会很好。应该理解为 2019 年财务数据很好，所以 2019 年股票涨了。读者应静下心来思考 2019 年财务数据很好，那么 2020 年 4 月以后是否还会很好。现在股票的走势表明：中潜股份 2019 年财务数据很好，2020 年 4 月之后股价则下跌了。

17.2.4 股吧言论

读者可以从股吧中看到，2020 年 3 月 31 日前后中潜股份的股吧中看多的声音占大多数，尽管看空的声音也此起彼伏。实际上每个股吧都是如此。

笔者建议读者不可浪费过多的时间去浏览股吧中缺乏价值的言论，更重要的是，

第 17 章 基本面与技术面

不可因为股吧言论影响自己的操作思路。但是股吧言论大部分看多时,确实应作为下跌的一个因素进行考虑。2020 年 4 月 1 日笔者博文推演出中潜股份阶段顶部时便看到股吧言论大部分看多。

17.2.5 涨幅分析

如图 17-5 所示,中潜股份 2019 年 5 月 9 日以 8.88 元股价开始上涨,截至 2020 年 4 月 1 日收盘 151.13 元,上涨幅度约 16 倍。巨大的涨幅提示其具备了下跌的动力。

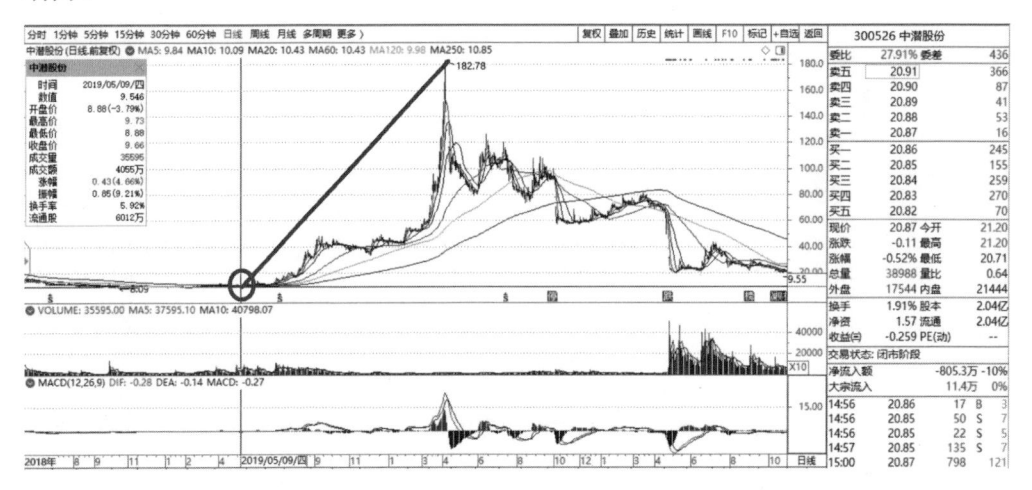

图 17-5 中潜股份上涨走势 1

17.2.6 3 浪与 4 浪

如图 17-6 所示,中潜股份股价从 2018 年 10 月 19 日的 8.09 元上涨到 2019 年 5 月 9 日的 8.88 元,主力横盘吸收筹码长达 7 个月之后,经过明显的 3 浪上升,上涨到了 2020 年 3 月 31 日的涨停价 137.39 元。

主力的操作手法有 3 浪上升开始下跌,也有 5 浪上升开始下跌。不能教条主义地使用波浪理论而认为必须 5 浪上升开始下跌。实际上关于波浪的划分,每个人有不同的标准。笔者的系列丛书中,将独创的波浪理论进行了编订并单独成册。

如图 17-7 所示,中潜股份自上市以来,截至 2020 年 3 月 31 日经历了 5 个完整

191

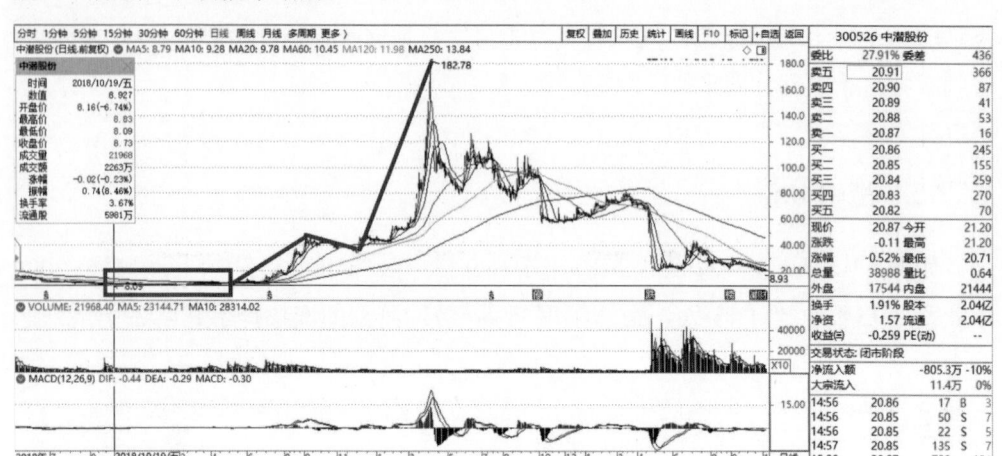

浪，5 浪之后下跌概率增加。

图 17-6　中潜股份上涨走势 2

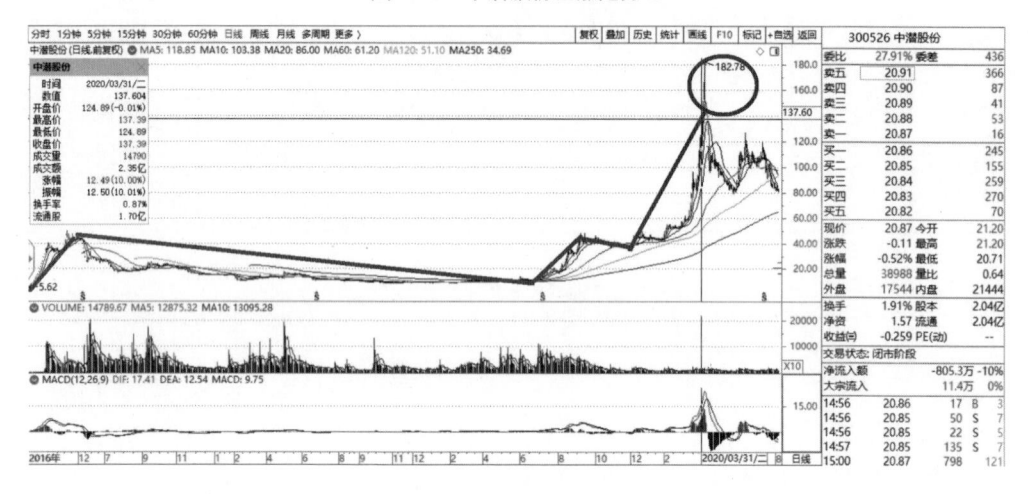

图 17-7　中潜股份上升浪

17.2.7　成交量

如图 17-8 所示，中潜股份 2020 年 3 月 27 日前后的换手率并不大，但股价变化却很大，股价从 116.00 元涨到 182.00 元用了 5 个交易日，说明主力并没有完全出货。更主要的出货是在股价 90.00 元左右。

尽管买卖构成成交量，但笔者建议读者可以对成交量做如下分析：成交量小，说明买的人少；成交量大，说明卖的人多。这样会有不同的思路产生。

第 17 章 基本面与技术面

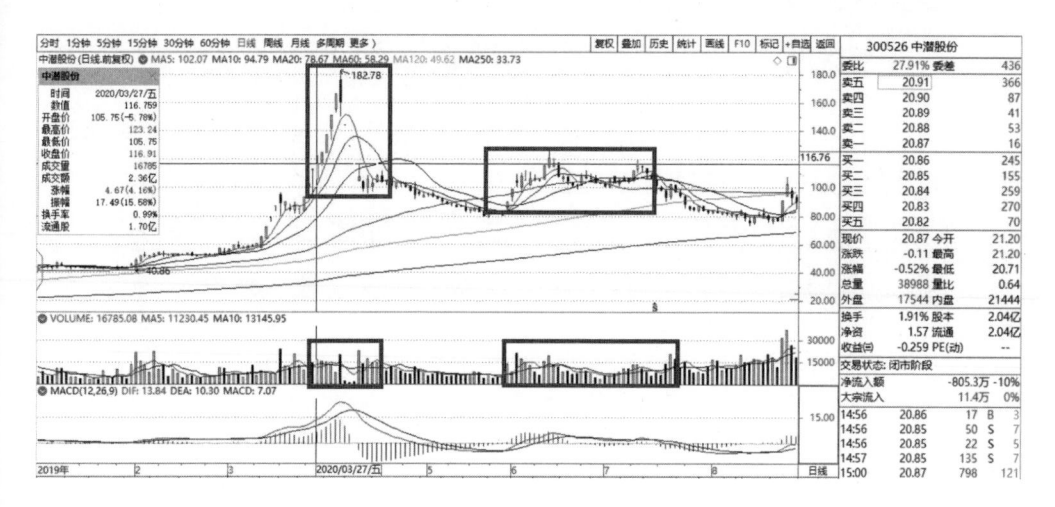

图 17-8 中潜股份成交量

17.2.8 日线技术指标

如图 17-9 所示，在中潜股份日线技术指标中，KDJ 在股价上升过程中始终在 100 附近震荡，因此 KDJ 不能作为判断下跌的唯一依据。而 MACD 在 2020 年 4 月 1 日笔者博文推演出阶段顶部时金叉一直向上，因此 MACD 也不能作为判断下跌的唯一依据。

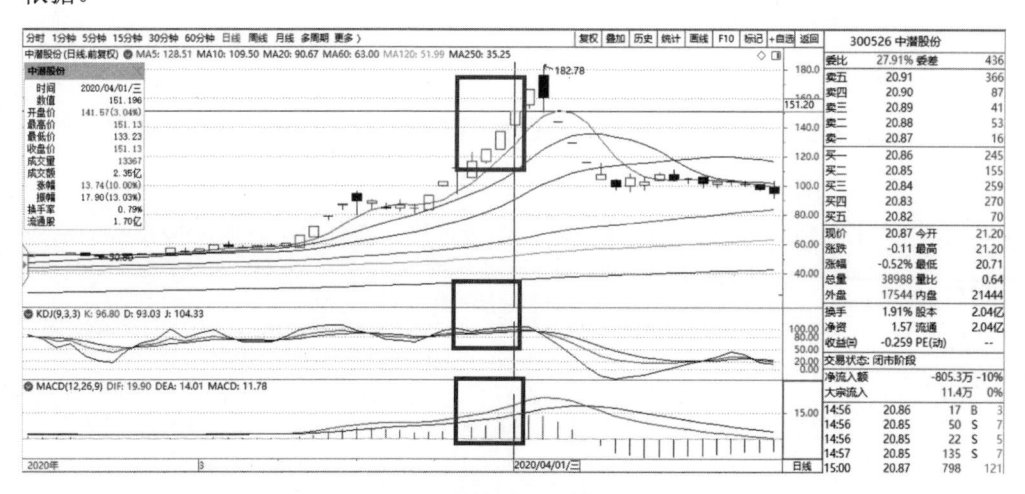

图 17-9 中潜股份日线技术指标

周线、月线技术指标分析同此，各位读者可自行展开分析。

193

17.2.9 顶部区域

如图 17-10 所示,中潜股份顶部不是一个点而是一个区域。在实际操作中,股民要把视野放远一些来推演股票的走势。

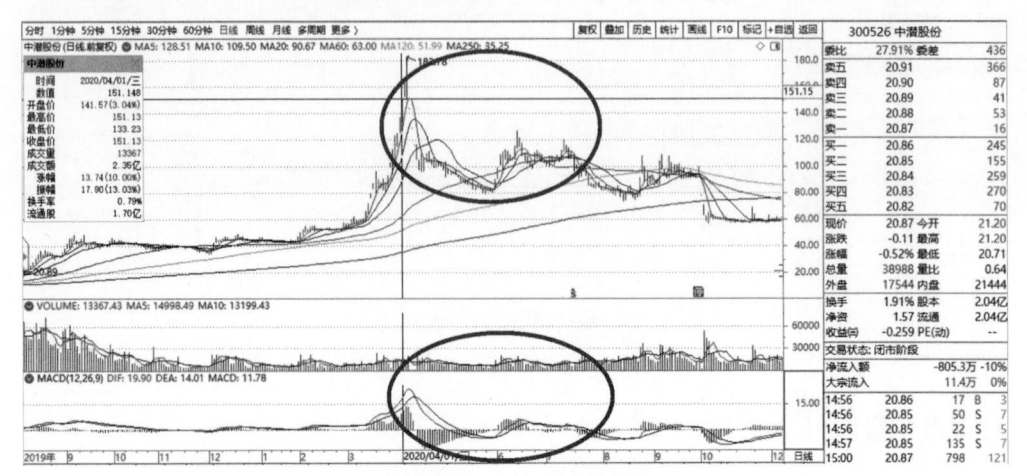

图 17-10 中潜股份顶部

17.3 本章总结

本章通过对实盘案例中潜股份的阶段顶部进行分析,指导了读者如何把基本面和技术面结合起来综合分析。

运用本书其他章节所讲的技术方法,读者可进一步分析大跌时阶段顶部的形成机理。

第 18 章

判断大势

我国的主要价格指数包括：沪深 300 指数、中证规模指数（如中证 100 指数）、上证综合指数（简称上证指数）、上证 50 指数、深证综合指数、深证成分指数等。

指数计算时应考虑数量样本、基期和计算方法（如算术股价指数或加权股价指数）。

本章以实战案例上证指数为基础，进一步讲解如何应用本书所讲的技术方法判断大势，主要讲解的技术方法是轨道线、支撑线等。

读者阅读本章时，为了理解方便，可以把上证指数视同某只股票。

18.1 上证指数 2443 点做多的判断

如图 18-1 所示，2019 年 1 月 4 日笔者博文推演 2443 点为上证指数（000001）的阶段底部，指出坚定做多。截至 2021 年 11 月 4 日收盘见 3526.87 点，上涨幅度约 44%。

图 18-1　上证指数上涨走势

18.2　2443 点做多上证指数的判断方法

18.2.1　日线下降轨道线下轨做多

如图 18-2 所示，上证指数从 2007 年 10 月 16 日的 6124 点开始下跌反弹以来，截至 2015 年 6 月 12 日到达 5187 点。从下跌轨道线的下轨可以看出在 2531 点到 2443 点的附近应做多上证指数。

图 18-2　上证指数下轨做多

18.2.2 日线上升支撑线做多

如图 18-3 所示，上证指数从 2005 年 6 月 6 日的 998 点开始上涨，每次回调到支撑线即反转上涨，2018 年 10 月 30 日的 2531 点到 2019 年 1 月 4 日的 2443 点，正是自 2005 年 6 月 6 日上涨以来的支撑线，所以笔者 2019 年 1 月 4 日推演 2443 点为阶段底部，指出应做多上证指数。

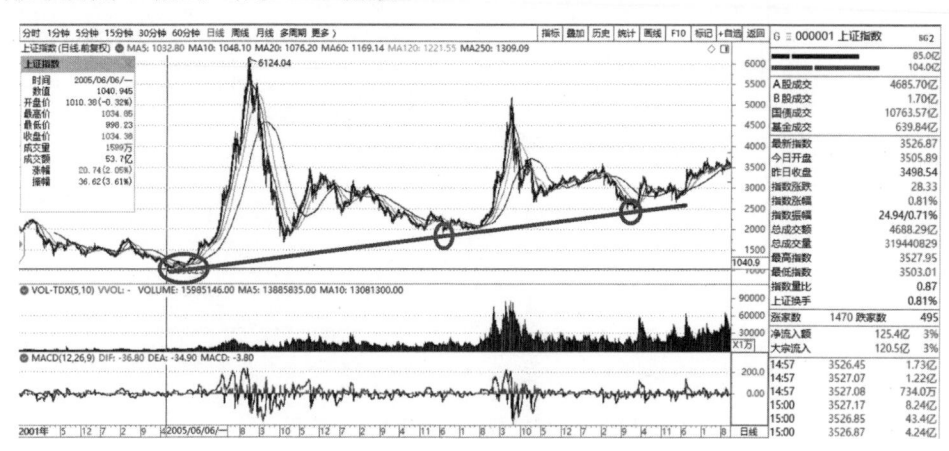

图 18-3　上证指数日线上升支撑线做多

18.2.3 周线上升支撑线做多

如图 18-4 所示，上证指数在 2019 年 1 月 4 日之前的周线相对低点连线处获得支撑，由此笔者推演判断上证指数在 2443 点要做多。

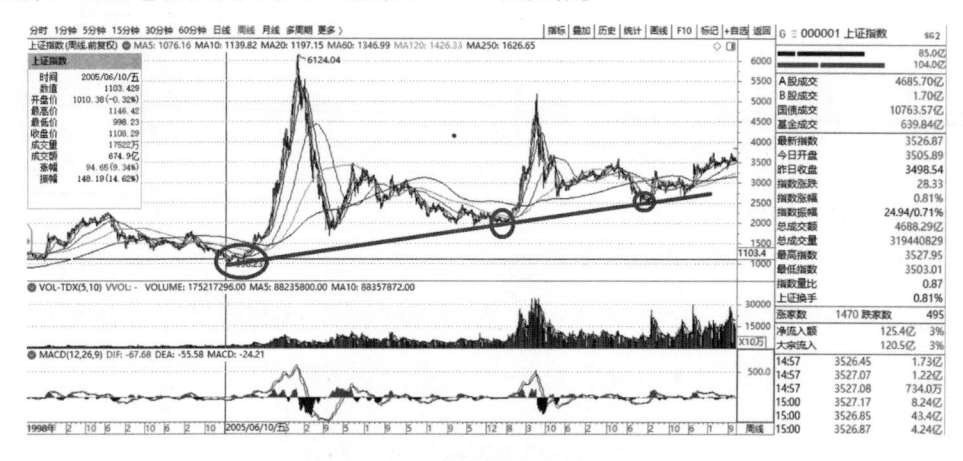

图 18-4　上证指数周线上升支撑线做多

18.2.4　月线上升支撑线做多

由图 18-5 所示，上证指数在 2019 年 1 月 4 日之前的月线相对低点连线处获得支撑，由此笔者推演判断上证指数在 2443 点要做多。

图 18-5　上证指数月线上升支撑线做多

18.2.5　季线上升支撑线强力做多

如图 18-6 所示，上证指数在 2019 年 1 月 4 日之前的季线相对低点连线处获得支撑，由此笔者推演判断上证指数在 2443 点要做多。

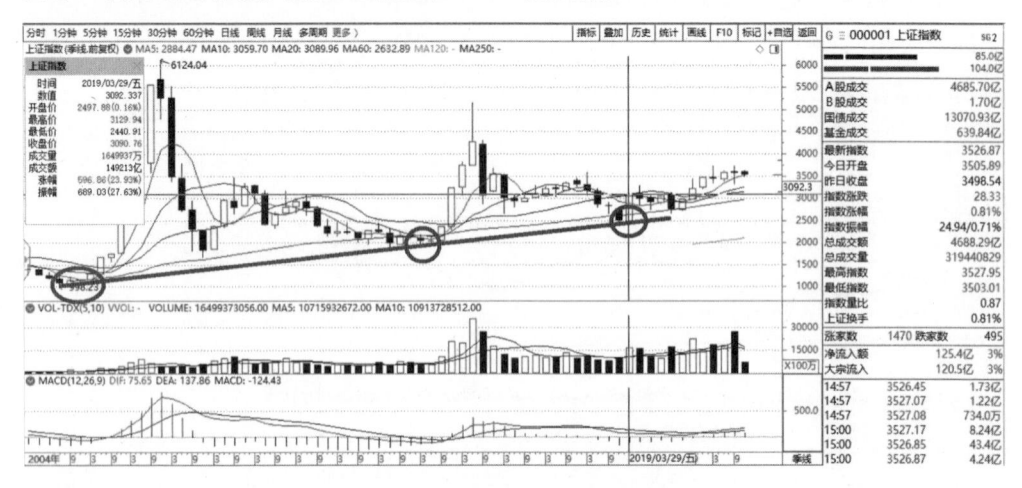

图 18-6　上证指数季线上升支撑线强力做多

18.2.6 上涨之前的下跌幅度

如图 18-7 所示,上证指数从 2015 年 6 月 12 日的相对高点 5178.19 点下降到 2019 年 1 月 4 日的 2443 点,下跌幅度约 53%。下跌时间长达三年半,下跌幅度也相当大,提示上证指数具备了上涨动力。

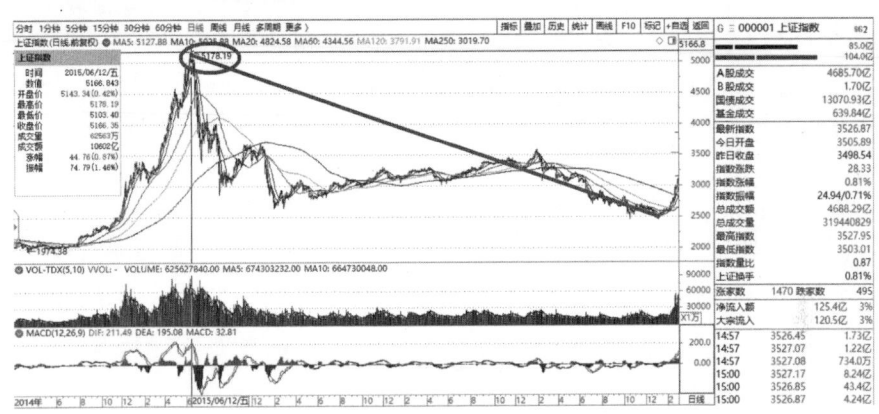

图 18-7　上证指数上涨之前的下跌幅度

18.2.7 上涨之前的成交量

如图 18-8 所示,2019 年 1 月 4 日前上证指数连续成交额在 1400 亿元附近,与 2015 年 6 月的高峰成交额 13 000 亿元相比,已缩量到约十分之一,说明割肉卖出动力已严重枯竭,即不论再怎么跌,股民都不愿意卖出筹码。由此笔者推演判断上证指数在 2443 点要做多。

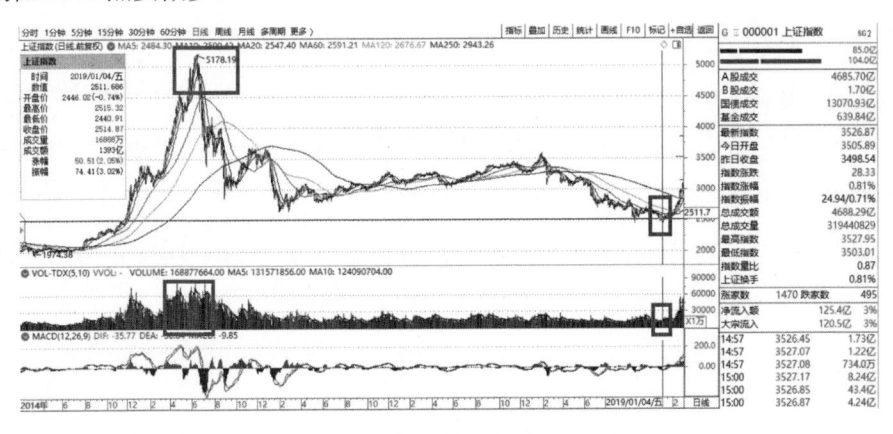

图 18-8　上证指数上涨前成交量

18.2.8　关键数字 5

如图 18-9 所示，上证指数 2007 年 12 月和 2015 年 6 月开始都是下跌 5 个季度，之后即上涨，2019 年 1 月 4 日之前又下跌了 5 个季度，由此笔者推演判断上证指数在 2443 点要做多。

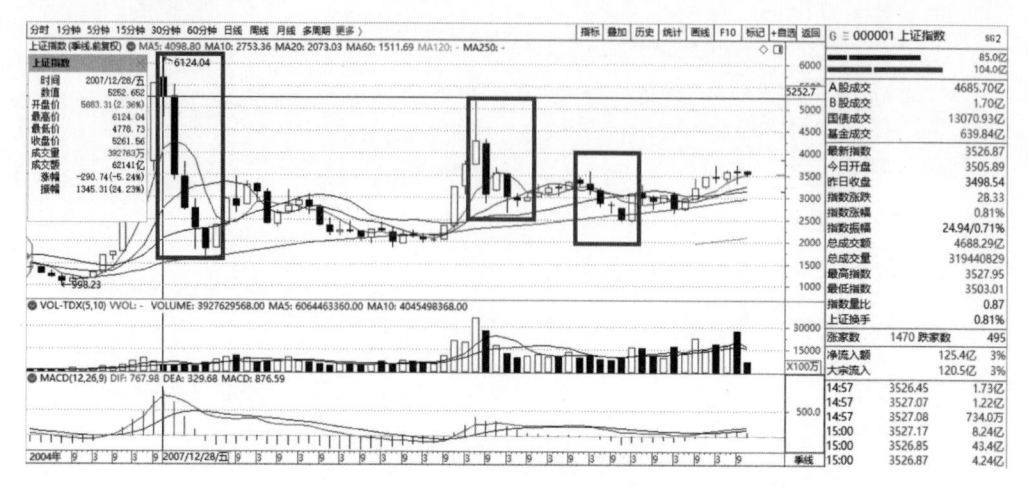

图 18-9　上证指数下跌周期

从另一个角度分析，2015 年 6 月开始的下跌，到 2019 年 1 月，已是 15 个季度。数字 5 即关键数字，出现后容易发生走势转变。由此笔者推演判断上证指数在 2443 点要做多。

18.3　本章总结

本章通过讲解笔者推演的上证指数 2443 点的上涨，再次从轨道线、支撑线的角度教给读者如何运用此类技术，并结合关键数字 5 进一步巩固了数字周期的应用。

运用本书其他章节讲的分析技术，读者可进一步分析上涨时底部的形成的机理。

后记：

2020 年 3 月 23 日 14:53 时，上证指数回调到 2658 点，笔者再次明确推演上证

第 18 章　判断大势

指数强力上涨开始，做多股指。截至 2021 年 2 月 10 日收盘 3655 点，上涨幅度近 1000 点，2 月 18 日主力跳空高开，笔者指出开盘 3721 点做空股指。2021 年 3 月 9 日笔者指出 3329 点做多股指，截至 2021 年 9 月 14 日 3723 点开始回调，国庆节前收盘 3568 点。

各位读者根据前部各章讲的相似定律就会很容易明白为什么 2021 年 9 月 14 日 3723 点要回调了，因为在 2021 年 2 月 18 日 3721 点时我们已经推演出会回调。

第 19 章 结语

股票为什么会涨，就是因为跌到了阶段底部，阴极一定会阳生。全书案例通过各种方法证明了什么是阶段底部。

股票为什么会跌，就是因为涨到了阶段顶部，阳极一定会阴生。全书案例通过各种方法证明了什么是阶段顶部。

笔者推演股票涨跌的方法论是综合辩证法，即股票涨或跌的影响因素是多个，而不是一个或少数几个。笔者在本书总结了 38 个指标。

本书通过仁东控股和大连圣亚实盘案例详细讲解了 38 个指标的综合运用方法。

本书通过其他约 20 个案例讲解了底部推演和顶部推演，指导了读者如何综合应用不同指标。

大道至简。有时候推演股票的涨跌并不需要对 38 个指标全部做分析，比如，笔者通过上证指数的实盘案例讲解了如何使用轨道线和支撑线，结合关键数字 5，推演出上证指数 2443 点的上涨。

本书在写作过程中多次易稿优化结构，目的就是向各位读者提供一种全新的理念，即操作股票必须先推演底部和顶部，没有 80% 以上的正确率不可动手操作，否则赔的概率较高。

为了检验读书效果，以下思考题均为笔者 2020 年 2 月到 2021 年 9 月实盘推演并经过验证的涨跌股票。

各位读者可以根据提示，依据笔者推演涨跌的时间点，结合实际走势，独立完

第 19 章　结语

成复盘推演。各位读者可将答案发至"中国博士股票著作读者群",群号:961273708,大家交流讨论。

19.1 推演大跌思考题及提示

1. 2020 年 2 月 2 日笔者博文推演模塑科技股票为阶段顶部,建议 2 月 12 日前卖完。2020 年 2 月 11 日见 16.37 元,截至 2021 年 9 月 30 日收盘 4.92 元。

请根据本书所讲内容分析:为什么 2020 年 2 月 11 日始,模塑科技要大跌?

提示:优先分析涨幅、技术指标背离。

2. 2020 年 3 月 2 日笔者博文推演国华网安(原名国农科技)股票为阶段顶部,强力调整随时开始。2020 年 3 月 3 日见 49.00 元,截至 2021 年 9 月 30 日收盘 18.98 元。

请根据本书所讲内容分析:为什么 2020 年 3 月 3 日始,国华网安要大跌?

提示:优先分析涨幅、顶部相似。

3. 2020 年 4 月 1 日笔者博文推演益生股份股票为阶段顶部,指出 4 月 10 日前卖完。2020 年 4 月 8 日见 20.23 元,截至 2021 年 9 月 30 日收盘 10.95 元,下跌约 47%。

请根据本书所讲内容分析:为什么 2020 年 4 月 8 日起,益生股份开始大跌?

提示:优先分析顶部相似、压力线。

4. 2020 年 5 月 1 日笔者博文推演神驰机电股票为阶段顶部。2020 年 5 月 7 日见 50.96 元,截至 2021 年 9 月 30 日收盘 29.73 元。

请根据本书所讲内容分析:为什么神驰机电从 2020 年 5 月 7 日起要大跌?

提示:优先分析上升浪、指标背离。

5. 2020 年 6 月 5 日笔者博文推演申通地铁股票为阶段顶部,指出强力调整随时开始。2020 年 6 月 8 日见 16.72 元,截至 2021 年 9 月 30 日收盘 10.02 元。

请根据本书所讲内容分析：为什么申通地铁从 2020 年 6 月 8 日起要大跌？

提示：优先分析涨幅、压力线。

6. 2020 年 7 月 1 日笔者博文推演特宝生物股票为阶段顶部，指出强力调整随时开始。2020 年 7 月 2 日见 81.46 元，截至 2021 年 9 月 30 日收盘 27.07 元，下跌约 57%。

请根据本书所讲内容分析：为什么特宝生物从 2020 年 7 月 2 日起要大跌？

提示：优先分析涨幅、上升浪。

7. 2020 年 8 月 3 日笔者博文推演深物业 A 股票为阶段顶部，指出 8 月 13 日前卖完。2020 年 8 月 11 日见 31.87 元，截至 2021 年 9 月 30 日收盘 12.12 元。

请根据本书所讲内容分析：为什么深物业 A 从 2020 年 8 月 11 日起要大跌？

提示：优先分析涨幅、指标背离。

8. 2020 年 9 月 1 日笔者博文推演双飞股份股票为阶段顶部，指出强力调整随时开始。2020 年 9 月 2 日见 45.73 元，截至 2021 年 9 月 30 日收盘 20.00 元。

请根据本书所讲内容分析：为什么双飞股份从 2020 年 9 月 2 日起要大跌？

提示：优先分析涨幅、上升浪。

9. 2020 年 10 月 29 日笔者博文推演领益智造股票为阶段顶部，指出强力调整随时开始，时价 14.00 元。截至 2021 年 9 月 30 日收盘 6.47 元。

请根据本书所讲内容分析：为什么领益智造从 2020 年 10 月 29 日起要大跌？

提示：优先分析涨幅、上升浪。

10. 2020 年 11 月 1 日笔者博文推演因赛集团股票为阶段顶部，指出强力调整随时开始。2020 年 11 月 2 日最高 65.10 元，截至 2021 年 9 月 30 日收盘 20.56 元。

请根据本书所讲内容分析：为什么因赛集团从 2020 年 11 月 2 日起要大跌？

提示：优先分析涨幅、指标背离。

第 19 章 结语

11．2020 年 12 月 1 日笔者博文推演长安汽车股票为阶段顶部，指出强力调整随时开始。2020 年 12 月 2 日盘中最高 20.05 元，截至 2021 年 4 月 2 日最低见 10.00 元。

请根据本书所讲内容分析：为什么长安汽车从 2020 年 12 月 2 日起要大跌？

提示：优先分析顶部相似、指标背离。

12．2021 年 1 月 1 日笔者博文推演东方日升股票为阶段顶部，指出以 2020 年 12 月 31 日收盘价 28.83 元计算，2021 年将大跌 35%以上。2021 年 3 月 3 日收盘 14.83 元，下跌约 49%。

请根据本书所讲内容分析：为什么东方日升以 2020 年 12 月 31 日收盘价 28.83 元计算，2021 年要下跌 35%以上？

提示：优先分析涨幅、上升浪。

13．2021 年 2 月 16 日笔者博文推演贵州茅台股票为阶段顶部，指出强力调整随时开始。2021 年 2 月 18 日见 2608.59 元，截至 2021 年 9 月 30 日收盘 1830.01 元。

请根据本书所讲内容分析：为什么贵州茅台从 2021 年 2 月 18 日起要大跌？

提示：优先分析涨幅、上升浪。

14．2021 年 3 月 14 日笔者博文推演中国平安股票为阶段顶部，指出强力调整随时开始。2021 年 3 月 12 日收盘 84.15 元，截至 2021 年 9 月 30 日见 48.36 元。

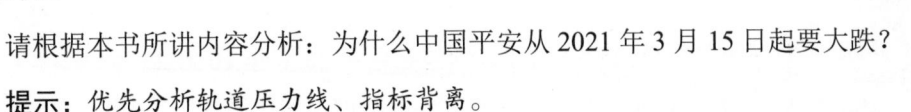

请根据本书所讲内容分析：为什么中国平安从 2021 年 3 月 15 日起要大跌？

提示：优先分析轨道压力线、指标背离。

15．2021 年 4 月 11 日笔者博文推演伟星新材股票为阶段顶部，指出强力调整随时开始。2021 年 4 月 12 日最高 26.31 元，截至 2021 年 9 月 30 日收盘 16.89 元。

请根据本书所讲内容分析：为什么伟星建材从 2021 年 4 月 12 日起要大跌？

提示：优先分析上涨幅度、指标背离。

16. 2021年5月1日笔者博文推演亚士创能股票为阶段顶部，指出强力调整随时开始。2021年5月6日最高见48.79元，截至2021年9月30日见22.18元。

请根据本书所讲内容分析：为什么亚士创能从2021年5月6日起要大跌？

提示：优先分析轨道压力线、指标背离。

17. 2021年6月1日笔者博文推演爱普股份股票为阶段顶部，指出强力调整随时开始。2021年6月2日最高24.99元，截至2021年9月30日见14.36元。

请根据本书所讲内容分析：为什么爱普股份从2021年6月2日起要大跌？

提示：优先分析轨道压力线、指标背离。

18. 2021年7月1日笔者博文推演韦尔股份股票为阶段顶部，指出强力调整随时开始，建议7月11日前卖完。2021年7月8日，最高见345.00元，截至2021年9月24日见239.80元。

请根据本书所讲内容分析：为什么韦尔股份从2021年7月8日起要大跌？

提示：优先分析轨道压力线、指标背离。

19. 2021年8月1日笔者博文推演万泰生物股票为阶段顶部，指出强力调整随时开始。2021年8月3日见299.77元，截至9月17日见171.89元。

请根据本书所讲内容分析：为什么万泰生物从2021年8月1日起要大跌？

提示：优先分析涨幅、上升浪。

20. 2021年9月1日开盘前笔者博文推演西部材料股票为阶段顶部，指出强力调整随时开始。2021年9月1日低开低走最高见24.97元，截至2021年9月29日见16.60元。

请根据本书所讲内容分析：为什么西部材料从2021年9月1日起要大跌？

提示：优先分析涨幅、上升浪。

19.2 推演大涨思考题及提示

1. 2021年1月12日笔者推演包钢股份股票为阶段底部，指出1月13日开盘可以买包钢股份，时价1.16元。截至2021年9月1日见4.14元。

请根据本书所讲内容分析：为什么2021年1月13日买包钢股份后要大涨？

提示：优先分析下跌幅度、轨道线支撑。

2. 2021年2月3日笔者推演黄河旋风股票为阶段底部（否极区），2月4日指出坚定持股看涨，时价2.61元。截至2021年9月17日见11.47元。

请根据本书所讲内容分析：为什么黄河旋风2021年2月3日后要大涨？

提示：优先分析下跌幅度，底部相似。

3. 2021年2月5日笔者推演高伟达股票为阶段底部，指出7.65元可以买入。截至2021年5月11日见14.99元。

请根据本书所讲内容分析：为什么高伟达2021年2月5日后要大涨？

提示：优先分析下跌幅度、指标背离。

4. 2021年5月6日笔者推演科隆股份开盘9:30可以买入，实际开盘6.73元。截至2021年9月15日见14.00元。

请根据本书所讲内容分析：为什么科隆股份2021年5月6日开盘可以买入？

提示：优先分析轨道支撑线、指标背离。

5. 2021年6月8日笔者推演明阳智能股票为阶段底部，指出开盘破14.00元可以买入，实际开盘13.95元。截至2021年9月22日见28.48元。

请根据本书所讲内容分析：为什么明阳智能2021年6月8日可以买入？

提示：优先分析底部相似定律、斐波纳契数列。

6. 2021年8月27日笔者推演指出8月30日可以买入博天环境，指出上涨开始，8月30日见4.53元。截至2021年9月29日涨停，见6.31元。

请根据本书所讲内容分析：为什么博天环境2021年8月30日后会大涨？

提示：优先分析下跌幅度、轨道线支撑。